S'INSPIRER / DÉCOUVRIR / VOIR AUTREMENT

VIETNAM

GUIDES **VOIR**

VIETNAM

SOMMAIRE

INSPIRATIONS 6

DÉCOUVRIR LE VIETNAM 52

MODE D'EMPLOI 238

À gauche : rue typique de la vieille ville de Hoi An avec ses façades aux couleurs pimpantes
Page précédente : splendide paysage de rizières dans le nord du Vietnam

INSPIRATIONS

Crépuscule sur Hô Chi Minh-Ville

BIENVENUE AU VIETNAM

Des plages dorées, des montagnes d'un vert luxuriant, des jungles profondes, des deltas fertiles, de vénérables temples et pagodes, une cuisine succulente : le Vietnam fascine par la diversité de ses paysages et des peuples qui y vivent. Quels que soient vos centres d'intérêt, ce guide sera votre compagnon idéal.

1 Thac Ban Gioc, Cao Bang, les plus grandes chutes du Vietnam.

2 Vente de fruits tropicaux, Vieille ville de Hoi An.

3 Cau Vang, un « pont d'Or » soutenu par des mains de géant en béton, station de Ba Na, près de Danang.

En dehors de la très photogénique baie d'Along, le Vietnam possède un riche ensemble de joyaux naturels. À Sapa, vous contemplerez les montagnes spectaculaires du Nord ; sur la côte, vous paresserez sur de longs rubans de sable bordés de palmiers et léchés par une mer azur ; dans le Centre, vous explorerez à pied les hauts plateaux où la jungle s'épanouit sous un climat plutôt frais ; au Sud, enfin, vous découvrirez en bateau une multitude d'oiseaux et les paysages bucoliques du delta du Mékong, ou vous mettrez le cap vers l'archipel solitaire de Con Dao, ancré au large. Les réalisations humaines ne sont pas en reste. En témoignent les temples et pagodes qui émaillent Hanoi, la capitale, les marchés nocturnes animés où flottent des effluves de *pho*, ou encore les rues encombrées de deux-roues d'Hô Chi Minh-Ville, vitrine d'une imposante architecture coloniale française. Entre ces deux métropoles, s'éparpillent les sites historiques les plus captivants du pays : la majestueuse cité impériale de Hué, la Zone démilitarisée et ses vestiges de la guerre du Vietnam, les temples Cham ancestraux de My Son, enfouis dans la jungle, et les ravissants édifices pastel français et chinois de Hoi An.

Grâce aux thèmes mis en lumière, aux circuits balisés, à ses chapitres clairs et ses cartes détaillées, ce guide vous permettra de profiter pleinement de votre séjour, que vous restiez une semaine, un mois ou plus. Vous avez tous les atouts en main pour découvrir ce que le Vietnam a de plus beau à offrir.

POURQUOI ON ADORE LE VIETNAM

Son riche passé, ses multiples cultures, la vitalité et le charme de ses villes, la beauté de ses paysages, la saveur de ses mets et l'hospitalité de son peuple sont autant de raisons de succomber à la magie du Vietnam.

1 NATURE GÉNÉREUSE

Dans les parcs nationaux, vous découvrirez de superbes côtes, montagnes, rivières et jungles, peuplées notamment d'oiseaux, d'éléphants, de singes, de cervidés et de dauphins, ainsi que les plus vastes grottes du monde.

2 CUISINE DE RUE À HANOI

Dégustez sans hésiter des *goi cuon* (rouleaux de printemps), des *banh thom* (petits pâtés aux crevettes), des *banh cuon* (crêpes fourrées), ou un bol de *pho* (soupe aux nouilles) fumant à l'un des nombreux restaurants de rue.

CROISIÈRE DANS LA BAIE D'ALONG 3

On découvre en jonque les pitons calcaires colonisés par la jungle, qui hérissent la surface de l'une des plus belles baies de l'Asie du Sud-Est *(p. 200)*.

BALADE EN BATEAU DANS LES RIZIÈRES 4

De Nam Binh à Tam Coc, le cours du Mékong se remonte nonchalamment au fil des rizières verdoyantes sur fond de spectaculaires reliefs karstiques.

ARCHITECTURE COLONIALE D'HÔ CHI MINH-VILLE 5

Qu'il est plaisant de se balader sur les majestueuses artères de cette ville plurielle et dynamique, où l'architecture coloniale française n'a rien perdu de sa superbe *(p. 54)*.

HOI AN 6

À pied ou à vélo, arpentez les ruelles de la cité indolente et pétrie d'histoire de Hoi An *(p. 132)*, qui a su préserver son patrimoine architectural chinois et français.

7 RUINES DES TEMPLES DE MY SON

Surnommé l'Angkor Wat vietnamien, My Son *(p. 138)*, fascine par ses tours et ses temples vénérables qui ont survécu aux assauts de la jungle.

8 PLAGES DE NHA TRANG

Première destination balnéaire du pays, Nha Trang *(p. 116)* se distingue par la beauté de ses plages de sable, la qualité de son hébergement et la richesse de ses spots de plongée.

9 MARIONNETTES SUR L'EAU

À l'origine, la plus vietnamienne des formes d'art s'exprimait dans les rizières et les étangs des villages. Ne manquez pas d'assister à un spectacle au théâtre de marionnettes de Thang Long *(p. 172)*.

10 CITÉ DE HUÉ

D'un charme suranné, la citadelle ainsi que les palais, pagodes et tombes de Hué *(p. 142)* témoignent de la splendeur du Vietnam impérial à l'époque des Nguyen. La rivière des Parfums au crépuscule est un enchantement.

ARCHIPEL DE CON DAO 11

Profitez des plages dorées, de l'air pur et de l'environnement préservé du chapelet d'îles de Con Dao *(p. 98)* qui, pour la plupart, font partie d'un parc national.

MARCHÉS TRADITIONNELS 12

Rien de tel qu'un marché traditionnel haut en couleur et plein d'effervescence pour se familiariser avec la vie locale et l'art du marchandage.

SE REPÉRER AU VIETNAM

Dans ce guide, le Vietnam est divisé en six régions signalées par des couleurs différentes : Hô Chi Minh-Ville ; le delta du Mékong ; la côte et les hauts plateaux du Sud ; de Hoi An à Vinh ; Hanoï ; le Vietnam du Nord. S'y ajoute une excursion à Angkor, au Cambodge. Les pages suivantes vous font découvrir chacune d'elles.

ASIE DU SUD-EST
CHINE
BHOUTAN
NÉPAL
INDE
MYANMAR
LAOS
BANGLADESH
VIETNAM
PHILIPPINES
THAÏLANDE
CAMBODGE
Mer de Chine méridionale
Baie du Bengal
SRI LANKA
BRUNEI
MALAISIE
SINGAPOUR
INDONÉSIE
Océan Indien
Ha Giang
Nanning
Cao Bang
CHINE
Bac Kan
Lang Son
Yen Bai
Thai Nguyen
HANOI
p. 164
Along
Haiphong
LE VIETNAM DU NORD
p. 190
Nam Dinh
Nam Binh
Thanh Hoa
Rivière Ca
Golfe du Tonkin
Vinh
Ha Tinh
Dong Hoi
Thakhek
DE HOI HAN À VINH
p. 128
Dong Ha
Khanthabouli
Hué
Da Nang
LAOS
Hoi An
Tam Ky
Ubon Ratchathani
Pakxe
Quang Ngai
Plei Kan
Kontum
Sa Huynh
Pleiku
Quy Nhon
CAMBODGE
LA CÔTE ET LES HAUTS PLATEAUX DU SUD
p. 112
Tuy Hoa
Mékong
Buon Ma Thuot
Nha Trang
Kampong Cham
Gia Nghia
Dalat
Phnom Penh
HÔ CHI MINH-VILLE
p. 54
Di Linh
Phan Rang-Thap Cham
Chau Doc
Phan Thiet
Hô Chi Minh-Ville
Île Phu Quy
Mer de Chine méridionale
My Tho
Vung Tau
Rach Gia
Can Tho
LE DELTA DU MÉKONG
p. 86
Ca Mau
Îles Con Dao
0 kilomètre 150
0 mile 150
N

LE VIETNAM RÉGION PAR RÉGION

Reliefs accidentés et luxuriants, rizières scintillantes, plages de rêve, vastes deltas, îles tropicales isolées, cités historiques et villes modernes qui rivalisent d'activité : la diversité géographique du Vietnam n'a d'égale que celle de son peuple et de ses cultures régionales.

PAGE 54

HÔ CHI MINH-VILLE

Plus grande ville et locomotive commerciale du pays, HCMV se distingue par son énergie et son cosmopolitisme. Ses rues prises d'assaut par les cyclomoteurs sont bordées de majestueux édifices coloniaux et une multitude de sites touristiques : pagodes aux couleurs vives, mosquées discrètes, temples hindous ouvragés et musées fascinants. Avec ses marchés animés, ses cafés, ses bars et ses restaurants, l'ancienne Saigon, capitale coloniale française, ne dort jamais.

Idéal pour
L'architecture coloniale et le dynamisme culturel

Les incontournables
Pagode de l'Empereur de jade ; Centre Cao Dai

Expérience
Circuler dans la ville à cyclomoteur, à la mode locale

PAGE 86

LE DELTA DU MÉKONG

Dans cette région surnommée « le bol de riz du Vietnam », l'eau n'est jamais très loin. Vous goûterez ici à la vie rurale, explorerez l'un de ses pittoresques marchés flottants, ou descendrez le cours du fleuve bordé de rizières vert vif et de villages flottants ou sur pilotis. Faites une pause sur le sable doré des îles tropicales sauvages au large de la côte, puis allez observer les oiseaux qui peuplent les marais.

Idéal pour
La découverte du Vietnam rural

Les incontournables
Can Tho ; archipel de Con Dao

Expérience
Une excursion sur les canaux autour de Vinh Long

PAGE 112

LA CÔTE ET LES HAUTS PLATEAUX DU SUD

Plusieurs stations balnéaires, propices aux sports nautiques, s'égrènent le long de cette côte connue pour son sable blanc, sa mer azur et ses spots de plongée, tandis qu'au nord s'étendent des plages sauvages. À l'intérieur des terres, les plateaux accidentés abritent des hameaux où vivent de nombreuses minorités ethniques. La région accueille aussi de beaux lacs, des plantations de café ainsi que Yok Don, le plus vaste des parcs nationaux, qui protège une flore et une faune d'une richesse inouïe.

Idéal pour
Le farniente sur la plage et la plongée

Les incontournables
Nha Trang ; Dalat

Expérience
Déguster le café des hauts plateaux ; visiter les villages de Montagnards du Tur et d'Ako Dong

→

PAGE 128

DE HOI AN À VINH

Cette région pétrie d'histoire possède plusieurs sites archéologiques et vieilles cités parmi les plus connus et les mieux préservés du pays. Elle se distingue aussi par sa gastronomie, entre recettes végétariennes du terroir et cuisine impériale raffinée de l'ex-capitale royale de Hué. Sur les hauts plateaux centraux, vous découvrirez les illustres champs de bataille de la guerre du Vietnam le long de la piste Hô Chi Minh, et dans le parc national Phong Nha-Ke Bang, les plus anciennes formations karstiques d'Asie ainsi qu'une multitude de grottes et de rivières souterraines.

Idéal pour
L'histoire et la culture du Vietnam

Les incontournables
Hoi An ; Hué

Expérience
Visiter les grands champs de bataille de la guerre du Vietnam

PAGE 164

HANOI

La doyenne des capitales d'Asie du Sud-Est, fruit du brassage des cultures, déploie ses tentacules. Cernés par d'élégants gratte-ciel, son cœur historique et son quartier colonial français sont émaillés de parcs et de lacs paisibles. Hanoi, berceau culturel du Vietnam, a vu naître l'une des formes théâtrales les plus divertissantes : les marionnettes sur l'eau. Musées, salles de concert et théâtres s'emploient à présenter l'histoire et la culture du pays. Entre deux visites, savourez dans une ruelle la cuisine de la rue, assis sur une chaise en plastique parmi les habitués.

Idéal pour
Les musées ; les soieries, laques et créations artisanales ; les marionnettes sur l'eau

Les incontournables
Temple de la Littérature

Expérience
Flâner dans les rues pittoresques du Vieux Quartier

PAGE 190

LE VIETNAM DU NORD

Dans les baies d'Along – dont l'île de Cat Ba – et de Bai Tu Long, comme dans l'arrière-pays, au parc national de Ba Be et à Dong Van, les reliefs karstiques spectaculaires dominent le paysage. Le littoral est aussi somptueux avec ses plages dorées et ses récifs de corail. De vénérables temples et pagodes se partagent le delta du fleuve Rouge, au sud duquel s'étendent les forêts tropicales du parc national de Cuc Phuong. Mais ne négligez pas pour autant les hautes terres solitaires du nord et du nord-ouest, à la rencontre des Montagnards.

Idéal pour
Les impressionnantes formations karstiques

Les incontournables
Baie d'Along ; pagode des Parfums

Expérience
Un séjour chez des Montagnards de la vallée de Mai Chau, dans une maison sur pilotis

1

2

3

4

←

1 Vendeur ambulant dans le Vieux Quartier de Hanoi.

2 Croisière à la découverte de la baie d'Along.

3 *Bun bo* (nouilles au bœuf), un mets typique de la gastronomie de l'ancienne cour royale de Hué.

4 Pont du Dragon, Da Nang.

Circuit touristique sans doute le plus emprunté, cet itinéraire vous conduit du nord au sud du Vietnam, desservant en chemin des sites historiques majeurs et des plages idylliques.

2 SEMAINES

de Hanoi à Hô Chi Minh-Ville

Jour 1 : Hanoi

L'ambiance des ruelles du Vieux Quartier de Hanoi *(p. 188)* est envoûtante, avec ses vitrines pittoresques, ses senteurs exotiques et l'appel des vendeurs ambulants. Après une visite à la Maison commémorative et au temple Bach Ma, explorez les rues dont le nom évoque un type d'artisanat : Hang Gai (rue de la Soie) et Hang Ma (rue des Objets votifs en papier). Déjeunez chez Red Bean *(94 Pho Ma May)*, et rejoignez le ravissant lac Hoan Kiem *(p. 174)*, au sud, avant de flâner le long des boulevards arborés du Quartier français. Là, l'Opéra *(p. 177)* et le musée national de l'Histoire vietnamienne *(p. 178)* retracent du passé colonial de la ville. Vous dînerez chez Namaste *(46 Tho Nhuom)*, spécialiste de la cuisine indienne.

Jours 2 et 3 : baie d'Along

Participez à une excursion dans la baie d'Along *(p. 200)*. Vous passerez la nuit dans le cadre féerique des pitons calcaires hérissés au-dessus des eaux vert émeraude. Au programme : croisière dans la baie, balade en kayak, visite de grottes illuminées. Autant d'occasions de prendre de superbes photos. Vous dînerez chez 1958, un excellent restaurant de poissons et fruits de mer situé dans l'île de Tuan Chau, ou dans l'un des nombreux restaurants flottants.

Jours 4 et 5 : Hué

Comptez une journée pour explorer la cité impériale au cœur de la citadelle de Hué *(p. 142)*, capitale du pays de 1805 à 1945. Le palais de Thai Hoa et sa somptueuse salle du trône, et le temple superbe de The Mieu sont à ne pas manquer. Le soir, un dîner-dégustation vous permettra de découvrir la gastronomie impériale. Le lendemain, vous remonterez la rivière des Parfums *(p. 152)* et visiterez quelques tombeaux royaux *(p. 150)*, dont la beauté de l'ornementation n'a d'égale que celle des jardins alentour. Pour goûter à la cuisine de rue locale, rendez-vous chez Le Hanh *(p. 148)*.

Jour 6 : Da Nang

Sautez dans un taxi ou louez une voiture avec chauffeur pour aller aux montagnes de Marbre, au sud de Da Nang *(p. 156)*. Les paysages côtiers et les sanctuaires pittoresques, abrités dans des grottes immenses méritent votre attention. De retour en ville, vous irez tout droit au musée de la Sculpture cham *(p. 155)*, qui expose de ravissantes sculptures en pierre datant de cette ancienne civilisation. Le soir, promenez-vous sur les berges bordées de restaurants de la Song Han, enjambée par l'incroyable pont du Dragon dont la gueule crache du feu tous les jours à 21h. →

1

4

5

Jour 7 : Hoi An

La vieille ville de Hoi An *(p. 132)* figure en tête des sites touristiques, avec ses pagodes chinoises ouvragées, ses vénérables maisons de thé et ses « maisons tubes » étroites et profondes. Testez la gastronomie locale chez Morning Glory Original *(p. 135)*, un *must*, ou dans un autre restaurant de renom.

Jour 8 : My Son

Principal centre religieux cham, My Son *(p. 138)* a payé un lourd tribut à la guerre du Vietnam, mais ses ruines, en cours de restauration, ne sont pas sans rappeler Angkor Vat au Cambodge. La végétation continue néanmoins d'envahir bon nombre de ses tours de briques, contribuant au caractère mystique du lieu. Vous séjournerez à Quang Ngai *(p. 127)*, localité la plus proche dont les meilleurs restaurants donnent sur le fleuve.

Jour 9 : Quy Nhon

Grande ville portuaire dotée d'une vaste plage, Quy Nhon *(p. 126)* vous réserve une expérience authentique. Ici, point de vendeurs ambulants qui vous harcèlent. Vous visiterez les tours jumelles cham de Thap Doi, ferez une cure de fruits de mer et longerez à moto la côte au sud de la ville pour admirer les fabuleuses plages de sable et la mer scintillante.

Jours 10 et 11 : Nha Trang

Star des stations balnéaires, Nha Trang *(p. 116)* possède quelques témoignages historiques intéressants pour occuper la matinée. Commencez par la cathédrale gothique avant de vous rendre à la pagode de Long Son, juchée au sommet d'une colline, puis aux tours cham de Po Nagar *(p. 117)*, l'un des sites cham les plus importants et les mieux préservés du pays. L'après-midi sera consacré au farniente sur

1 Rue de Hoi An éclairée de lanternes. ↑

2 Ruines cham à My Son.

3 Plage de Nha Trang.

4 Dunes de sable à Mui Ne.

5 L'Usine, une boutique de mode et café branché de Dong Khoi, à Hô Chi Minh-Ville.

la plage et se conclura par un dîner de fruits de mer chez Lanterns *(p. 117)*. Le lendemain, prenez un bateau et explorez les îles voisines, propices à la plongée avec masque et tuba. Vous passerez la soirée dans un bar flottant.

Jours 12 et 13 : Mui Ne

S'étirant sur 20 km, la plage de Mui Ne *(p. 124)* se prête à merveille à la pratique de la planche à voile et du kitesurf. Plusieurs clubs y dispensent une formation pour débutants. Après une matinée sportive, mettez le cap sur les imposantes dunes de sable rouge et blanc qui bordent la station balnéaire. Là, louez une luge en plastique pour dévaler les pentes – une façon divertissante de découvrir ces joyaux géologiques. Le reste du séjour, pourquoi ne pas lézarder sur la plage, vous faire dorloter dans un Spa et déguster des fruits de mer ?

Jour 14: Hô Chi Minh-Ville

Le programme commence par la visite du palais de la Réunification *(p. 68)*, symbole de l'histoire politique nationale qui vous éclairera sur les derniers jours de la guerre du Vietnam. Ensuite rejoignez Dong Khoi, l'artère principale, pour contempler la cathédrale Notre-Dame *(p. 67)* et la Poste centrale *(p. 68)*, toutes deux héritées de l'ère coloniale. Dirigez-vous vers la rivière Saigon et admirez au passage l'élégant siège du Comité du peuple *(p. 65)*, avant de déjeuner dans un restaurant du quartier. L'après-midi, achetez des souvenirs dans les boutiques de Dong Khoi avant de grimper au 49e étage de la tour financière Bitexco *(p. 66)* qui offre une vue panoramique sur le centre-ville. Le soir, place aux plaisirs nocturnes. Après avoir goûté à la cuisine de rue au marché de Ben Thanh *(p. 70)*, offrez-vous un verre ou deux dans l'un des nombreux bars ou clubs de Dong Khoi.

Les deltas
Le majestueux Mékong naît dans les montagnes du Tibet et parcourt 4 500 km avant de se jeter dans la mer, au sud d'Hô Chi Minh-Ville, formant un labyrinthe d'affluents d'un charme et d'une richesse écologique extraordinaires. Les petites îles du Mékong offrent un lieu de séjour idyllique où vous pourrez vous familiariser avec la vie locale, visiter les marchés flottants et vous relaxer dans un hamac en écoutant le chant des oiseaux. À l'autre extrémité du Vietnam, le delta du fleuve Rouge est plus modeste par la taille, mais plus important sur le plan culturel, car il est le berceau de l'ancienne civilisation vietnamienne. Ses mangroves abritent une multitude d'espèces végétales et animales. La région compte de nombreux villages artisanaux et des centaines de pagodes éparpillées dans la nature.

→
Palette de verts des rizières du delta du fleuve Rouge

Le saviez-vous ?

La saison des pluies s'étend de mai à octobre ; il fait plutôt sec de novembre à février, et très chaud entre février et avril.

LE VIETNAM ET SES JOYAUX NATURELS

Devant tant de richesses naturelles, les visiteurs ne savent où donner de la tête. Farniente sur des plages vierges, randonnée dans des forêts tropicales ou parmi des rizières en terrasse, découverte de grottes immenses, bain revigorant dans des piscines au pied des cascades : il y en a pour tous les goûts.

La côte et ses îles
De l'île de Phu Quoc *(p. 108)*, paradis tropical ancré au sud, aux îles et grottes de la baie d'Along *(p. 200)*, au nord, se déploient une infinité d'écosystèmes, et autant de plaisirs balnéaires. Que vous aimiez vous dorer au soleil, chevaucher les vagues, explorer les îlots en bateau ou déguster des produits de la mer tout juste pêchés, vous pourrez donner libre cours à vos envies.

←
Au creux de la baie de Ninh Van, près de Nha Trang

TOP 5 PARCS NATIONAUX

Phong Nha-Ke Bang
Haut lieu du kayak, et de la plus grande grotte de la planète *(p. 163)*.

Yok Don
Randonnée dans la jungle, découverte de la faune, et communautés ethniques *(p. 126)*.

Cat Tien
Paradis ornithologique *(p. 81)*.

Bai Tu Long
La beauté d'Along, les excès du tourisme en moins *(p. 206)*.

Cuc Phuong
Randonnée, spéléologie et observation des oiseaux *(p. 205)*.

Les hauts plateaux du Centre

Voisine du Laos et du Cambodge, cette région fraîche et brumeuse, riche par sa faune, ses chutes d'eau rugissantes et ses lacs paisibles, est l'une des moins visitées du pays. Les forêts denses de Bach Ma et de Phong Nha-Ke Bang réunissent un nombre fabuleux d'espèces végétales et animales.

→

Chutes de Dray Sap, à Buon Ma Thuot

Les montagnes du Nord

Au nord-ouest de Hanoi, une chaîne montagneuse se dresse au-dessus de la vallée du fleuve Rouge. Elle héberge les deux tiers des minorités ethniques du Vietnam. Le point culminant, le mont Fansipan, est accessible en téléphérique. L'ascension de ces sommets à pied réserve de fabuleuses expériences.

→

Dao rouges de Sapa, des Montagnardes au mode de vie traditionnel

Temples et pagodes

Temples et pagodes se composent en général de plusieurs structures abritant les statues de divinités bouddhistes ou d'autres cultes, auxquelles les fidèles viennent présenter leur respect. D'autres pavillons ouverts sont parfaits pour se reposer et bavarder, à l'écart de l'ambiance feutrée et recueillie qui règne dans les bâtiments principaux.

←

Pagode du Pilier unique (Hanoi), bouddhiste en théorie, mais remplie d'images taoïstes

LE VIETNAM À TRAVERS L'ARCHITECTURE

Les apports de la Chine, de l'Inde, de l'ancien Empire khmer, puis de la France et d'autres pays occidentaux se sont mêlés aux styles locaux, donnant naissance à des ensembles architecturaux aussi ravissants que variés. Pagodes et temples cohabitent avec les édifices hérités des Français.

LES DIFFÉRENCES ENTRE TEMPLES ET PAGODES

La pagode *(chua)* désigne un lieu de culte bouddhiste ou taoïste, voire les deux combinés, tandis qu'un temple *(den)* est l'endroit où des offrandes sont faites à des personnages historiques réels, tels des rois et des reines, ou à des mandarins, lesquels jouissent d'un statut semi-divin. Ainsi, la pagode de l'Empereur de jade, à Hô Chi Minh-Ville, est dédiée au culte des divinités taoïstes mais également bouddhistes, alors que le temple de la Littérature, à Hanoi, rend hommage à Confucius.

Sanctuaires cham

Non loin de Hoi An, My Son *(p. 138)*, site le plus sacré du royaume du Champa, a exercé sa loi sur une partie du Vietnam, du Laos et du Cambodge du 4e au 14e siècle. Quelques joyaux de l'architecture cham ont été épargnés par les bombardements américains dans les années 1960.

Maisons tubes

Traditionnelles ou modernes, ces maisons familiales urbaines se sont multipliées entre le 15e et le 18e siècle. Les plus étroites ne mesurent que 2 m de largeur, les plus profondes peuvent atteindre 80 m, et les plus hautes dépasser 5 étages. À chaque famille, sa couleur fétiche, ce qui donne lieu à une étonnante palette de coloris. Il en existe de nombreuses à Hanoi et à Hô Chi Minh-Ville, mais certaines parmi les mieux préservées se trouvent à Hoi An.

→

Maison tube aux couleurs pimpantes du Vieux Quartier de Hanoi

La patte française

Les édifices néoclassiques, modernistes et Art déco, souvent agrémentés de touches orientales, constituent l'héritage le plus pérenne légué par le régime colonial français (1880-1954). Hô Chi Minh-Ville et Hanoi se partagent les plus beaux exemples.

←

Cathédrale Notre-Dame d'Hô Chi Minh-Ville, une œuvre des colons français (1863-1880)

←

Ruines de tours cham à My Son, un site classé par l'Unesco

Citadelle impériale

La perle des citadelles se trouve à Hué *(p. 142)*, la capitale des Nguyen, dernière des dynasties royales vietnamiennes. Bâtis au bord de la rivière des Parfums sur le modèle de la Cité Interdite de Pékin, palais, pavillons et jardins du 19e siècle ont bénéficié d'une restauration de qualité et présentent avec panache l'histoire impériale du Vietnam.

→

Porte d'accès aux temples The Mieu et Hung Mieu, dans la Cité impériale, Hué

Théâtre

Le théâtre traditionnel vietnamien reflète l'influence de la Chine. La présence de musique et de chants apparente ses spectacles plus à des opéras. Le *hat cheo*, ou théâtre populaire, explore les légendes locales, souvent sur un mode satirique, tandis que le *hat tuong*, joué uniquement à la cour de Hué au 19e siècle, se veut plus stylisé et aborde des thèmes plus sophistiqués.

←

Hat cheo, forme théâtrale populaire associant pantomimes, musique et danse

LE VIETNAM ET SES SPECTACLES TRADITIONNELS

Plongeant leurs racines dans la culture Dong Son de la vallée du fleuve Rouge depuis l'âge du Bronze, musique et théâtre vietnamiens offrent un immense répertoire. Des influences chinoises et européennes sont venues plus tard enrichir ces arts du spectacle qui prospèrent aujourd'hui.

Musique

Religieuse, cérémonielle, folklorique, musique de Cour, de chambre ou de théâtre, la musique traditionnelle vietnamienne se décline en de nombreux genres. Le *cat tru*, classé au Patrimoine culturel immatériel de l'Unesco, est une musique de chambre à la mélodie fascinante chantée par des femmes, jouant aussi des instruments à percussions en bois *(phach)* et accompagnées par un flûtiste.
Le *hat chau van*, incantation religieuse née au 16e siècle, consiste en un chant rythmique dansé, tandis que les *quan ho*, concours de chants folkloriques datant du 13e siècle, tiennent encore une place majeure dans les festivals de printemps.

→

Concert de musique traditionnelle au tombeau de l'empereur Tu Duc, près de Hué

Marionnettes sur l'eau

Cet art typiquement vietnamien naît il y a plus de 1 000 ans, dans les rizières inondées. Derrière un écran, des artistes manipulent des marionnettes en bois aux couleurs vives. Les thèmes s'inspirent des légendes et de la vie des villageois. Musique et effets spéciaux sont aussi de la partie. Rendez-vous au théâtre de Marionnettes Thang Long à Hanoi *(p. 172)*.

↑ Spectacle de marionnettes sur l'eau et « figurantes » en bois *(médaillon)*

TOP 5 INSTRUMENTS DE MUSIQUE TRADITIONNELS

Dan Trung
Originaire des hauts plateaux du Centre, ce xylophone en bambou est présent dans la plupart des concerts de musique traditionnelle.

Dan Bro
Des musiciens occidentaux, dont Stevie Wonder, ont fait appel à ce luth en bambou à deux cordes, venu lui aussi du Centre du Vietnam.

Dan Ty Ba
Cette guitare à quatre cordes en forme de poire se joue à la verticale.

Cong Chien
Ces gongs en alliage de bronze s'invitent aux concerts et cérémonies religieuses.

Trong
Parmi les nombreux types de tambours *(trong)* figurent ceux en bronze de la culture Dong Son.

Sur le pouce

La cuisine de rue régale les palais les plus exigeants. Les amateurs ont un faible pour le *banh mi* (sandwich baguette au pâté, à la saucisse et aux condiments servis avec de la sauce à base de poisson et de la mayonnaise), et les *banh xeo* (galettes à la farine de riz fourrées au porc, aux crevettes et aux légumes) : prenez-en un morceau, ajoutez-y des herbes, enveloppez le tout dans une feuille de laitue et trempez-le dans une sauce.

←
À l'heure du déjeuner, sur un marché animé de Bac Ha

LE VIETNAM ET SA GASTRONOMIE

La cuisine se caractérise par une subtile déclinaison de saveurs, mises en valeur par des herbes fraîches : menthe, basilic, citronnelle, etc. Les cordons-bleus recherchent le juste équilibre dans les goûts, couleurs et textures, afin de créer des mets délicieux et sains. Si vous ne maniez pas les baguettes comme un chef, demandez une fourchette *(nia)* et une cuillère *(muong)*.

SECRET D'INITIÉ
La bière

Fréquentés par des habitués, la plupart des bars servant de la *bia hoi* (bière pression bien fraîche) ne payent pas de mine. Les étrangers sont bienvenus s'ils s'asseoient sur des tabourets minuscules. Peu alcoolisée, la bière a un goût léger et se boit tout en grignotant. Pour déguster des bières artisanales riches, agrémentées d'herbes locales, de fruits et d'épices, rendez-vous à Hô Chi Minh-Ville.

La cuisine du Nord

Les spécialités du Nord rdu Vietnam ressemblent à celles de son voisin, la Chine. C'est à Hanoi qu'est né le *pho* (nouilles de riz plates servies dans un bouillon de bœuf ou de poulet avec des morceaux de viande), mets emblématique entre tous. Figurent aussi au palmarès les *nems cua be* (rouleaux de printemps au crabe) et le *bun cha* (porc mariné grillé et nouilles de riz). Testez celui de Bun Cha Huong Lien (24 Le Van Huu, Hanoi).

→
Pho ou soupe aux nouilles à la farine de riz, le plat national

↑ *Banh khoai*, une galette typique du centre du Vietnam

La cuisine du Centre

Sous l'influence indianisée des Cham, les spécialités comme le *bun bo* (nouilles frites, bœuf, ail, concombre, piments, concentré de tomates), ont tendance à enflammer les papilles. La plus connue est le *banh khoai*, une galette farcie avec du porc et des crevettes. Dans certains restaurants de Hué, on peut encore goûter les repas de gala servis à la Cour royale au 19e siècle. Nha Trang est réputée pour ses fruits de mer.

LA CULTURE CAFÉ

D'excellente qualité, le café cultivé sur les hauts plateaux du Centre rencontre aussi le succès à l'étranger. Il se savoure de mille et une manières, tant chaud que froid, notamment sous forme de :

Ca phe den : café noir préparé directement dans la tasse à l'aide d'un filtre métallique appelé *phin*.

Ca phe sua : café noir servi avec du lait concentré sucré et des glaçons.

Sua chua ca phe : café au yaourt qui se boit toujours froid.

Ca phe trung : café noir avec une crème à base de jaune d'œuf et de lait concentré.

Sinh to ca phe : smoothie aux fruits additionnés de café noir.

La cuisine du Sud

Grâce à la richesse du sol et à la chaleur, fruits tropicaux et légumes poussent en abondance. Les saveurs sucrées prédominent, le lait de coco entrant dans la composition des currys doux et des crêpes à la noix de coco. C'est du Sud que vient la fameuse sauce nuoc-mam, obtenue par la fermentation d'anchois durant plusieurs mois. Plat emblématique du delta du Mékong, le *canh chua ca* est une soupe aigre-douce à base de poisson-chat, de légumes et d'herbes.

L'art de préparer la noix de coco pour en faire un dessert *(médaillon)* ↑

Hoi An

De Hoi An, une promenade de 4 km à vélo ou en taxi vous conduira à la plage de Cua Dai, idéale pour siroter un cocktail au coucher du soleil. Si vous aimez les grands espaces, poussez jusqu'à celle de sable blanc, assez préservée, d'An Bang, au nord. Sur l'une comme sur l'autre, d'excellents fruits de mer et de superbes vues sur les îles Cham vous attendent.

←

Éclairage tamisé sur la plage de Cua Dai, près de Hoi An, le soir

LE VIETNAM ET SES PLAGES DE RÊVE

Avec plus de 3 000 km de côtes bordées par la mer de Chine méridionale, le Vietnam fait figure de paradis pour les fans de plaisirs balnéaires. Des rivages de sable ourlés de palmiers du sud aux îlots karstiques du nord, chaque plage a son propre cachet et se prête aux activités nautiques.

TOP 5 SPOTS DE PLONGÉE

Phu Quoc
Les meilleurs se trouvent sur la côte sud-est de l'île

Hon Ko
Un splendide récif de corail borde cette petite île au sud de Phu Quoc.

Nha Trang
Le site propose cours de plongée et exploration de nombreux spots.

Îles de Cham
L'archipel au large de Hoi An est riche en coraux et poissons tropicaux.

Archipel de Con Dao
Ces îles isolées du Sud baignent dans des eaux transparentes.

Nha Trang

La côte près de Nha Trang est parsemée des dizaines de belles plage. Plusieurs d'entre elles se prêtent au surf de novembre à mars. Pour sortir des sentiers battus, mettez le cap vers l'île de Hon Ong (île de la Baleine) dans une baie abritée, parfois fréquentée par des baleines à bosse. Plongée, baignade, planche à voile, kayak : vous aurez l'embarras du choix.

Baie d'Along

Des innombrables îles qui constellent la baie, le minuscule îlot de Ti Top se distingue par les vues panoramiques fabuleuses qu'offre son sommet. Pour en profiter, vous devrez gravir 400 marches. Enchaînez par une baignade ou une pause *farniente* sur la petite plage et, s'il vous reste de l'énergie, partez explorer les célèbres formations karstiques en kayak.

→

Vue plongeante sur la plage de Ti Top et la baie d'Along

Au sud de Hô Chi Minh-Ville

Entre Phu Quoc et Hô Chi Minh-Ville, ce ne sont pas les belles plages qui manquent, mais leur proximité avec la ville les a livrées aux excès de la promotion immobilière. Magnifique et solitaire, celle de Ho Coc fait exception. Avec ses dunes et son long ruban de sable doré émaillé de rochers, elle permet de merveilleuses balades et baignades, surtout en semaine.

←

Ho Coc, l'une des plages les mieux préservées du Vietnam

Phu Quoc

Entourée d'eaux parmi les plus calmes et limpides du littoral, cette île du golfe de Thaïlande a tout pour séduire les amateurs de kayak et de plongée, avec masque et tuba ou bouteilles. Ses plages sont d'une beauté exceptionnelle, notamment celle de Bai Sao (plage de l'Étoile) près de la pointe sud de l'île, sur la côte orientale très protégée. Son croissant de sable blanc s'étend sur des kilomètres, bordé par une eau d'une pureté absolue.

←

Plage municipale de Nha Trang, bordée de palmiers et de casuarinas

→

Sable blanc et mer cristalline à Bai Sao, dans l'île de Phu Quoc

Baie de Bai Tu Long

Seuls 60 km séparent la célébrissime baie d'Along de celle de Bai Tu Long, qui n'a pas à rougir de la comparaison, avec ses formations karstiques spectaculaires, ses nombreux îlots déserts et une sérénité qui fait souvent défaut à sa voisine, victime de son succès. L'île de Quan Lan possède une plage splendide en forme de croissant, Minh Chau. Plus sauvage encore, celle de Tra Ban se remarque par ses pitons calcaires et sa jungle riche en faune et en flore.

↑ Arche calcaire menant au village flottant de Vung Vieng, baie de Bai Tu Long

LE VIETNAM HORS DES SENTIERS BATTUS

Un peu plus difficiles d'accès que les hauts lieux touristiques du pays, et pauvres en infrastructures, les merveilles secrètes du Vietnam offrent des paysages magiques où prévalent les modes de vie traditionnels.

Îles de Con Dao

L'archipel composé de 16 îles pour la plupart inhabitées se trouve à 135 km de la côte sud du Vietnam. Ce cadre authentique fait le bonheur de ceux qui aiment paresser sur la plage, pratiquer la plongée, ou explorer la jungle. Abritant de nombreuses espèces végétales et animales rares, une partie de l'archipel et des récifs de coraux alentour est protégée au sein d'un parc national. Vous pourrez loger et vous restaurer dans l'île principale, Con Son.

← Eau transparente et sable blanc : le paradis sur terre dans l'archipel de Con Dao

Réserve naturelle de Pu Luong

Située en dehors des circuits classiques, à 50 km de Mai Chau dans le Nord, la réserve naturelle de Pu Luong vous laissera sans voix. Cette vallée très fertile que se partagent forêts et rizières en terrasses accueille des habitats, une faune et une flore variés. Là, vous parcourrez les sentiers de montagne, nagerez dans les rivières, visiterez les marchés traditionnels des Thai Blancs et des Muong, et goûterez à la paix de cet endroit idyllique.

↓ Rizières en terrasses dans la luxuriante réserve naturelle de Pu Luong

Ben Tre

La ravissante promenade à pied ou à vélo le long des berges paisibles de la rivière qui traverse Ben Tre permet de se familiariser avec le mode de vie traditionnel, loin de l'effervescence des autres villes du delta du Mékong. Avec ses charmants villages et ses plantations de cocotiers, la campagne alentour mérite aussi d'être explorée à bicyclette ou en bateau.

← À bord d'une embarcation typique, dans le delta du Mékong, Ben Tre

→ Maison en bois sur pilotis au cœur des rizières de la vallée de Mai Chau

CURIOSITÉ

Géoparc mondial de Dông Van

Ce plateau karstique isolé près de la frontière chinoise doit son classement par l'Unesco à une géographie unique en son genre. Vous y découvrirez des villages de Montagnards, un marché dominical hors norme et de superbes paysages de montagnes. Il faut une autorisation spéciale, facile à obtenir, pour le visiter. Les motards s'en donneront à cœur joie *(p. 214)*.

Séjour chez l'habitant dans la vallée de Mai Chau

Au sud-ouest de Hanoi, la vallée préservée de Mai Chau se niche au creux de collines où s'étagent des rizières. Elle abrite la minorité des Thai Blancs, qui a des origines communes avec les Thaïlandais et les Laos. Les villageois de Lac et de Pom Coong vous recevront dans leurs maisons sur pilotis. Une façon originale de se familiariser avec les traditions rurales.

Mode

Si le coton et le chanvre ont un certain succès, ils ne détrônent pas la soie chatoyante qui fait la réputation du Vietnam. L'*ao dai* traditionnelle existe en version prêt-à-porter, mais les tailleurs en font aussi sur mesure. Capitale mondiale de la confection, Hoi An compte une multitude d'excellents tailleurs. Vous trouverez aussi votre bonheur à Hanoi et à Hô Chi Minh-Ville.

←

Ao dai, tunique fendue sur les côtés et portée sur un pantalon ample

LE VIETNAM ET SON ARTISANAT

Les créations artisanales des minorités ethniques, de toute beauté, se classent parmi les meilleures en Asie. Hanoi, Hô Chi Minh-Ville et les marchés locaux séduiront les accros du shopping, mais rien ne vaut Hoi An et sa gamme impressionnante de laques, de vêtements et d'objets artisanaux.

TOP 5 MARCHÉS DU VIETNAM

Les marchés traditionnels ne se contentent pas d'offrir un large éventail de produits à des prix défiant toute concurrence ; ils permettent aussi de découvrir la vie locale. En voici une sélection :

Marché flottant de Cai Be, près de Vinh Long *(p. 103)*

Marché central, Hoi An *(p. 136)*

Dong Ba, Hué *(p. 146)*.

Dong Xuan, Hanoi *(p. 172)*.

Marché de Bac Ha, Nord-Ouest *(p. 213)*.

Céramiques et laques

Les potiers utilisent l'argile blanche des gisements voisins de Hanoi pour fabriquer de ravissants vases et services à thé en céramique aux glaçures traditionnelles et aux motifs peints à la main. C'est ici que vous trouverez le plus grand choix.
En revanche, les laques, souvent incrustées de nacre, se vendent un peu partout.

NOTRE CONSEIL
Marchander

Souriez et proposez un prix plus bas. Si la contre-offre vous semble encore élevée, refusez poliment et faites mine de partir. Vous obtiendrez sûrement une remise.

Dentelles et étoffes artisanales

Les minorités des hauts plateaux excellent dans ces disciplines qui confinent à l'art. Motifs et textiles complexes appliqués caractérisent leurs tenues traditionnelles et décorent aussi des taies d'oreiller, foulards, sacs à main et autres accessoires.

→ Femme Hmong devant son métier à tisser

Or et argent

Pour bon nombre de Montagnards, l'argent est un symbole de richesse. Il sert à créer à la main bracelets, ceintures et boucles d'oreilles, commercialisés dans les boutiques des grandes villes et des villages. Chez les Vietnamiens des plaines, l'or prévaut. De 23 ou 24 carats et bruni, il se vend au poids dans tout le pays.

← Bracelets traditionnels en argent gravés d'oiseaux et de fleurs

↑ Céramiques d'une élégante simplicité, aussi décoratives qu'utilitaires

Peinture

À Hanoi, la scène artistique est florissante. Si les œuvres des peintres locaux de renom coûtent cher, celles d'artistes moins connus se négocient à des prix raisonnables. Tout amateur d'art se doit de visiter une ou deux galeries, dont Thang Long (41 Hang Gai) où les jeunes talents côtoient les maîtres.

→ Artiste peignant des scènes de la vie rurale dans une galerie de Hanoi

◁ Trekking

Épicentre de la randonnée dans le Nord, Sapa possède des paysages et des villages ethniques fascinants. Si vous souhaitez partir à la rencontre des communautés locales dans les régions isolées, adressez-vous à Topas Adventure *(www.topastravel.vn)*. La plupart des circuits traversent des terrains accidentés, comme l'ascension du mont Fansipan, point culminant du pays (deux jours). Les fans de trek plébiscitent aussi les parcs nationaux de Cat Ba et de Bach Ma qui abritent de splendides lacs et chutes d'eau.

LE VIETNAM ET LES ACTIVITÉS DE PLEIN AIR

Entre plonger dans les récifs de coraux et randonner en haute montagne, chacun est assuré de trouver son bonheur. Si certaines activités requièrent un entraînement spécifique et une excellente forme physique, d'autres comme l'observation des oiseaux et les balades dans la nature sont à la portée de tous.

◁ Surf, kitesurf et planche à voile

Balayée par le vent toute l'année ou presque, la plage de Mui Ne jouit d'une renommée mondiale auprès des amateurs de kitesurf et de planche à voile. Les spécialistes, tel Jibe's Beach Club *(www.windsurf-vietnam.com)*, dispensent des cours et louent l'équipement. En revanche, le vent est l'ennemi du surfeur, qui recherche la houle. Les meilleurs spots se trouvent à Da Nang et à Nha Trang. À moins d'avoir une longue expérience, mieux vaut commencer par le *bodyboard*.

Observation des oiseaux ▷

Riches de plus de 800 espèces indigènes d'oiseaux et d'une multitude de papillons, les parcs nationaux – notamment Cuc Phoung et Bach Ma – font le bonheur des ornithologues. Les amateurs éclairés s'adressent de préférence à Vietnam Birding *(www.vietnambirding.com)*.

◁ Baignade et plongée

Pour découvrir la vie aquatique en mer de Chine méridionale, rien de plus simple : il suffit d'un masque et d'un tuba. Les fans ont une prédilection pour les îles de Phu Quoc et de Con Dao, tandis que les plongeurs convergent vers Nha Trang et les îles Cham. Implanté dans les meilleurs spots de plongée au large, Rainbow Divers *(www.divevietnam.com)* organise de fabuleuses expéditions. Quant aux accros aux bains de mer, ils gravitent autour de Mui Ne, Nha Trang, Hoi An, Da Nang et la côte au sud de Quy Nhon.

NOTRE CONSEIL
Prudence !

Choisissez avec soin votre tour-opérateur et vérifiez que vous êtes assuré pour les activités au programme. Consultez la météo, car une tempête est vite arrivée. Ne conduisez pas une moto ou un scooter pour la première fois car la circulation au Vietnam est chaotique et les conducteurs enfreingnent souvent le code de la route. Enfin, suivez scrupuleusement les sentiers de randonnée ; le sol cache encore des explosifs.

△ Kayak

Rien ne vaut la splendide baie d'Along, ses eaux paisibles et ses innombrables grottes. Réservez une expédition avec une nuit de camping sur une île auprès d'Asia Outdoors *(www.asiaoutdoors.com.vn)*. Autres destinations très prisées : l'archipel de Con Dao, l'île de Cat Ba, Dalat et la région de Hoi An.

Deux-roues ▷

Qu'il s'agisse d'un circuit de deux semaines de Hanoi à Hô Chi Minh-Ville, ou d'une balade jusqu'à la plage de Hoi An, le vélo est un fabuleux moyen pour explorer le Vietnam. Les descentes prédominent entre Dalat et Mui Ne, tandis que le delta du Mékong offre un terrain plat au cœur des rizières. Les formules proposées par Spice Roads *(www.spiceroads.com)* incluent le séjour chez l'habitant. Très prisé dans le Nord, le cyclomoteur est idéal pour profiter des paysages *(p. 245)*. Vous pouvez aussi louer une moto avec pilote via Easy Riders *(www.easy-riders.net)*.

◁ Buon Ma Thuot

L'ultime grande bataille de la guerre s'est déroulée en mars 1975 à Buon Ma Thuot, sur les hauts plateaux du Sud. Le Nord-Vietnam a utilisé des tanks et de l'artillerie lourde pour mettre en déroute les troupes sud-vietnamiennes. Aujourd'hui, un mémorial se dresse au centre de la ville.

Ap Bac ▷

C'est à Ap Bac *(p. 100)*, au sud d'Hô Chi Minh-Ville, qu'a eu lieu, en janvier 1963,la première victoire décisive du Viêt-công contre le Sud-Vietnam. Malgré le soutien des forces américaines, celui-ci subit de lourdes pertes. Les vainqueurs se dispersent ensuite parmi la population, une tactique classique de guérilla. Un mémorial et un musée commémorent cette bataille, la plus sanglante de toutes. Vous y verrez des munitions, un véhicule blindé de transports de troupes et un hélicoptère américain abattu.

SUR LES TRACES DE LA GUERRE DU VIETNAM

De nombreuses guerres jalonnent la longue histoire du Vietnam. Les témoignages du principal conflit de l'époque contemporaine, la guerre du Vietnam (ou Guerre américaine pour les Vietnamiens), permettent de mieux comprendre le passé et le peuple du pays.

◁ La piste Hô Chi Minh

Aussi appelé Duong Truong Son, ce vaste réseau de pistes et de tunnels entrepris en 1959 part de Vinh dans le Nord et rejoint le Sud, avec des incursions au Laos et au Cambodge *(p. 163)*. Véritable exploit en matière d'ingénierie et de logistique, les tunnels étaient empruntés par les forces communistes d'Hô Chi Minh pour acheminer hommes et matériel vers les zones de combat contre les Américains dans le Sud. Ils abritaient entrepôts, hôpitaux et même une conduite de carburant. Aujourd'hui, il est possible d'effectuer le parcours en cyclomoteur : adressez-vous à Easy Riders *(p. 39)*.

△ Zone démilitarisée (DMZ)

Cette étroite zone-tampon entre le Nord et le Sud, créée après les accords de Genève en 1954, a été le théâtre de violents combats. On y voit les tunnels de Vinh Moc *(p. 161)* utilisés par les villageois durant les bombardements américains, la base d'artillerie américaine Camp Carroll ainsi que le champ de bataille de Hamburger Hill. Tous se visitent dans le cadre d'une excursion guidée, au départ de Hué.

◁ Mémorial du massacre de My Lai

Le 16 mars 1968, l'infanterie américaine massacre plus de 500 civils vietnamiens à My Lai, un village de la province de Quang Ngai. Une telle atrocité choque le monde entier. Le mémorial de Son My *(p. 127)* relate ce crime de guerre avec des clichés poignants et une sculpture en pierre représentant une femme portant le corps d'un enfant et brandissant le poing en signe de défi. Témoignage de la volonté des Vietnamiens de tourner la page, le musée rend aussi hommage aux GI qui ont tenté de s'interposer et à ceux qui ont informé les journalistes. Une visite bouleversante.

MUSÉES DÉDIÉS À LA GUERRE

À Hanoi, le musée de l'Histoire militaire du Vietnam *(28 Dien Bien Phu)* expose armes et engins militaires, dont un bombardier B-52. Le musée des Vestiges de la guerre d'Hô Chi Minh-Ville *(p. 73)* présente les horreurs de la guerre sur le mode graphique. Âmes sensibles s'abstenir, car y sont exposés des photos de victimes de la torture et du napalm ainsi que des fœtus déformés par l'agent Orange. Le musée mentionne aussi les Américains qui se sont opposés à cette guerre.

△ Réseaux souterrains

Près d'Hô Chi Minh-Ville, au nord, les tunnels de Cu Chi *(p. 76)* servaient de caches à munitions et de cachettes aux combattants du Viêt-công qui s'y terraient après leurs attaques éclair contre la capitale. Très étroits afin de parer à toute tentative d'invasion, ils ont été élargis, mais les visiteurs claustrophobes risquent de s'y sentir mal à l'aise : les galeries sont si basses qu'il faut se plier en deux pour y circuler. À l'inverse, les tunnels de Vinh Moc étaient aménagés pour des séjours prolongés, et certaines sections permettent de se tenir debout. Une partie du réseau est bien entretenue et facile à visiter.

À VOS AGENDAS

JANVIER

△ **Tet Nguyen Dan** *(fin jan. ou fév.)*. Cette fête, la plus importante de l'année, marque le premier jour du calendrier lunaire et le début du renouveau. Elle dure au moins 5 jours. La famille partage des repas et s'offre des cadeaux.

FÉVRIER

△ **Fondation du parti communiste vietnamien** *(3 fév.)*. Jour anniversaire de la création du parti, en 1930, par Hô Chi Minh.

Festival de Lim. Au programme des villageois de Lim : tenue traditionnelle, jeux et chants folkloriques.

Fête de la pagode des Parfums *(mi-fév.)*. Elle attire des milliers de pèlerins bouddhistes.

MAI

Fête du travail *(1er mai)*. Les Vietnamiens défilent dans la rue en témoignage de solidarité à l'égard des travailleurs du monde entier.

△ **Anniversaire de Bouddha** *(vers le 15 mai)*. À cette occasion, des lanternes sont suspendues à l'extérieur des temples et des maisons.

JUIN

△ **Tet Doan Ngo** *(déb. juin)*. À l'occasion du solstice d'été, des offrandes sont faites au dieu de la Mort dans tous les temples taoïstes du pays.

Fête du temple Chem *(mi-juin)*. Dans le village de Thuy Phuong, à la périphérie de Hanoi, une course de bateaux-dragons rend hommage au guerrier du 3e siècle Ly Ong Trong.

SEPTEMBRE

△ **Fête nationale** *(2 sept.)*. En ce jour, la nation célèbre la déclaration d'indépendance prononcée en 1945 par Hô Chi Minh, après la défaite des puissances de l'Axe.

Trung Thu *(mi-sept)*. La fête de la moisson est l'occasion d'offrir des jouets et des gâteaux en forme de lune aux enfants, de défiler avec des lanternes en papier et d'exécuter les danses du lion.

OCTOBRE

Fête Kate. La plus importante fête cham se déroule aux trois tours cham, dans la province méridionale de Ninh Thuan. De très nombreux fidèles y convergent en processions pour rendre hommage à leurs divinités.

△ **Anniversaire de Confucius** *(fin oct.-déb. nov.)*. Cérémonies et offrandes dans les temples confucéens de tout le pays.

MARS

Fête de Hai Ba Trung *(déb. mars)*. Les statues des célèbres sœurs Trung quittent le temple de Hai Ba Trung, à Hanoi, pour leur bain rituel annuel dans le fleuve.

△ **Fête de la pagode Thay** *(fin mars-déb. avr.)*. Elle célèbre la vie de l'illustre moine bouddhiste et génie universel Tu Dao Hanh, qui a inventé le théâtre de marionnettes sur l'eau. Plusieurs spectacles ont lieu à cette occasion.

AVRIL

△ **Fête des rois Hung** *(vers le 12 avr.)*. Événements culturels et parades autour des temples marquent cette fête nationale de 4 jours en l'honneur des rois Hung. Le deuxième jour est férié.

Fête de la libération *(30 avr.)*. Commémoration de la prise de Saigon et de la fin de la guerre du Vietnam en 1975. Des défilés ont lieu partout dans le pays.

Festival de Hué *(avr., mai ou juin)*. Cette semaine de festivités mettant à l'honneur les traditions et la culture des Nguyen se déroule à Hué les années paires.

JUILLET

Festival de la cuisine de rue à Mui Ne *(jan., avr. et juil.)*. Ce festival d'une semaine aux saveurs du Vietnam et d'ailleurs a lieu trois fois par an.

△ **Gay Pride d'Hanoi** *(juil., août ou sept.)*. Parade, course cycliste, soirées, projection de films et débats se succèdent durant une semaine.

AOÛT

△ **Trung Nguyen/Vu Lan** *(mi-août-déb. sept)*. Taoïstes et bouddhistes fêtent ce Jour du pardon des âmes en brûlant des billets de banque et autres objets en papier pour apaiser les esprits errants.

Fête du temple de Le Van Duyet *(fin août-déb. sept.)*. Spectacles d'opéra et de danse traditionnels marquent l'anniversaire du décès de ce grand homme d'État.

NOVEMBRE

△ **Oc Om Boc** *(2e quinz. de nov.)*. Dans le delta du Mékong, les Khmers rendent hommage à la déesse de la Lune. Les courses de *ghe ngo* (bateaux traditionnels) sur le fleuve constituent le clou du festival.

DÉCEMBRE

△ **Fête des fleurs de Dalat**. Un festival de couleurs végétales lors de cette célébration dédiée aux fleurs, plantes ornementales et légumes cultivés localement.

Noël *(25 déc.)*. Avec leurs nombreuses églises et cathédrales, Hanoi et Hô Chi Minh-Ville fêtent Noël avec un faste particulier.

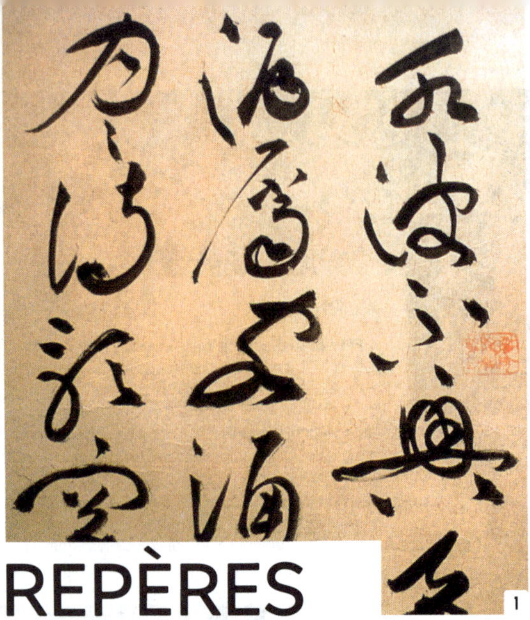

1

REPÈRES HISTORIQUES

Le Vietnam et ses paysages portent l'empreinte d'un passé long et tumultueux. Après un millénaire marqué par des épreuves à répétition, dont sa lutte pour l'indépendance, ce pays a réussi à se reconstruire pour devenir une nation unifiée et prospère.

Des origines au règne des Hung

Si certains vestiges prouvent que l'Homme occupait le territoire dès le Néolithique, les Khin (ou Viet) seraient originaires de l'actuelle Chine méridionale. À en croire la légende, la divinité Viem De aurait conduit, à la fin du 29e siècle av. J.-C., les tribus locales plus ou moins alliées jusqu'au delta du fleuve Rouge, au sud. Son fils Hung Vuong s'autoproclame souverain d'un royaume appelé Xich Qui, fondant ainsi la dynastie des rois Hung d'Hong Bang (2879 av. J.-C.-258 av. J.-C.). À l'époque, le peuple emploie déjà des méthodes de riziculture sophistiquées, le delta constituant un centre agricole majeur.

1 Écriture cursive chinoise, ou calligraphie *caoshu*, datant de la dynastie des Ming. ↑

2 Peinture représentant l'armée chinoise mise en déroute par les sœurs Trung.

3 Vestiges d'un temple hindou à My Son.

Chronologie

9000-6500 av. J.-C.
Période néolithique

2879 av. J.-C.
Fondation par la dynastie des Hung du royaume de Xich Qui, rebaptisé par la suite Van Lang

1000 av. J.-C.
Van Lang prospère sous le règne des Hung ; la riziculture inondée et le travail du bronze se développent

258 av. J.-C.
Thuc Phan met fin à la dynastie des Hung et le Van Lang est englobé dans le royaume d'Au Lac

2

3

La domination chinoise

L'invasion de tribus venues du sud de la Chine sonne, en 258 av. J.-C, le glas de la dynastie des Hung. En 208 av. J.-C., le territoire d'Au Lac rejoint le royaume de Nam Viet, au sud de la Chine. S'ouvre alors une période de domination chinoise appelée à durer près de 1000 ans. Le peuple viet se révolte à maintes reprises contre ce joug politique. En revanche, il adopte l'écriture, l'architecture et les méthodes d'administration chinoises, ainsi que le bouddhisme, le taoïsme et le confucianisme.

Le Sud

Pendant ce temps, dans le Sud, l'influence indienne prévaut et donne naissance à deux royaumes indianisés : le Funan, féru d'art et d'architecture, et le Champa. Précurseur de l'Empire khmer, le premier s'étend jusqu'au nord de la Thaïlande et entretient des relations commerciales jusqu'en Méditerranée. Le second s'établit entre Vinh et le delta du Mékong. Il doit sa prospérité à l'agriculture et surtout à la pêche, moteur de son économie.

SOUVENIRS DE TEMPS RÉVOLUS

Des exemples de temples Hung subsistent au nord-ouest de Hanoi. En avril, une fête honnore ces rois. Les vestiges cham les plus connus (tours et temples hindous) se trouvent à My Son, autour de Nha Trang et dans le delta du Mékong.

111-939 av. J.-C.

Le Nam Viet devient la province chinoise de Giao Chi et adopte en partie la culture de la Chine

1er siècle

Fondation du royaume du Funan

207 av. J.-C.

Le général chinois Trieu Da annexe l'Au Lac, qui intègre le royaume du Nam Viet

2e siècle

Fondation du royaume du Champa

Le Dai Viet et le Dai Co Viet

La dynastie chinoise des Tang disparaît au début du 10e siècle. Sous la houlette du général Ngo Quyen, le pays obtient son indépendance en 938, sous le nom de Dai Viet, mais sombre dans la guerre civile à la mort de son roi. Le seigneur de guerre Dinh Bo Linh le réunifie en 968. Il fait la paix avec la Chine dont il devient tributaire, rebaptise le royaume Dai Co Viet et se proclame empereur. Sa dynastie dure 12 ans, puis Le Dai Hanh s'empare du trône et fonde la dynastie des Le (980-1009).

La dynastie des Ly

À la mort du dernier empereur Le, le commandant de la garde impériale Ly Thai To, homme dévoué et éclairé, devient le nouvel empereur. Il fonde la dynastie des Ly (1009-1225) qui pose les fondations du Vietnam actuel. De l'avis général, le règne bureaucratique et empreint de culture chinoise des Ly correspond à l'âge d'or du pays, avec la mise en place d'infrastructures civiles et d'une armée professionnelle, l'amélioration de la condition des femmes et du peuple ainsi que l'essor de l'éducation, des arts et de la culture.

1 Ngo Quyen (897-944), roi de la dynastie des Ngo. ↑

2 Bataille du fleuve Bach Dang qui marque la fin de la dynastie des Ly et le début de celle des Tran.

3 Portes ouvragées de la cité impériale de Hué.

Le saviez-vous ?

Dinh Bo Linh meurt assassiné durant son sommeil ; son fils âgé de six ans lui succède.

Chronologie

939
Ngo Quyen chasse les Chinois et fonde la dynastie des Ngo

1009-1225
L'art et la culture s'épanouissent durant le règne des Ly

1407-1428
La Chine envahit le nord du Vietnam, mais Le Loi les expulse

1428-1788
Dynastie des Le

3

La dynastie des Tran

Un coup d'État violent perpétré par le puissant chef de clan Tran Hung Dao en 1225 met fin à la dynastie des Ly. La dynastie des Tran lui succède, étend le territoire du Dai Viet vers le sud, dans les terres du Champa, et repousse trois grandes invasions mongoles.

Les dynasties des Le et des Nguyen

Un autre coup d'État destitue les Tran et déclenche une invasion menée par Ming China. Le territoire repasse sous le joug chinois jusqu'à ce qu'une révolte fomentée par Le Loi installe la dynastie des Le. Le Dai Viet devient un État puissant. À partir de 1539, les Nguyen et les Trinh se disputent le pouvoir, guerres qui laissent le pays exsangue et sapent le règne des Le. Des flottes de bateaux européens commencent à affluer, avec à leur bord des marchands en quête de richesse et des missionnaires chrétiens venus prêcher la bonne parole. Après une période de guerre civile, les Nguyen sont évincés et contraints à l'exil. Nguyen Anh rentre au Vietnam en 1788 et, soutenu par les Français, il reprend possession de Saigon. En 1802, il se décrète premier souverain de la dynastie des Nguyen et établit sa capitale à Hué.

↑ Le chef militaire Tran Hung Dao (1228-1300)

1471

Le Dai Viet conquiert la majeure partie du royaume du Champa, au sud

1773

L'armée des frères Tay Son s'empare du sud du Dai Viet, alors sous le contrôle des Nguyen

1802

Après sa victoire contre les forces des Tay Son, Nguyen Anh unifie le pays

1802-1945

Dynastie des Nguyen, Hué devient la capitale

1

2

Période coloniale française

Les descendants de Nguyen Anh réintroduisent le féodalisme et interdisent la religion catholique. Ces mesures incitent la France à attaquer Da Nang en 1858. En 1887, le Vietnam, le Laos et le Cambodge se trouvent réunis au sein de l'Indochine française et sont exploités sans vergogne par le régime colonial. Après l'invasion japonaise en 1940, puis la libération en août 1945, le chef de la résistance, Hô Chi Minh, déclare l'indépendance le 2 septembre. Il rebaptise le pays République démocratique du VietNam (RDVN) et instaure un gouvernement communiste.

La guerre d'Indochine

En septembre 1945, la France expédie de nouveau des troupes à Saigon pour reconquérir le Vietnam, et provoque un conflit généralisé. Malgré le retour de Bao Dai, empereur à sa solde dans le Sud, et l'aide des États-Unis, elle est vaincue par le Viêt-minh en 1954. La même année, la conférence de Genève scinde le Vietnam au niveau du 17e parallèle : au nord, la RDVN gouvernée par Hô Chi Minh ; au sud, la république du Sud-Vietnam, dirigée par Ngo Dinh Diem, un catholique anticommuniste soutenu par les Américains.

↑ Médaille militaire française de la guerre d'Indochine

Chronologie

1858
La France attaque le Vietnam

1887
Le Vietnam intègre l'Indochine française

1940-1945
Le Vietnam est occupé par l'armée impériale japonaise, mais administré par le régime de Vichy

1941
Hô Chi Minh et d'autres résistants communistes créent le Viêt-minh

1946
Les forces françaises tentent de reconquérir le Vietnam et déclenchent la guerre d'Indochine

1954
Victoire du Viêt-minh sur les Français à la bataille de Dien Bien Phù

3

La guerre du Vietnam (« Guerre américaine »)

Près d'un million de catholiques du Nord fuient la répression et rejoignent le Sud, où les communistes, également réprimés, partent vers le nord. Le Front national pour la libération du Sud-Vietnam (FNL), ou Viêt-công, voit le jour en 1960. La guérilla dégénère en guerre et devient l'expression, par procuration, de la guerre froide, entre d'un côté, le Sud (les États-Unis et leurs alliés) et de l'autre, le Nord (la Chine, l'URSS et les autres États communistes). Les incidents du golfe du Tonkin en 1964 marquent un tournant décisif, les États-Unis accusant le FNL d'avoir attaqué sans raison deux de ses destroyers. Le président Johnson se sert de ce prétexte pour bombarder le Nord et renforcer sa présence militaire. Les Viêts-công multiplient les attaques surprises. Leur extrême mobilité grâce à la piste Hô Chi Minh *(p. 40 et 163)* leur permet de prendre à revers leurs ennemis pourtant mieux équipés. Après l'offensive du Têt en 1968, les Américains comprennent qu'ils ne gagneront pas cette guerre. Au fil des ans, leurs contingents diminuent. Les dernières troupes partent en mars 1973, après l'offensive de Pâques (1972) et l'invasion de la majeure partie du nord du Sud-Vietnam.

1 Arrivée du gouverneur général d'Indochine, Paul Beau, à Saigon en 1902. ↑

2 Défilé du Viêt-minh à Hanoi, en 1954.

3 Artilleurs américains, en 1968.

Le saviez-vous ?

Durant la guerre, les Américains ont utilisé les jouets Slinky (des ressorts en métal) comme antennes radio.

1959

La rébellion contre le gouvernement du Sud-Vietnam marque le début de la guerre du Vietnam

1965

Les troupes américaines débarquent à Da Nang et s'engagent dans le conflit

1968

Les forces du Viêt-công et l'armée du Nord-Vietnam lance l'offensive du Têt

1969

Mort d'Hô Chi Minh

1973

Retrait militaire des États-Unis

1

2

Réunification et isolement

Le 30 avril 1975, les Nord-Vietnamiens entrent dans Saigon, hissent le drapeau du Viêt-công sur le palais de l'Indépendance, et baptisent la ville Hô Chi Minh-Ville. En juillet 1976, le pays est réunifié. Le Duan, nouveau secrétaire général du Parti communiste, proclame la République socialiste du Vietnam. Sous ce régime autoritaire, le Vietnam connaît une décennie de déclin ; la collectivisation de l'industrie et du commerce dans le Sud, conjuguée à l'embargo des Américains, pénalise son économie. Les attaques frontalières des Khmers rouges en 1977 incitent les Vietnamiens à envahir le Cambodge et à renverser le gouvernement soutenu par la Chine, en 1978. L'année suivante, les Chinois pénètrent dans le nord du Vietnam, donnant le coup d'envoi de la troisième guerre d'Indochine et obligeant le Vietnam à se rapprocher de l'URSS.

Renouveau et prospérité

Au décès de Le Duan en 1986, le Vietnam est au bord de la faillite, et deux millions de *boat people* ont fui le pays. Le chef du parti, Nguyen Van Linh, instaure alors le *Doi Moi*, une série

↑ Bain de foule pour le Premier ministre Nguyen Tan Dung

Chronologie

1975
Le Viêt-công prend le contrôle du Sud-Vietnam ; les États-Unis instaurent un embargo

1976
Le Nord et le Sud sont réunifiés au sein de la République socialiste du Vietnam

1978-1979
Le Vietnam envahit le Cambodge et chasse les Khmers rouges soutenus par la Chine qui, en représailles, lance une invasion brève mais sanglante au nord du pays

1986
Mort de Le Duan et mise en place des réformes économiques du *Doi Moi* par Nguyen Van Linh

3

4

de réformes économiques. Entreprise privée, investissements étrangers et déréglementation économique sont de nouveau permis, l'État conservant le contrôle des industries stratégiques.

À la chute de l'URSS en 1991, le Vietnam se réconcilie avec la Chine et s'ouvre à l'économie mondiale. En 1994, les États-Unis lèvent leur embargo, et rétablissent, un an plus tard, des relations diplomatiques, quand le Vietnam intègre l'ANSEA (Association des nations du Sud-Est asiatique).

Le réformateur Nguyen Tan Dung, nommé en 2006, est le plus jeune Premier ministre en date. L'essor économique de 2010 est marqué par un afflux massif d'entreprises étrangères et la construction de gratte-ciel modernes. Depuis, malgré quelques couacs, dont le litige avec la Chine à propos de la mer de Chine méridionale, le pays ne cesse de prospérer.

Le Vietnam d'aujourd'hui

Le pays affiche une économie assez solide et son peuple n'a jamais bénéficié d'autant de liberté et d'un tel niveau de vie de toute son histoire. Le tourisme joue un rôle majeur dans ce succès, et les visiteurs reçoivent un accueil chaleureux.

1 Invasion du Nord-Vietnam par les troupes chinoises, 1979. ↑

2 Sud-Vietnamiens fuyant Saigon en 1975.

3 Visite du Président Bill Clinton à Hanoi en 2000.

4 Les gratte-ciel d'Hô Chi Minh-Ville.

Le saviez-vous ?

Nguyen Tan Dung est le premier d'homme d'État d'après-guerre à ne pas avoir pris part à la lutte pour l'indépendance.

1994
Les États-Unis lèvent leur long embargo et le Vietnam devient membre de l'ANSEA

2011
Élection du président Nguyen Phu Trong

2012
La tension avec la Chine au sujet de la mer de Chine méridionale monte d'un cran

2018
L'instauration de Zones économiques spéciales pour les investisseurs étrangers provoque des émeutes contre les Chinois

DÉCOUVRIR LE VIETNAM

Lacher de bougies flottantes sur la rivière des Parfums, Hué

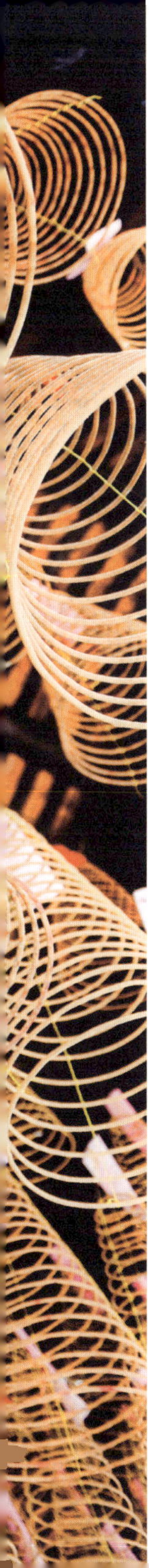

Spirales d'encens suspendues dans la pagode Thien Hau

HÔ CHI MINH-VILLE

À l'origine, cité du royaume du Cambodge, Prey Nokor demeure un modeste port jusqu'à la fin du 17e siècle. Après avoir intégré le Vietnam et reçu le nouveau nom de Saigon, la ville devient la capitale provinciale de la dynastie des Nguyen. Durant la seconde moitié du 19e siècle, elle passe sous le contrôle des Français qui en font la capitale de la Cochinchine. S'ouvre alors une période prospère ; Saigon se dote de nouvelles infrastructures et les projets architecturaux vont bon train – cela lui vaudra le surnom de « Paris de l'Extrême-Orient ». En 1954, la ville devient la capitale du Sud-Vietnam. À l'issue de la guerre opposant les Américains aux communistes du Nord, le Nord-Vietnam s'en empare en 1975 et la rebaptise Hô Chi Minh-Ville. Aujourd'hui, cette métropole, siège de longue date de l'industrie, des loisirs et de la cuisine au Vietnam, est peuplée de quelque huit millions d'habitants.

HÔ CHI MINH-VILLE

Incontournables

❶ Pagode de l'Empereur de jade
❷ Centre du Caodaïsme

À voir également

❸ Théâtre municipal
❹ Mosquée indienne de Saigon
❺ Hôtel Continental Saigon
❻ Immeuble du Comité du peuple
❼ Musée de Hô Chi Minh-Ville
❽ Tour financière Bitexco
❾ Hôtel Rex
❿ Cathédrale Notre-Dame
⓫ Poste centrale
⓬ Palais de la Réunification
⓭ Temple hindou Sri Mariamman
⓮ Marché Ben Thanh
⓯ Musée des Beaux-Arts
⓰ Musée d'Histoire du Vietnam
⓱ Temple Lê Van Duyet
⓲ Pagode Vinh Nghiem
⓳ Musée de la Femme sud-vietnamienne
⓴ Musée des Vestiges de la guerre
㉑ Pagode Xa Loi
㉒ Temple de Nghia An Hoi Quan
㉓ Temple de Thien Hau
㉔ Pagode de Quan Am
㉕ Marché Binh Tay
㉖ Pagode Phung Son
㉗ Pagode au pilier unique de Thu Duc
㉘ Tunnels de Cu Chi
㉙ Pagode Giac Vien
㉚ Nui Ba Den
㉛ Vung Tau
㉜ Long Hai
㉝ Plage de Ho Coc
㉞ Sources chaudes de Binh Chau
㉟ Parc national de Cat Tien
㊱ Réserve naturelle de Can Gio

Où manger ?

① Xu Restaurant Lounge
② Pizza 4 Ps
③ Bun Cha
④ Noir
⑤ Deng Long

Où boire un verre ?

⑥ EON Heli Bar

Où dormir ?

⑦ Caravelle Hotel

D
E
F
1
2
3
4
5
0 mètre 800
0 yard 800
N
PHU NHUAN
BINH THANH
HÔ CHI MINH-VILLE
Gare routière Mien Dong 2,5 km
Cong Vien Van Thanh
Temple Lê Van Duyet 17
Bong Bridge
Dien Bien Phu Bridge
Thi Nghe Channel
Kieu Bridge
Cong Ly Bridge
Thi Nighe Bridge
Pagode de l'Empereur de jade 1
Pagode Vinh Nghiem 18
Musée d'Histoire du Vietnam 16
Thao Cam Park
Truong Minh Giang Bridge
ARR. 3
Musée de la Femme sud-vietnamienne 19
are ferroviaire Saigon
Rivière Saigon
Poste centrale 11
Cathédrale Notre-Dame 10
Musée des Vestiges de la guerre 20
Hôtel Continental Saigon 5
Immeuble du Comité du peuple 6
Théâtre municipal 3
Pagode Xa Loi 21
Palais de la Réunification 12
Musée de Hô Chi Minh-Ville 7
Hôtel Rex 9
Mosquée indienne de Saigon 4
Van Hoa Park
ARR. 1
Temple hindou Sri Mariamman 13
Marché Ben Thanh 14
Tour financière Bitexco 8
Musée des Beaux-Arts 15
Khanh Hoi Bridge
ARR. 2
Chu Y Bridge
NGUYEN KIEM
TRUONG DANG QUE
HIEN
THONG
LE QUANG DINH
PHAN VAN TRI
NGO DUC KE
NGUYEN VAN DAU
HOANG HOA THAM
NGUYEN
THICH QUANG DUC
PHAN DANG LUU
BUI HUU NGHIA
VAN KIEP
DINH TIEN HOANG
PHAN XICH LONG
TRAN QUANG DIEU
PHAN DINH PHUNG
TRUONG SA
TRAN KHANH DU
DIEN BIEN PHU
NGUYEN CUU VAN
XO VIET NGHE TINH
NGO TAT TO
VO DUY NINH
PHAM VAN CHANH
TRAN QUANG KHAI
HAI BA TRUNG
NGUYEN BINH KHIEM
NAM KY KHOI NGHIA
NGUYEN DINH CHIEU
QUOC TOAN
PHAM NGOC THACH
MAC DINH CHI
TON DUC THANG
TRAN QUOC THAO
PASTEUR
LE DUAN
NGUYEN DU
LE THANH TON
LY CHINH THANG
VO THI SAU
THANH QUAN
DAI LO VONG CUNG
DIEN BIEN PHU
CAO THANG
BAN CO
NGUYEN THIEN THUAT
NGUYEN THI MINH KHAI
VO VAN TAN
LE LOI
HAM NGHI
BUI THI XUAN
CONG QUYNH
PHAM NGU LAO
BUI VIEN
DE THAM
NGUYEN THAI HOC
NGUYEN CONG TRU
NGUYEN TRUONG TO
NGUYEN TAT THANH
LY THAI TO
VUONG
TRAN PHU
NGUYEN TRAI
NGUYEN CU TRINH
TRAN HUNG DAO
LE HONG PHONG
TRAN BINH TRONG
NGUYEN VAN CU
NGUYEN BIEU
HUNG DAO
VO VAN KIET
PHAM THE HIEN
NGUYEN THI TAN
CAO LO
Autour de Hô Chi Minh-Ville
Dong Xoai
Parc national de Cat Tien 35
Nui Ba Den 30
Lac Dau Tieng
Tay Ninh
Centre du Caodaïsme 2
Tunnels de Cu Chi 28
Lac Tri An
Be
Go Dau
Thu Dau Mot
Cu Chi
Pagode au pilier unique de Thu Duc 27
Aéroport international Tan Son Nhat
carte du centre de Hô Chi Minh-Ville
Bun Luc
Sources chaudes de Binh Chau 34
Tan Thanh
Réserve naturelle de Can Gio 36
Ba Ria
Plage de Ho Coc 33
Vung Tau 31
Long Hai 32
0 km 40
0 mile 40
22
13
14
20
1A
1
51
55
50

1

2

3

4

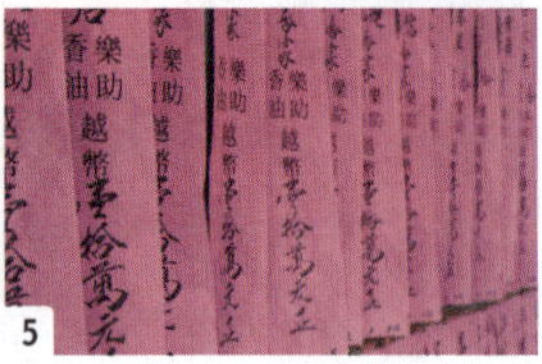
5

←

[1] Siège du Comité du peuple.

[2] Tour financière Bitexco.

[3] Effervescence nocturne au marché Ben Thanh.

[4] Marchandes de fruits au marché Binh Tay.

[5] Affichage de prières au temple de Thien Hau.

2 JOURS
à Hô Chi Minh-Ville

Jour 1

Matin Au cœur de la ville, sur la place Lam Son, l'élégant Théâtre municipal néoclassique est encadré par deux grands hôtels : le Continental et le Caravelle *(p. 64-65)*. Dans une rue plus à l'ouest apparaît la façade du siège du Comité du peuple *(p. 65)*. Monument emblématique de la ville, la cathédrale Notre-Dame *(p. 67)* se voit de loin avec ses flèches jumelles. Passez le reste de la matinée au palais de la Réunification *(p. 68)*, quartier général sud-vietnamien durant la guerre. N'oubliez pas de visiter le centre des télécommunications et les tunnels, au sous-sol.

Après-midi Le musée des Vestiges de la guerre *(p. 73)* retrace les horreurs de la guerre du Vietnam. Ensuite changez-vous les idées en explorant le marché Ben Thanh *(p. 70)* où le marchandage est de mise. Au sommet de la tour financière Bitexco *(p. 66)*, le Saigon Skydeck livre une vue imprenable sur la ville. Amusez-vous à repérer le plus de monuments possible.

Soirée Après un apéritif à l'EON Heli Bar qui domine le Saigon Skydeck, allez dîner dans l'un des nombreux bons restaurants du 1er arrondissement *(p. 67-73)*, et partez vous promener dans les rues pour profiter de l'animation nocturne de Hô Chi Minh-Ville, en vous rendant dans le quartier animé du marché Ben Thanh.

Jour 2

Matin Mettez le cap au nord du centre-ville pour rejoindre la pagode de l'Empereur de jade *(p. 60)*, et faites une halte au temple dédié au général Lê Van Duyet *(p. 71)*, l'un des nombreux héros nationaux vietnamiens. Sur le chemin du retour, arrêtez-vous au musée d'Histoire du Vietnam *(p. 71)* qui présente le passé complexe du pays.

Après-midi Foncez à Cholon, le Grand Marché, et surtout le plus vaste Chinatown du Vietnam. Après une immersion dans le très vivant marché Binh Tay *(p. 75)*, aventurez-vous dans les rues adjacentes et explorez de vénérables temples. Ne manquez pas la pagode de Quan Am *(p. 75)*, demeure de multiples divinités, ni le très ouvragé temple de Thien Hau *(p. 74)*. Terminez votre après-midi par la visite du 11e arrondissement et de l'un des plus anciens lieux de culte de la ville, la paisible pagode Giac Vien *(p. 78)*, installée sur la rive d'un lac.

Soirée Retournez dans le 1er arrondissement en taxi ou en moto-taxi afin de dîner au Xu Restaurant Lounge *(p. 67)*. Ensuite, baladez-vous sur les berges du fleuve avant d'aller boire un dernier verre dans un bar d'hôtel branché de Dong Khoi, comme le Level 23 Wine Bar perché au dernier étage du Sheraton Saigon (88 Dong Khoi).

1

PAGODE DE L'EMPEREUR DE JADE

E2 73 Mai Thi Luu St, 1er arr. t.l.j. 7h-18h

Aussi appelé la « pagode des tortues », ce magnifique petit temple rend hommage au roi des cieux, Ngoc Hoang ou Empereur de jade, qui règne sur le panthéon taoïste. Édifiée en 1909 par des fidèles originaires de Canton, cette pagode est ornée d'une multitude de ravissantes sculptures sur bois et de statues en papier mâché représentant diverses divinités.

La sobriété de la façade contraste avec la sophistication de la toiture. Les imposantes portes de bois possèdent un riche décor sculpté où se côtoient êtres humains et divins. Mais rien n'égale la beauté des statues dorées et colorées des divinités bouddhistes et taoïstes à l'intérieur du temple, dont celle, somptueuse, de l'Empereur de jade. Sculptures et panneaux sont, pour la plupart, ornés d'images et de symboles religieux, drapés d'un voile de fumée d'encens.

SECRET D'INITIÉ
Le Van Tam Park

Envie d'ombre et de quiétude ? Installez-vous sous l'un des arbres du parc Le Van Tam, situé tout près, dans la rue Hai Ba Trung.

Sur les faîtières d'une charpente traditionnelle de tuiles vertes, des dragons jouent en plein ciel leur rôle d'intermédiaires avec le divin.

Le seigneur de l'Enfer au cheval rouge préside la salle des Dix Enfers, dont les murs sont couverts de scènes de damnation.

L'autel dédié à Cundhi contient l'effigie hindoue de la déesse, flanquée des statues de ses cinq fils bouddhas

La salle des Femmes comprend 12 figurines en céramique auxquelles sont associées une année lunaire et un vice ou une vertu.

Ombragé par des arbustes fleuris et un vieux banian, la paisible cour extérieure est dotée de bancs et d'un bassin à tortues.

Dans l'incinérateur brûlent des offrandes votives en papier. La fumée les emporte jusqu'aux ancêtres dans les cieux.

↑ La pagode de l'Empereur de jade et sa cour

Des volutes de fumée s'échappent des bougies et des bâtons d'encens

Des bouddhas drapés d'étoffes colorées

Dans le sanctuaire principal trône une statue de l'Empereur de jade en tenue d'apparat, sur lequel veillent des gardiens.

Deux grandes sculptures en papier mâché renforcé, richement colorées et parées, représentent les démons protecteurs : l'un a son pied posé sur un dragon, l'autre sur un tigre maté.

Bien que la tortue soit un symbole de chance souvent représenté au Vietnam, rares sont les sanctuaires en son honneur, comme cet espace où des tortues prospèrent dans la cour de la pagode.

L'incinérateur fait face à l'entrée de la pagode

2

CENTRE DU CAODAÏSME

E5 Village de Long Hoa, 4 km E de Tay Ninh ; 96 km NO de HCMV
Tay Ninh Tourist : 210B 30 Thang 4, Tay Ninh (091) 843 4329 t.l.j.

Le saint-siège abritant les dignitaires du Cao Dai – religion fondée en 1926 et mélange de croyances asiatiques et chrétiennes – attire des millions de fidèles. Parmi les bâtiments de ce vaste complexe monastique, le Grand Temple divin est un étonnant cocktail où se mêlent architectures asiatique et européenne.

Construit entre 1933 et 1955, le Grand Temple divin s'inspire d'une cathédrale chrétienne par ses dimensions, ses clochers et ses dômes. Sa toiture à trois niveaux et son ornementation de style sino-vietnamien évoquent en revanche une pagode. La décoration rose, vert et jaune vif se dissimule des sculptures de lotus, de dragons et de serpents qui se contorsionnent.

Symbole majeur du caodaïsme, l'Œil divin représente la connaissance et la sagesse suprêmes. Une multitude de ces Yeux divins regardent dans toutes les directions. Des centaines de moines assistent aux quatre offices quotidiens. Les visiteurs sont les bienvenus à celui de midi, à condition de rester discrets.

Le complexe accueille également des bureaux administratifs, les habitations des moines et un hôpital consacré à la médecine traditionnelle vietnamienne. Les soins à base de plantes attirent des patients venus de tout le pays.

↑ La salle de prière aux couleurs pimpantes et aux colonnes finement sculptées

Des sculptures entremêlées ornent les piliers.

Au sommet de la façade centrale, une sculpture de Bouddha rappelle les liens étroits entre le caodaïsme et le bouddhisme.

← Peinture représentant trois saints du caodaïsme, à l'intérieur du Grand Temple

L'imposant Grand Temple divin, l'un des préférés des photographes ↑

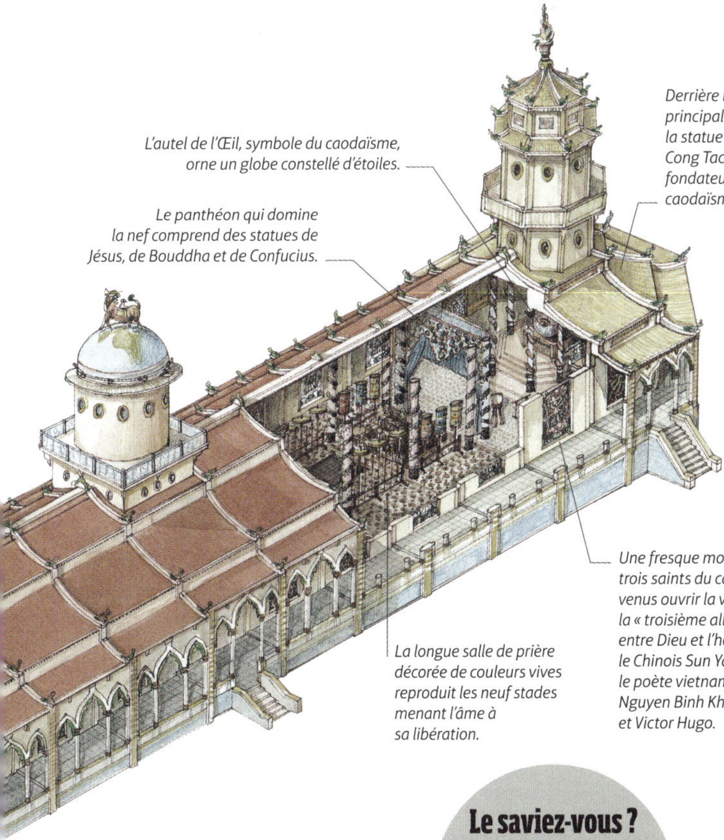

↑ Le Grand Temple divin et son architecture extravagante

Le saviez-vous ?

L'Œil divin correspond à l'œil gauche, Dieu étant associé au Yang, la partie gauche sur le symbole du Yin et du Yang.

À VOIR ÉGALEMENT

3

Théâtre municipal

E3 7 pl. Lam Son, 1er arr. horaires variables, voir le site Internet hbso.org.vn

L'opéra construit en 1899 pour la bourgeoisie coloniale ne déparerait pas une avenue parisienne. Après avoir abrité les séances de l'Assemblée nationale du Sud-Vietnam de 1956 à la chute de Saigon, il a retrouvé sa fonction initiale sous le nom de Nha Hat Thanh Pho. Au sommet du grand escalier d'accès, deux grandes cariatides de style gréco-romain représentent des divinités. Comme les figures ailées sculptées au fronton, ces motifs sont typiques des déclinaisons européennes du néoclassicisme à la fin du 19e siècle. Plus sobre, l'intérieur offre un cadre adapté à une programmation éclectique qui propose du théâtre vietnamien traditionnel, de la musique classique occidentale, des concerts de rock et un spectacle traditionnel d'une heure. Des affiches en donnent le détail à la billetterie et sur Internet.

4

Mosquée indienne de Saigon

F3 66 Dong Du, 1er arr. t.l.j. 8h-20h

Même si les quatre minarets dorés de cette élégante mosquée blanche et bleu pastel s'aperçoivent des rues avoisinantes, il est facile de manquer ce joyau discret. Bâtie en 1935 par des musulmans du sud de l'Inde, cette mosquée lève le voile sur le mode de vie et la foi des 75 000 musulmans du Vietnam. Arrêtez-vous lors de votre visite de Dong Khoi, vous y trouverez calme et fraîcheur. Les visiteurs sont bienvenus sous les arcades comme à l'intérieur, s'ils se déchaussent et portent une tenue décente. Plusieurs étals vendent des produits halal à l'extérieur de la mosquée.

5

Hôtel Continental Saigon

E3 132-134 Dong Khoi, 1er arr. t.l.j. continentalsaigon.com

L'hôtel Continental Saigon se dresse sur la place Lam Son, dans le centre historique de

L'auteur britannique Graham Greene a contribué à la notoriété de l'hôtel Continental en en restituant l'esprit dans *Un américain bien tranquille.*

←

L'immeuble du Comité du peuple, sur la place Lam Son : un majestueux témoignage du passé colonial de la ville

Hôtel Caravelle
Bâti en 1959 pendant la guerre du Vietnam, son bar sur le toit-terrasse était le rendez-vous des diplomates. Le Caravelle dispose de chambres spacieuses, d'une piscine et d'un service de qualité.

E3 19-23 Lam Son Square, 1er arr.
caravellehotel.com

€€€

Le saviez-vous ?

L'hôtel de ville est devenu l'immeuble du Comité du peuple en 1975.

Hô Chi Minh-Ville, en face du théâtre municipal. Achevé en 1886, le plus prestigieux des grands hôtels de luxe construits à l'époque française entoure une cour intérieure ombragée par des frangipaniers. La majeure partie de l'établissement n'a pas subi la « modernisation » qui a frappé d'autres édifices historiques de la ville, et l'âge lui donne une patine élégante. À l'intérieur, des tapis rouges couvrent toujours les escaliers d'origine. D'illustres clients ont fait entrer le Continental dans l'Histoire depuis son inauguration.

André Malraux (1901-1976) et son épouse Clara (1898-1982) y ont séjourné en 1924 et 1925. Pendant la guerre du Vietnam, de grands journalistes comme Walter Cronkite (1916-2009) en ont fait leur quartier général, surnommant l'hôtel « Radio Catinat ». Le grand poète indien Rabindranath Tagore (1861-1941), mais également le britannique Somerset Maugham (1874-1965) comptent parmi les écrivains célèbres qui y louèrent une chambre. Toutefois, c'est Graham Greene (1904-1991) qui a le plus contribué à sa notoriété. Il y a habité plusieurs mois et en a parfaitement restitué l'esprit dans son célèbre roman *Un Américain bien tranquille* (1955).

6

Immeuble du Comité du peuple

E3 angle de Lê Thanh Ton et Nguyen Hue, 1er arr.
au public

L'ancien hôtel de ville de la capitale de la Cochinchine a été construit entre 1898 et 1908. Le 25 août 1945, à l'abdication de l'empereur Bao Dai, des milliers de personnes se rassemblent devant pour acclamer la fondation du Comité administratif provisoire du Sud-Vietnam. Le bâtiment abrite aujourd'hui le siège du Comité du peuple qui dirige la ville. Ce monument, qui est le plus photographié de l'ancienne Saigon, n'est pas ouvert aux visiteurs.

De style néo-Renaissance, il s'inspire de l'hôtel de ville de Paris et compte deux étages, une tour de l'horloge et deux ailes prolongeant le bâtiment principal. Le décor chargé de sa façade jaune et crème lui a valu pendant un temps des qualificatifs peu flatteurs comme « désastreuse pâtisserie », mais son charme kitsch a cessé de provoquer des critiques, et il s'est élevé au rang d'emblème de la ville. À défaut de pouvoir en découvrir l'intérieur, vous pouvez le contempler depuis la place où se dresse une statue de Hô Chi Minh tenant un enfant dans ses bras.

La nuit, l'éclairage rend le monument encore plus spectaculaire en accentuant les reliefs des deux ailes et du pavillon central.

7 Musée de Hô Chi Minh-Ville

E3 65 Ly Tu Trong, 1er arr. t.l.j. 7h30-18h hcmc-museum.edu.vn

L'ancienne résidence du gouverneur de la Cochinchine, bâtie entre 1885 et 1890, semble être arrivée tout droit de France en pièces détachées. Une colonnade anime la façade néoclassique, et l'édifice présente plus d'intérêt en lui-même que ses collections.

Les jeunes mariés viennent souvent poser dans l'escalier d'apparat pour leurs photos de noces. L'institution prétend illustrer les 300 ans d'histoire de la ville. Cependant, son nom d'origine, « musée de la Révolution », offre une idée plus conforme de ce qui attend le visiteur.

Au 1er étage se côtoient des images de la Saigon française, de vieilles cartes et des documents délabrés de l'époque de la fondation de la cité au 17e siècle. On y découvre aussi des costumes traditionnels, des collections sur l'histoire naturelle locale et de nombreuses pièces de monnaie vietnamiennes.

Le 2e étage retrace la longue lutte du Vietnam contre l'impérialisme. Des vitrines abritent toutes sortes d'armes (des fusils comme des bombes artisanales), ainsi que des photographies de soldats, des lettres du front et des manifestes politiques.

Dans le jardin, vous verrez un hélicoptère Huey, un avion de chasse et un blindé de construction américaine.

8 Tour financière Bitexco

F3 2 Hai Trieu, 1er arr. t.l.j. 9h30-21h30 bitexcofinancial tower.com

Depuis son ouverture en 2010, cet immeuble est devenu l'icône moderne de Hô Chi Minh-Ville, l'emblème du renouveau de la ville. Sa silhouette mince et effilée, avec son héliport au sommet, est repérable depuis n'importe quel endroit de la ville. La véritable attraction pour les visiteurs se situe au 49e étage, où le Saigon Skydeck offre des vues panoramiques sur le centre-ville et sur le fleuve Saigon.

CROISIÈRES

Pendant 2 h, lors d'un dîner, vous pourrez découvrir la ville. Des excursions d'une journée vont à Cao Dai aux tunnels du Cu Chi. D'autres, de 1 à 3 jours, dans le delta du Mékong. En général, les bateaux partent du port des ferrys. Réservez par une agence ; les formules incluent l'aller-retour entre votre hôtel et le port.

L'observatoire apporte des informations sur l'histoire et la culture de la ville. Des jumelles fixées dans les baies vitrées décuplent la vue. Perché à 178 m de hauteur, ce poste d'observation permet de voir la plupart des monuments de la ville, parmi lesquels le Théâtre municipal, l'immeuble du Comité du peuple ainsi que le marché Ben Thanh. Cette vue aérienne donne également une idée de l'allure

↓ Vue plongeante depuis le Saigon Skydeck, dans la tour financière Bitexco

La cathédrale Notre-Dame est précédée d'une statue de la Vierge ↑

frénétique à laquelle se développe la ville, et des gratte-ciel qui ont poussé comme des champignons. Le bâtiment abrite par ailleurs de nombreuses boutiques de luxe pour les amateurs de shopping, ainsi que de bons restaurants, des cafés et un cinéma.

9

Hôtel Rex

E3 141 bd Nguyen Hue, 1er arr. t.l.j. rexhotelvietnam.com

Construit par les Français dans les années 1950, le Rex a joué un rôle central dans l'histoire de la ville. Lieu de résidence de soldats américains pendant la guerre du Vietnam, il a aussi abrité les services d'information de l'armée et a servi de cadre aux conférences de presse quotidiennes. Leur nature outrageusement partiale leur a valu le surnom de « Délires de cinq heures ».

Aujourd'hui, l'établissement reste très populaire, et pas seulement pour son bar sur le toit. Il accueille souvent des congrès d'affaires et des joueurs dans son casino. De nombreux mariages se déroulent régulièrement dans sa cour centrale.

10

Cathédrale Notre-Dame

E3 1 pl. Cong Xa Paris, 1er arr. lun.-sam 8h-10h30, 15h-16h.

Appelée Nha Tho Duc Ba en vietnamien, la plus grande église jamais construite par les Français dans l'empire colonial a demandé trois ans de travaux, de 1877 à 1880.

De style néoroman, elle est dotée de deux tours de 40 m de haut surmontées de croix, construites en 1895, qui abritent chacune 6 cloches en bronze. C'était autrefois le plus haut édifice de Saigon.

Cuites à Marseille, les briques rouges ne sont qu'un parement : sa structure est en granit. Les vitraux de Chartres qui l'ornaient n'ont pas survécu à la Seconde Guerre mondiale, et remplacé par du verre simple. Son intérieur, très simple, contient de beaux ex-voto en français et en vietnamien.

Sur le parvis se dresse une statue de la Vierge réalisée à Rome. Lors de son érection en 1959, elle a reçu le nom de Marie Reine de Paix, un message d'espoir et de conciliation dans un pays déchiré par la guerre.

Si la communauté catholique a désormais perdu de son influence, les offices attirent toujours de nombreux fidèles. Le clocher, ouvert le dimanche, offre une vue superbe sur la ville.

EON Heli Bar

Le plus haut bar de HCMV attire les contemplatifs prêts à payer leurs verres au prix fort. Concerts le soir. Pour avoir une table près de la baie vitrée, venez tôt.

F3 52F Tour financière Bitexco, 2 Hai Trieu, 1er arr. eon51.com

€€€

Xu Restaurant Lounge

Dans ce lieu super chic, les gastronomes apprécient les saveurs vietnamiennes revisitées et la présentation artistique du menu dégustation. Les cocktails du bar installé au rez-de-chaussée sont délicieux.

F3 71-75 Hai Ba Trung, 1er arr. xusaigon.com

€€€

↑ L'aérien hall de la Poste centrale, avec son sol carrelé et sa vertigineuse hauteur sous plafond

11

Poste centrale

E3 2 pl. Cong Xa Paris, 1er arr. (028) 3829 3274 lun.-sam. 7h-19h (sam. 18h), dim. 8h-18h

Conçue par l'architecte français Alfred Foulhoux, entre 1886 et 1891, la Poste centrale (Buu Dien Trung Tam en vietnamien) est l'un des édifices les plus intéressants de la ville. Son imposante façade jaune arbore des ornements couleur crème ainsi que les effigies de célèbres philosophes et scientifiques, au-dessus d'inscriptions finement sculptées. Le monument est un véritable temple dédié à l'art de la communication postale. Rappelant le hall d'une gare, la salle intérieure, dont la structure est de Gustave Eiffel, est coiffée de voûtes soutenues par des piliers en fer forgé peints en vert, couronnés de chapiteaux dorés. Le pavement est sophistiqué, notamment dans le foyer où de gigantesques cartes anciennes éclairées par des lustres décrivent la ville et sa région. L'une d'elles montre Saigon en 1892, tandis qu'une autre décrit la région en 1932. Un immense portrait de Hô Chi Minh domine l'agitation quotidienne. Des bureaux en bois sont à la disposition des clients, et un kiosque vend souvenirs et timbres.

12

Palais de la Réunification

E3 135 Nam Ky Khoi Nghia, 1er arr. t.l.j. 7h30-11h, 13h-16h (sauf lors des cérémonies officielles) dinhdoclap.gov.vn

L'ancien palais présidentiel, dont la prise symbolisa la fin de la guerre du Vietnam, est devenu un musée. Il occupe le site de la résidence du gouverneur général de l'Indochine, bâtie en 1868. Un bombardement effectué par la propre aviation du président Ngô Dinh Diem lors d'une tentative manquée d'assassinat la détruisit en 1962. Diem commanda la construction de l'édifice moderniste actuel, mais il fut tué avant de s'y installer.

Son successeur, Nguyen Van Thieu, y reçut dignitaires et hommes d'État jusqu'au jour de 1975 où il décolla du toit en hélicoptère pour fuir l'avancée des troupes nord-vietnamiennes. Le 30 avril de la même année, le char d'assaut 879 de la 203e brigade enfonçait la grille de la propriété, une image qui entra dans l'histoire comme le symbole de la fin de quinze ans de guerre.

Depuis, l'intérieur a peu changé, avec ses larges couloirs hauts de plafond ouvrant sur de vastes salons. Derrière le bureau où étaient reçues les lettres de créance, un grand laque illustre des épisodes de l'histoire de la dynastie des Lê.

NOTRE CONSEIL

Parc Gong Vien Van Hoa

Pour échapper à l'agitation du centre-ville, réfugiez-vous dans ce parc proche du palais de l'Indépendance. Ses bancs et sa verdure invitent à la détente.

Somptueusement meublés dans un style des années 1970, les appartements entourent un atrium et comprennent une salle de détente. Au sous-sol se trouvent le bunker et la salle des transmissions, où des cartes montrent la progression des Nord-Vietnamiens. Vous trouverez une salle de jeux au 3e étage.

13

Temple hindou Sri Mariamman

E3 45 Truong Dinh, 1er arr. (028) 3823 2735 du lever au coucher du soleil

Dédié à Mariamman, une incarnation de Shakti, épouse d'Indra et déesse de la puissance, ce lieu de culte édifié à la fin du 19e siècle par la communauté indienne attire aussi de nombreux Vietnamiens. Bien que bouddhistes, ces derniers viennent se recueillir ici pour attirer la chance.

Les lieux sont toujours superbes. Les soubresauts d'une histoire sanglante ont pourtant réduit l'importance de la congrégation à l'origine de l'édification du temple. Elle compte aujourd'hui principalement des Tamouls.

De nombreuses statues de déités, de vaches et de lions, peintes dans des tons éclatants de rose, de bleu et de vert, dominent une façade couleur corail. Au-dessus de l'entrée, d'autres images sculptées, principalement des divinités féminines, décorent la tour pyramidale à étages qui s'élève depuis le toit.

À l'intérieur du temple, un lion drapé de rouge monte la garde sur le portique découvert qui entoure le sanctuaire principal. Des niches creusées dans trois des murs de la cour recèlent les effigies de divers dieux et déesses. Légèrement surélevé, le bâtiment lui-même, en pierre, évoque le style architectural d'Angkor Vat *(p. 220)*. Il sert d'écrin à la représentation de Mariamman, reconnaissable à ses multiples bras. Deux lingas (symboles phalliques) se dressent devant elle. Parmi les êtres divins qui l'entourent se trouve Ganesh, le fils de Shiva à tête d'éléphant, porteur de chance et de prospérité.
Les fidèles prient avec des bâtons d'encens dans les mains. Certains pressent leur tête contre un mur à l'arrière du temple dans l'espoir que la déesse entendra leurs vœux. Le toit et ses tours sacrées sont accessibles.

Pizza 4Ps

Proche du marché Ben Thanh, cet élégant restaurant italien sert, jusqu'à une heure tardive, d'excellentes pizzas et recettes de pâtes préparées avec des ingrédients maison. Vous aimerez aussi son café et ses bières artisanales.

E3 8 Thu Khoa Huan, 1er arr. pizza4ps.com

€€€

Bun Cha

Produits frais de qualité, prix raisonnables, service excellent et espace restreint : pas étonnant qu'il y ait toujours la queue chez ce spécialiste du *bun cha* (plat local à base de porc grillé et de nouilles de riz), même si la carte est un peu limitée.

E4 145 Bui Vien, 1er arr.

€€€

→ Statues de divinités hindoues ornant le toit du temple Sri Mariamman

14

Marché Ben Thanh

E3 croisement de Lê Loi et Ham Nghi, 1er arr. t.l.j. 6h-17h ; plus tard à l'extérieur

Construit par les Français en 1914, cet immense marché couvert de Hô Chi Minh-Ville portait à l'origine le nom de Halles centrales. Une haute tour de l'Horloge domine l'entrée de l'immense corps de bâtiment en béton armé.

À l'intérieur, les éventaires proposant des denrées alimentaires, des articles de cuir et des ustensiles de cuisine, mais aussi de la quincaillerie et du bétail sur pied, se comptent par centaines. Ces produits arrivent de tout le pays et attirent les foules. L'atmosphère est bruyante et animée, mais attention aux éventuels pickpockets ! Les vendeurs haranguent le chaland et les clients cherchent la bonne affaire. Le marchandage, autrefois usuel, est désormais interdit et les prix sont fixes.

Une fois franchi le portail principal sur le boulevard Lê Loi, des stands de vêtements et de tissus s'étendent à droite, ainsi que des étals de souvenirs. Plus loin, toujours sur la droite, se trouve l'épicerie (cafés, thés, épices)

À l'intérieur du marché, comme à l'extérieur, des marchands proposent des aliments frais et des plats appétissants. Bien que très bon marché, ces petites échoppes de restauration jouissent d'une bonne réputation. Sur la carte, les noms des mets sont aussi écrit en anglais, il suffit donc de pointer du doigt pour commander ce que l'on désire.

↑ Entrée principale du marché Ben Thanh, et ses étals de produits frais *(médaillon)*

15

Musée des Beaux-Arts

E4 97A Pho Duc Chinh, 1er arr. (028) 3829 4441 mar.-dim. 9h-17h

Derrière d'imposantes grilles en fer forgé, le Bao Tang My Thuat occupe une ancienne demeure coloniale à la façade jaune et blanche très harmonieuse, avec ses auvents tuilés évoquant l'architecture chinoise et ses gracieux balcons semi-circulaires.

À l'intérieur, le musée abrite trois étages d'art vietnamien, dont des céramiques, des laques, des sculptures et des peintures à l'huile d'artistes vietnamiens et étrangers. Il n'y a pas d'air conditionné, aussi vaut-il mieux le visiter tôt le matin. Le rez-de-chaussée accueille des expositions temporaires d'art contemporain. Le 1er étage est surtout consacré à l'art politique, souvent lié à la guerre du Vietnam. Plusieurs tableaux ont été réalisés par les plus grands artistes du pays. Cet étage compte également une belle sélection de céramiques, de style ou d'origine chinoise pour la plupart. La collection la plus intéressante du musée est installée au 2e étage, où sont exposées des œuvres d'art funan, khmer et indien. Pièces antiques, poteries et sculptures de la civilisation Oc-èo, objets d'art et reliefs en bois sculpté chinois, et statues cham sont aussi présentées. À noter, un ensemble de statues funéraires en bois originaires des hautes terres du Centre, et datant du début du 20e siècle. Malheureusement, la signalétique en anglais est plutôt pauvre et ne permet pas d'approfondir l'histoire des pièces présentées.

Le musée propose aussi régulièrement des expositions d'artistes locaux. Quelques galeries privées derrière le bâtiment vendent des œuvres d'art contemporain.

> **Les produits arrivent de tout le pays au marché Ben Thanh. Toute la journée, les vendeurs haranguent le chaland, et les clients cherchent la bonne affaire.**

16

Musée d'Histoire du Vietnam

F2 · 2 Nguyen Binh Khiem, 1er arr.
(028) 3829 8146
mar.-dim. 8h-11h, 13h30-17h

Construit en 1929 dans le style d'une pagode, le Bao Tang Lich Su retrace l'histoire de la région depuis la préhistoire.

La première partie de l'exposition comprend des reliques datant du Néolithique et des objets de bronze de l'époque des rois Hung, dont des tambours de la civilisation de Dong Son. Parmi les souvenirs de la culture d'Oc-èo, dans le delta du Mékong, se trouve une pièce de monnaie du 2e siècle.

Des dynasties Ly et Tran subsistent surtout des céramiques, tandis que la dynastie Nguyen a laissé un riche ensemble de vêtements et de bijoux. Une salle présente des objets d'art cham et khmers, entre autres, des lingas en pierre, ainsi que de l'artisanat des minorités montagnardes. Les vestiges funéraires recèlent une momie de 1869 retrouvée dans le village de Cui avec tous ses biens. Une collection de bouddhas réunit des statues de toute l'Asie. Un spectacle de marionnettes sur eau conclut la visite.

Le musée borde le vaste espace vert du jardin botanique, cadre idéal à une promenade à l'écart de l'agitation de la ville.

17

Temple Lê Van Duyet

E1 · 1 bis Phan Dang Luu, arr. de Binh Thanh
(028) 3841 2517
du lever au coucher du soleil

Général au service de l'empereur Gia Long, Lê Van Duyet (1763-1831) est nommé maréchal pour son rôle dans l'écrasement de la révolte des Tay Son *(p. 46-47)*. Appréciant les Français, il refuse de persécuter les chrétiens pour le compte du successeur de Gia Long, l'empereur Minh Mang (r. 1820-1841). Furieux, celui-ci fait démolir son tombeau. L'empereur Thieu Tri réhabilite en 1841 le fidèle serviteur de son grand-père, et permet la reconstruction du mausolée et d'un lieu de culte en l'honneur de ce héros.

Le sanctuaire principal est dépourvu d'image pieuse, pour rappeler aux fidèles qu'ils vénèrent un mortel. Il recèle néanmoins un portrait de Lê Van Duyet ainsi qu'une collection fascinante d'affaires personnelles : des objets en cristal, des armes, deux statues de cheval grandeur nature et un tigre naturalisé. Les Vietnamiens de la région viennent y méditer et apporter des offrandes.

Au fil des ans, le temple s'est agrémenté d'autres édifices : cloîtres, cours et patios. Par une grille donnant sur la rue, on accède à un espace vert avec des bancs. Des bas-reliefs et des mosaïques décorent la façade du temple, alors que le reste du sanctuaire est d'une grande sobriété. Colonnes et autels sont en bois sculpté, et il y a des sculptures géantes de grues et d'un cheval grandeur nature. Le sanctuaire intérieur affiche des couleurs flamboyantes : ses colonnes rouge et or sont ornées de dragons. Les jardins paisibles abritent les tombes de Lê Van Duyet et de son épouse. Des cérémonies ont lieu lors du Têt (Nouvel An) et le trentième jour du septième mois du calendrier lunaire, date anniversaire de la mort du maréchal. L'occasion d'écouter des chants traditionnels *boi*.

Le saviez-vous ?

Les pèlerins achètent et relâchent les oiseaux en cage vendus près du temple Lê Van Duyet pour gagner du mérite.

→ Carreau de porcelaine ornant un mur du temple Lê Van Duyet

18

Pagode Vinh Nghiem

D2 339 Nam Ky Khoi Nghia, 3e arr. (028) 3896 6798 du lever au coucher du soleil

Achevée en 1971 avec l'aide de l'Association d'amitié nippo-vietnamienne, la plus grande et la plus récente des pagodes de Hô Chi Minh-Ville possède une tour de sept étages dont chaque côté est orné d'un bouddha en haut-relief. Elle se dresse tout de suite à gauche du portail, parallèlement à une autre tour moins élevée.

Le bâtiment principal se trouve au fond d'une cour longue de 20 m. Une volée de marches mène aux cinq grandes portes laquées qui donnent dans la première salle. Sur les murs, des peintures de bonne facture illustrent des scènes tirées de la tradition bouddhique. Un immense bouddha assis encadré de deux bodhisattvas domine l'autel principal.

Derrière le sanctuaire, une statue de Quan Am, déesse de la compassion et de la miséricorde, veille sur une salle emplie d'urnes funéraires portant les photographies, l'identité et les dates de naissance et de décès des défunts. Une tour de trois étages en contient 10000 autres.

Au 1er étage du sanctuaire, une galerie conduit à un lieu d'exposition d'artistes locaux. Des jardins de rocaille et de topiaire flanquent l'édifice.

LE VIETNAM AU CINÉMA

Aucun autre pays de la région n'a autant inspiré de films étrangers que le Vietnam. Les adaptations d'*Un Américain bien tranquille*, avec Audie Murphy en 1957 et Michael Caine en 2002, évoquant les derniers temps de la présence française, ont été tournées à Hô Chi Minh-Ville. Les récits de guerre abondent. *Apocalypse Now* (1979), la fresque allégorique de Francis Ford Coppola, et *Platoon* (1986), le témoignage réaliste d'Oliver Stone, sont les plus connus. Avec *Indochine* (1992), Régis Wargnier offre une vision romanesque de l'époque coloniale, tandis que Tran Anh Hung pose avec *Cyclo* (1995), un regard noir sur les pauvres et la violence qui sévit à Hô Chi Minh-Ville.

19

Musée de la Femme sud-vietnamienne

D3 202 Vo Thi Sau, 3e arr. (028) 3932 0322 t.l.j. 7h30-12h, 13h30-17h

Le Bao Tang Phu Nu Nam Bo, fondé en 1985, illustre sur trois étages l'importance du rôle des femmes au Sud-Vietnam, depuis le culte traditionnel de la déesse mère jusqu'aux combattantes qui ont été nombreuses à participer aux luttes de libération du pays. L'organisation de la section historique, très détaillée, témoigne d'une vocation pédagogique.

La visite commence habituellement au 3e étage, consacré aux guerres d'indépendance et de réunification du 20e siècle. Sur les murs, des photos et des biographies retracent le destin, en général tragique, d'héroïnes nationales. Des vitrines contiennent des effets personnels qui leur ont appartenu. Les salles du 2e étage développent le même thème en l'illustrant avec des statues et de grandes peintures d'événements historiques. Ce niveau présente aussi

←

Tour de la pagode de Xa Loi, qui occupe une place importante dans l'histoire la reconstitution de la cellule d'une prisonnière, héroïne nationale.

Dédié aux artisanats et aux coutumes traditionnels, le 1er étage présente davantage d'intérêt pour un étranger. La collection comprend, entre autres, un bel ensemble de robes de mariée, des costumes de fête, des bijoux et de vieilles photographies. Le vestibule, où de nombreux objets votifs ornent le pastiche d'une entrée de temple, évoque le culte ancien voué à la déesse mère. Dans une vaste salle sont expliquées les techniques de fabrication des cotonnades et des tapis en fibres végétales. Le musée possède aussi une salle de projection, une petite bibliothèque et une boutique.

Noir

Ce restaurant à thème est l'un des plus connus de la ville. Il propose de succulentes spécialités vietnamiennes, asiatiques et européennes, servies par des aveugles dans une salle plongée dans le noir complet.

E2 Lane 178-180D, 1er arr. noirdininginthe dark.com

€€€

Deng Long

Aux recettes du terroir, comme le poulet au gingembre et la salade de crevettes à la noix de coco, s'ajoute un éventail de plats végétariens.

E4 130 Nguyen Trai, 1er arr. (090) 994 9183

€€€

↑ Hélicoptères et blindés exposés au musée des Vestiges de la guerre

20 Musée des Vestiges de la guerre

E3 28 Vo Van Tan, 3e arr. t.l.j. 7h30-12h, 13h30-17h baotang chungtichchientrahh.vn

L'ancien musée des Crimes de guerre occupe le bâtiment où les Américains avaient leur service d'information. Les photographies, les objets exposés et les films dénoncent d'un point de vue nord-vietnamien les atrocités commises par les occupants français, chinois et américains. Le rez-de-chaussée évoque l'horreur de la guerre du Vietnam avec des images du massacre de My Lai, de supplices et de blessures subies par des victimes de bombardements. Attention ! le musée peut choquer : des bocaux contiennent des fœtus mal formés, conséquence des épandages de défoliant. Le jardin expose des pièces d'artillerie, des véhicules militaires et même une guillotine.

21 Pagode Xa Loi

D3 89B Ba Huyen Thanh, 3e arr. (028) 3930 0114 t.l.j. 7h-11h, 14h-17h

Construit en 1956 dans une grande enceinte, ce sanctuaire a joué un rôle important dans l'histoire récente du Sud-Vietnam.

Au début des années 1960, il a été un pôle de résistance à la politique hostile au bouddhisme du président Ngô Dinh Diem. Trois de ses bonzes se sont immolés par le feu en signe de protestation, et une rafle s'est conclue par l'arrestation de 400 fidèles et membres du clergé. Ces événements ont cristallisé le rejet par la population du régime corrompu de Diem, sentiment qui a poussé les États-Unis à fomenter le coup d'État de 1963 lors duquel il fut tué.

Aujourd'hui, ces souvenirs tragiques ne troublent pas la tranquillité des lieux dominés par une tour de six étages haute de 15 m. De grands panneaux peints illustrent la vie de Bouddha. Le sanctuaire se trouve au 1er étage du bâtiment principal. Il se caractérise par la sobriété de son décor. En l'absence de mobilier, de piliers et d'encensoirs, rien ne peut distraire le bouddha doré assis dans la position du lotus derrière l'autel.

Bâtons d'encens plantés dans des pots au temple de Thien Hau

22

Temple de Nghia An Hoi Quan

C5 678 Nguyen Trai, Cholon (028) 3853 8775 du lever au coucher du soleil

Construit au 19e siècle, ce temple réputé pour ses sculptures sur bois est l'un des plus anciens de la ville. Il est dédié à Quan Cong, un guerrier chinois déifié, ainsi qu'à Nghia An, son palefrenier. L'intérieur renferme les effigies en bois de Nghia An et du cheval rouge de Quan Cong. Les fidèles vouent une vénération particulière à ces statues. Faire sonner la cloche accrochée au cou de la monture et passer d'un côté à l'autre en rampant sous son ventre, apporte le bonheur.

À droite, des vitres protègent l'autel d'Ong Bon, gardien du bonheur et de la vertu. Des portes à claire-voie en bois donnent sur le sanctuaire principal. Les murs latéraux sont ornés de frises représentant un tigre et un dragon. Derrière l'autel, des vitrines abritent les images de Quan Cong et de ses deux assistants: Quan Binh, son premier mandarin, à droite, et Chau Xuong, son général en chef, à gauche.

Le quatorzième jour du premier mois lunaire, des danseurs représentant la licorne, le lion et le dragon s'exhibent devant le temple. Puis durant plusieurs nuits, diverses activités artistiques expriment l'admiration de la communauté des Hoa envers Quan Cong.

À Quan Am, les fidèles font un don et collent ensuite une étiquette avec leur nom sur l'une des images. À chaque tour de colonne, leur prière est entendue.

23

Temple de Thien Hau

C5 710 Nguyen Trai, Cholon (028) 3855 5322 t.l.j. 8h-16h30

Construit par la congrégation des Cantonais au début du 19e siècle, le temple est aussi connu sous le nom de Hoi Quam Tue Thanh, et appelé « Chua Ba », ou pagode de la Dame. Dédié à la déesse de la mer, gardienne des marins, c'est l'un des plus décorés de la ville. Avant leur départ ou après leur retour, les voyageurs viennent lui demander sa protection ou la remercier. La première cour est entourée de murs dont la partie supérieure est ornée de frises.

À l'intérieur, d'autres frises et reliefs se déploient au-dessus des galeries latérales de l'atrium. Au centre se dresse un incinérateur destiné aux offrandes. Au faîte du toit du sanctuaire, des personnages en céramique illustrent des scènes tirées de légendes chinoises. Dans la salle centrale, une vitrine contient les lances d'incendie qui éteignirent le feu qui faillit détruire le temple en 1898.

Les murs sont couverts de bandes de papier rouge, sur

lesquelles les fidèles ont écrit des prières que la brise emmènera jusqu'à Tien Hau. Trois représentations de la déesse entourée de deux acolytes dominent l'autel. Un bateau qui rappelle sa fonction protectrice est suspendu au plafond.
À droite se trouve une image de Long Mau, la déesse des mères et des nouveau-nés.

24

Pagode de Quan Am

B5 12 Lao Tu, Cholon
(028) 3855 3543
t.l.j. 8h-16h30

Construit en 1816 par des marchands chinois, ce lieu de culte bouddhique, aussi appelé Ong Lang, rend hommage à Quan Am, la déesse de la compassion et de la miséricorde, connue aussi sous le nom de Kwan Yin. Le sanctuaire est coupé en deux par une rue. Au sud, une esplanade borde une grotte entourée d'un bassin à poissons. Au nord, un portail d'apparat aux piliers parés d'inscriptions précède le corps de bâtiment formant la partie la plus importante de la pagode.

Sur le toit, des figurines de céramique illustrent des légendes chinoises. Deux dragons de pierre très expressifs et d'élégants panneaux de bois sculptés encadrent l'entrée.

À l'intérieur, le premier autel mène à une salle qui abrite deux moulins à prières. Des dizaines de petites images de Bouddha couvrent ces colonnes qui tournent. Faire une donation permet au dévot de fixer une étiquette portant son nom sur l'une des images. Chaque tour effectué correspond à une prière dite. Près de l'autel principal, les déités qui entourent Quan Am sont Di Lac, le bouddha de l'Avenir, A Di Da, le bouddha du Passé, et Tchich Ca Mau Ni, le Bouddha historique (Siddharta). De part et d'autre de l'autel, de petits incinérateurs permettent de brûler des imitations de billets destinées à faciliter le séjour des morts dans le monde des esprits. La pagode abrite des tortues vivantes censées porter bonheur. La cour du fond renferme d'autres autels portant des images de dieux et de déesses.

Le saviez-vous ?

Cholon, qui a vu le jour en 1778, est le plus vaste quartier chinois du pays.

25

Marché Binh Tay

B5 Thap Muoi, Cholon
t.l.j. 8h-17h chobinhtay.gov.vn

Le grand marché de Cholon a l'allure d'une immense pagode dédiée au commerce. Moins touristique que celui de Ben Thanh *(p. 70)*, il mérite une visite pour son atmosphère animée (*cho lon* signifie « grand marché »). À l'origine, seuls quelques éventaires se dressaient en plein air.
En 1826, un marchand fortuné décide de financer une structure permanente, qui au fil du temps, s'est mue en une immense halle.
Un beffroi domine l'entrée centrale. Les quatre ailes du bâtiment jaune forment un quadrilatère, qui borde une cour intérieure ornée d'une jolie fontaine. L'éventail des produits disponibles va des plantes médicinales aux jouets importés, et tailleurs et mécaniciens proposent leurs services.

→ Vue sur les toits et les abords du grand marché Binh Tay, quartier de Cholon

26

Pagode Phung Son

A5 1408 3 Thang 2, 11e arr. (028) 3969 3584 t.l.j. 5h-19h

Également connue sous le nom de pagode Go, la pagode Phung Son, édifiée entre 1802 et 1820, occupe le site d'un sanctuaire plus ancien. Des découvertes archéologiques suggèrent que ce lieu de culte aurait appartenu au royaume du Funan *(p. 45)*. Selon une légende, son déménagement sous d'autres cieux aurait été annulé parce qu'un éléphant blanc aurait trébuché. On pensa qu'il valait mieux laisser le temple en place.

Le sanctuaire principal se trouve à gauche du quartier d'habitation des moines. Il contient les statues de divers bouddhas et donne sur un atrium abritant une image de Quan Am, la déesse de la compassion et de la miséricorde, ainsi qu'un tambour cérémoniel et une cloche en bronze.

27

Pagode au Pilier unique de Thu Duc

F5 100 Dang Van Bi, arr. de Thu Duc (028) 3896 0780 du lever au coucher du soleil

Après la partition du pays en 1954, des moines du Nord réfugiés à Saigon ont construit ce petit temple sur pilotis inspiré de la pagode au Pilier unique de Hanoi *(p. 182)*. Pendant la guerre du Vietnam *(p. 49)*, il a servi de base clandestine au Viêt-công. En dépit des tentatives du président Diem pour détruire le sanctuaire, le soutien local

↑ Prière fervente et fumée d'encens à la pagode Phung Son

des moines a permis de garder la structure intacte.

La pagode se dresse sur une colonne plantée au milieu d'un bassin de lotus. Un escalier étroit mène du bord du plan d'eau jusqu'à une entrée couverte. Les fenêtres qui percent les parois ménagent un panorama de presque 360°.

28

Tunnels de Cu Chi

E5 40 km NO de HCMV (028) 3794 8768 13 jusqu'à Cu Chi town, puis taxi t.l.j. 7h30-17h

La petite ville de Cu Chi est entrée dans l'histoire pour ses réseaux de galeries creusés dans l'argile par le Viêt-minh durant sa lutte contre les Français, puis étendus par le Viêt-công pendant la guerre du Vietnam. Ces tunnels ont atteint une longueur totale de plus de 200 km.

Deux sites permettent d'en découvrir une petite partie. Au village de Ben Dinh, situé à environ 15 km, la visite guidée commence dans une salle de réunion où cartes et plans de coupe montrent l'organisation du dédale. Un film retrace son histoire et décrit les différents lieux qu'il abritait, avec les lits, les fourneaux ou les caches d'armes, et l'hôpital. Le visiteur est ensuite conduit dans une zone garnie d'imitations de pièges et de mannequins de combattants viêts-công. Des trappes ouvrent non loin sur des boyaux étroits. Ils relient des salles qui ont retrouvé l'aspect qu'elles avaient pendant le conflit. Bien que les tunnels aient été élargis, de nombreux visiteurs les trouvent encore très oppressants.

Créés surtout à des fins touristiques, les souterrains de Ben Duoc sont plus accueillants et mieux équipés qu'à l'époque du conflit.

À Cu Chi même, des peintures murales et une sculpture en forme de larme décorent un monument aux combattants vietnamiens tombés dans cette zone. Les cimetières militaires, très nombreux dans la région, sont visibles depuis la route.

→ « Porte dérobée » des tunnels de Cu Chi, ou l'art du camouflage

LES RÉSEAUX DE TUNNELS

Les réseaux sophistiqués de tunnels, tels ceux de Cu Chi et de Vinh Moc *(p. 161)*, ont été utilisés par les Vietnamiens pendant des siècles. Pendant la guerre du Vietnam, ils jouèrent un rôle central pour la guérilla qui s'en servit comme arme et refuge, et contribuèrent à la défaite américaine. Creusés par les combattants sans autre moyen que des pelles, ils s'étendaient sur plus de 200 km.

HABITATIONS SOUTERRAINES

Étagées sur plusieurs niveaux, les galeries comportaient des salles souterraines aménagées pour la survie de leurs occupants. Les Vietnamiens pouvaient ainsi échapper aux bombardements, se cacher de l'ennemi et organiser des attaques surprises. Du poivre égarait les chiens lâchés dans les boyaux. Leur étroitesse les rendait peu praticables par les soldats américains, de plus gros gabarit que les Vietnamiens. Les entrées, minuscules et camouflées, étaient très difficiles à repérer. Pour détecter les activités souterraines des combattants viêts-công, les Américains utilisèrent l'imagerie par infrarouge. Des pièges, souvent des tiges de bambou ou d'acier empoisonnées, guettaient les soldats ennemis qui se risquaient à l'intérieur.

LES « RATS DE TUNNEL »

Des G.I. spécialement formés à la traque des habitants des réseaux souterrains, utilisaient des gaz pour tenter de les en débusquer. Un autre moyen pour découvrir les tunnels était d'essayer de déceler l'activité souterraine grâce à des stéthoscopes.

ANATOMIE D'UN RÉSEAU DE TUNNELS

Le réseau principal s'organisait sur 3 niveaux creusés jusqu'à 10 m de profondeur. La plupart des tunnels étaient de simples petites galeries. Étroits, chauds et humides, ils rendaient les conditions de vie difficiles

Des postes de tir occupaient des positions faciles à évacuer.

Dans l'espace où l'on cuisinait, la fumée était évacuée de manière à rester indécelable.

Bunker de planification stratégique

Des abris antiaériens, au niveau le plus bas, servaient de refuges en cas d'intense bombardement.

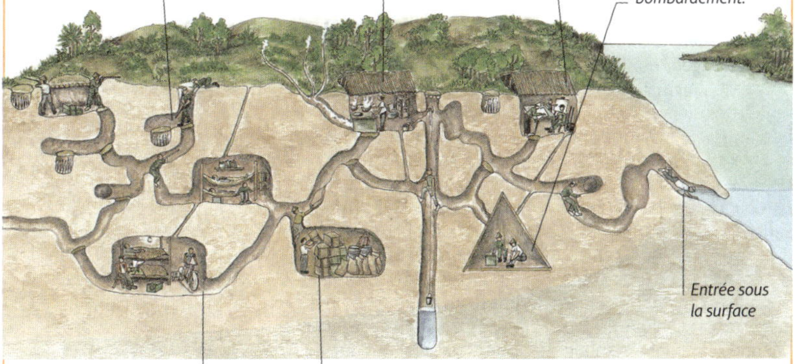

Entrée sous la surface

L'infirmerie ne servait pas qu'aux soins ; beaucoup de bébés y sont nés.

Réserve de munitions

↑ Coupe transversale d'un réseau souterrain

↑ Bouddhas en bois ornant l'autel de la pagode de Giac Vien

29 Pagode Giac Vien

A4 161/35/20 Lac Long Quan, 11e arr. t.l.j. 7h-19h

Ce sanctuaire fondé par le moine Hai Tinh Giac Vien en 1744 s'intègre parfaitement dans ce paysage rural en périphérie de la ville.

De style classique, il doit sa réputation à une superbe collection de plus de 150 statues en bois. Il y règne la sérénité d'un lieu où l'on rend hommage aux défunts. Plusieurs grands tombeaux magnifiquement sculptés se trouvent à droite de l'entrée, et un columbarium recèle des urnes funéraires. Les ouvertures habilement disposées dans le toit laissent filtrer les rayons du soleil.

Dans le sanctuaire, sur l'autel, deux images de bodhisattvas, au premier plan, et d'un grand bouddha A Di Da, assis au fond, encadrent plusieurs bouddhas de tailles variées, certains dorés, d'autres en bois nu ou en céramique. En face, de petits bouddhas couvrent les étages d'un support conique éclairé par une guirlande électrique. De part et d'autre du bâtiment, des galeries abritent de jolis bonsaïs.

Non loin, le **parc aquatique de Dam Sen** est apprécié des enfants. Toboggans, bassins artificiels, aires de repos ombragées, lagons et jardins, pagodes et drôles de sculptures d'animaux: rien ne manque pour une journée bien remplie.

Parc aquatique de Dam Sen
3 Hoa Binh St, 11e arr.
lun.-dim. 9h-18h
damsenwaterpark.com.vn

30 Nui Ba Den

E4 106 km NO de HCMV par la rte 22 ; 15 km NE de Tay Ninh town 4 jusqu'à An Suong, puis minibus pour Tay Ninh

La province de Tay Ninh compte deux attractions touristiques: le centre du caodaïsme *(p. 62)* et Nui Ba Den, le mont de la Dame noire. Malgré leur proximité, peu de visiteurs se rendent au second, impossible à rejoindre en transport public. Lieu de combats pendant la guerre du Vietnam, Nui Ba Den a subi des raids aériens et des épandages de produits chimiques qui firent de nombreuses victimes. Ses grottes, redevenues des sanctuaires bouddhiques, ont retrouvé tout leur charme.

Avec ses flancs couverts de forêts, la montagne constitue le point d'orgue de la région. Au sein d'un paysage de rizières d'un vert éclatant, elle s'élève jusqu'à 986 m d'altitude. Le sommet offre une vue superbe. Il n'est pas obligatoire de le rejoindre à pied, un télésiège permet d'y accéder sans faire une longue ascension. Un temple rend hommage à la Dame noire, une jeune femme nommée Huong qui préféra se jeter d'une falaise plutôt que de perdre son honneur. Une fête annuelle célèbre l'esprit de la montagne avec des chants et des danses.

31 Vung Tau

F5 130 km E de HCMV par la rte 51 hélicoptère et hydroptère à HCMV 29 Tran Hung à Dao vungtautourist.com.vn

L'ancienne station balnéaire connue des Français sous le nom de cap Saint-Jacques offre toujours en semaine un cadre plaisant où venir s'aérer en bord de mer non loin de Hô Chi Minh-Ville. Toutefois, la ville est dévolue au tourisme de masse, et ses immeubles en béton déparent la beauté du site. De plus, les forages pétroliers qui sont effectués au large nuisent à la propreté de l'eau. Cela n'empêche pas les Vietnamiens de s'y presser en nombre le week-end. Les prix peuvent alors atteindre des sommets. Bai Truoc (plage de Devant)

→ Femme pêchant à l'ancienne le long de la plage de Long Hai

Au cœur d'un paysage de rizières au vert éclatant, Nui Ba Den s'élève à 986 m, et de son sommet le panorama est superbe.

et Bai Sau (plage de Derrière), les plages principales, s'étendent respectivement en centre-ville et à l'est de la péninsule de Nui Nho (Petite Montagne), où une statue géante du Christ se dresse face à la mer. On arrive au sommet de Nui Lon (Grande Montagne), soit par un escalier soit par le téléphérique de l'île Nguru.

Bai Truoc concentre hôtels chers, bars et restaurants, tandis que Bai Sau offre un plus large choix d'hébergements et d'équipements. À 2 km de l'embarcadère, le phare de Vung Tau offre un autre beau point de vue.

Au nord de Bai Truoc, la route qui mène au promontoire de Nui Lon conduit d'abord à **Bach Dinh**, la villa Blanche, résidence de l'empereur Thanh Thai quand il fut emprisonné par les Français entre 1907 et 1916. Les objets exposés datent de la dynastie chinoise des Qing et proviennent de l'épave d'un navire du 17e siècle.

Bach Dinh
12 Tran Phu (064) 351 2258 t.l.j. 7h-11h30, 1h30-17h

32

Long Hai

F5 130 km E de HCMV par la rte 19 ; 40 km NE de Vung Tau de HCMV Vung Tau Tourist, 29 Tran Hung Dao (064) 385 7527

De nombreux complexes touristiques occupent le littoral, longtemps déserté, entre Vung Tau et Phan Tiet, deux bourgs désormais en plein essor. La région de la petite ville de Long Hai a été baptisée un peu vite « Riviera vietnamienne », même si elle renferme encore des plages relativement préservées. Les prix sont bas, les fruits de mer frais et l'ambiance est très décontractée.

Près de Long Hai, le temple Mo Co est le point où convergent des centaines de bateaux venus de toute la région à l'occasion de la fête des Pêcheurs en juin. Plus à l'est se trouvent le luxueux Anoasis Beach Resort, une ancienne propriété de l'empereur Bao Dai, et d'autres hôtels moins onéreux. Il ne sont pas directement reliés par les bus depuis Vung Tau, mais la route jusqu'à Long Hai permet de découvrir en chemin plusieurs charmantes églises, ainsi que quelques temples.

Le saviez-vous ?

Vung Tau a sa spécialité gastronomique : le *tiet canh tom hum*, une recette à base de homard.

↑ Le lac des Crocodiles ; un Brève d'Elliot dans le parc national de Cat Tien *(médaillon)*

33

Plage de Ho Coc

F5 190 km E de HCMV ; 36 km NE de Long Hai de la gare routière de Mien Dong

Le principal atout de la plage de Ho Coc est son relatif isolement. Bien qu'appréciée des Vietnamiens le week-end, elle n'est pas accessible par les transports publics. Elle abrite cependant un nombre croissant d'hébergements en bungalows, de cafés et de restaurants servant des fruits de mer.
La bande de sable blanc s'étend sur 5 km en bordure de la réserve naturelle forestière de Binh Chau-Phuoc Buu, et est jalonnée ici et là de gros rochers polis par l'érosion. Plusieurs sentiers partent de la plage pour s'enfoncer dans la jungle. Jadis peuplée de gros animaux, qui ont été pour la plupart déplacés vers des sites mieux adaptés à leur survie, la réserve protège aujourd'hui l'habitat de plusieurs espèces de singes et d'oiseaux. Louer les services d'un guide à Hô Chi Minh-Ville est bon marché, et les balades apaisantes.

34

Sources chaudes de Binh Chau

F5 150 km SE de HCMV ; 50 km NE de Long Hai saigonbinhchau.com

Au cœur d'une forêt primitive de palétuviers, les 100 sources chaudes qui affleurent à Binh Chau alimentent plusieurs bassins sur un site d'une superficie de 1 km². Les propriétés thérapeutiques attribuées à une eau riche en sels minéraux attirent des personnes souffrant de rhumatismes ou d'arthrite. Elles ont entrainé la création d'un complexe touristique très fréquenté avec parc aquatique, golf, courts de tennis et sentiers pour flâner. On peut y venir pour la journée, y camper, voire louer une chambre ou un bungalow. Des bains privés entourés d'écrans en bois et protégés du soleil peuvent accueillir de 2 à 10 personnes. On peut y prendre des bains de boue très relaxants.

La zone des bains publics, moins coûteuse, renferme, entre autres, une vaste piscine. La température de l'eau s'élève en moyenne à 37 °C, et l'on dit qu'elle est bénéfique pour les os et la peau. Le bassin le plus chaud peut atteindre 82 °C. Cette source est entourée de grandes sculptures de poules, car l'une des activités les plus populaires consiste à tremper des paniers d'œufs dans le liquide presque bouillant.

Au milieu de ces sources d'eau chaude, quelques sentiers de randonnée bien balisés permettent aux visiteurs de se promener dans les environs.

35

Parc national de Cat Tien

F4 160 km)NE de HCMV de la gare routière de Mien Dong vers Dalat ; le parc est à mi-chemin namcattien.org

La forêt primitive de Cat Tien, sur le plateau de Bao Loc, compte parmi les réserves de la biosphère les plus riches de la planète. Elle a pourtant subi des épandages de défoliant pendant la guerre du Vietnam. Les objets religieux retrouvés par les archéologues indiquent que la forêt abritait un lieu de pèlerinage à l'époque des royaumes du Funan et du Champa *(p. 45)*.

POINT PHOTO

Géants verts

Une randonnée permet d'admirer les arbres géants de la forêt pluviale primaire de Cat Tien. Parmi les *Tung (Vernicia fordii)*, vieux de plusieurs centaines d'années, vous aurez l'air d'un Lilliputien…

D'une superficie de 719 km², le parc compte 1 600 variétés végétales répertoriées, et de nouvelles ne cessent d'être découvertes. Ce parc, où vivait le rhinocéros de Java aujourd'hui éteint, abrite, entre autres, des cervidés, des léopards, des éléphants et des gaurs, grands bovidés asiatiques en voie d'extinction. Plus de 360 espèces d'oiseaux attirent les ornithologues amateurs. Des colonies de singes, dont le rare Douc Langur, peuplent les frondaisons. Quelque 440 papillons différents butinent les fleurs. Les gardes forestiers sont également guides de randonnée. Des hébergements assez sommaires se trouvent sur l'autre rive de la Dong Nai.

36

Réserve naturelle de Can Gio

F5 60 km de HCMV du marché Ben Thanh Binh Kanh 90

La région côtière proche du fleuve Dong Nai accueille une vaste réserve naturelle de mangrove, considérée comme le poumon de Hô Chi Minh-Ville. Une journée suffit pour la visiter. Zones humides, vasières et marais salés hébergent une diversité de plantes typiques des mangroves et plus de 200 espèces d'animaux, dont des oiseaux de mer comme le pélican à bec tacheté, ou encore le crocodile marin, le chat viverrin et des milliers de primates.

À l'entrée de la réserve, un bateau emmène les visiteurs en amont. Vous longerez des villages délabrés révélant la pauvreté de la vie rurale, avant de pénétrer dans la mangrove pour rejoindre l'île aux Singes. Là, des macaques chapardent aux visiteurs nourriture, boissons ou tout objet attisant leur convoitise. Aussi, restez sur vos gardes. Évitez également d'assister au spectacle de cirque donné le week-end et les jours fériés, dénoncé par les défenseurs de la faune sauvage. Le bateau remonte ensuite les méandres du cours d'eau jusqu'au camp reconstitué de Rung Sac, où se retranchaient les combattants viêts công.

PETITE BALADE DONG KHOI

Longueur 800 m **Durée** 15 min

Le véritable centre nerveux de Hô Chi Minh-Ville se trouve aux alentours de la rue Dong Khoi. L'artère elle-même acquit sa renommée à l'époque de la colonisation française sous le nom de rue Catinat. Alors bordée de grands hôtels, de magasins chic et de cafés accueillants, mais aussi de bars et de maisons closes moins bien famés, elle servit de cadre à une grande partie du roman de Graham Greene *Un Américain bien tranquille*. La plupart de ces établissements ont fermé sous le régime communiste, mais le quartier commence à retrouver son éclat d'antan grâce à la libéralisation économique entamée en 1986. Son animation, qui n'a pas sa pareille dans le pays, entretient le souvenir de l'époque où la capitale de la Cochinchine portait le surnom de « Petit Paris de l'Extrême-Orient ».

*La **poste centrale**, achevée en 1891, compte parmi les plus beaux souvenirs de l'époque coloniale. La fraîcheur règne à l'intérieur sous une structure métallique dessinée par Gustave Eiffel.*

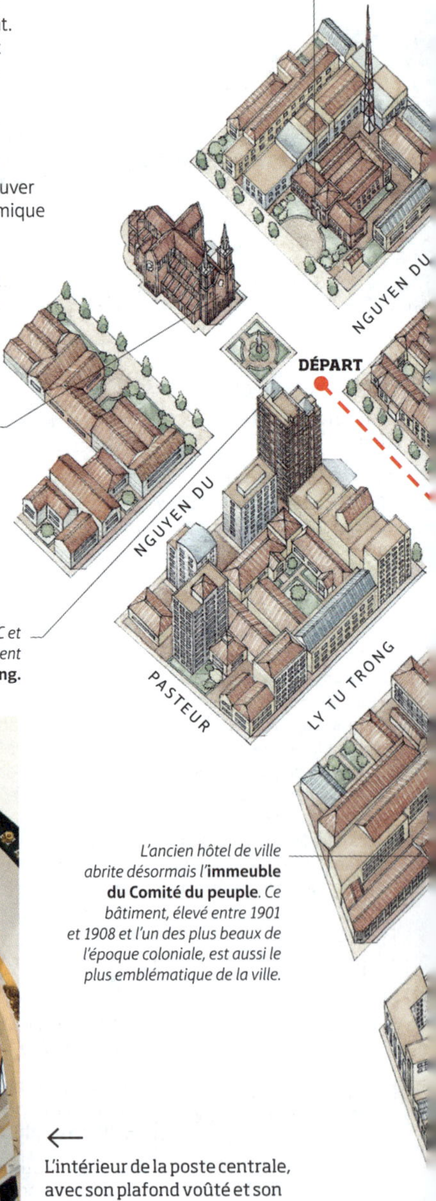

*Construite dans le style néoroman en pierre locale et en brique rouge importée de France, la **cathédrale Notre-Dame** date de la fin du 19e siècle. Sur le parvis se dresse une statue de la Vierge des années 1950.*

*Le siège de la banque HSBC et de nombreux cafés occupent le **Metropolitan Building**.*

*L'ancien hôtel de ville abrite désormais l'**immeuble du Comité du peuple**. Ce bâtiment, élevé entre 1901 et 1908 et l'un des plus beaux de l'époque coloniale, est aussi le plus emblématique de la ville.*

← L'intérieur de la poste centrale, avec son plafond voûté et son portrait de Hô Chi Minh

↑ L'imposant édifice colonial du Comité du peuple

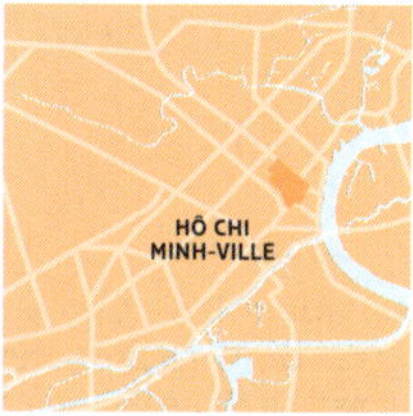

Carte de situation
Voir le plan p. 56

Le saviez-vous ?

À la Poste centrale, un écrivain public rédige les courriers de ceux qui ne peuvent pas se débrouiller seuls.

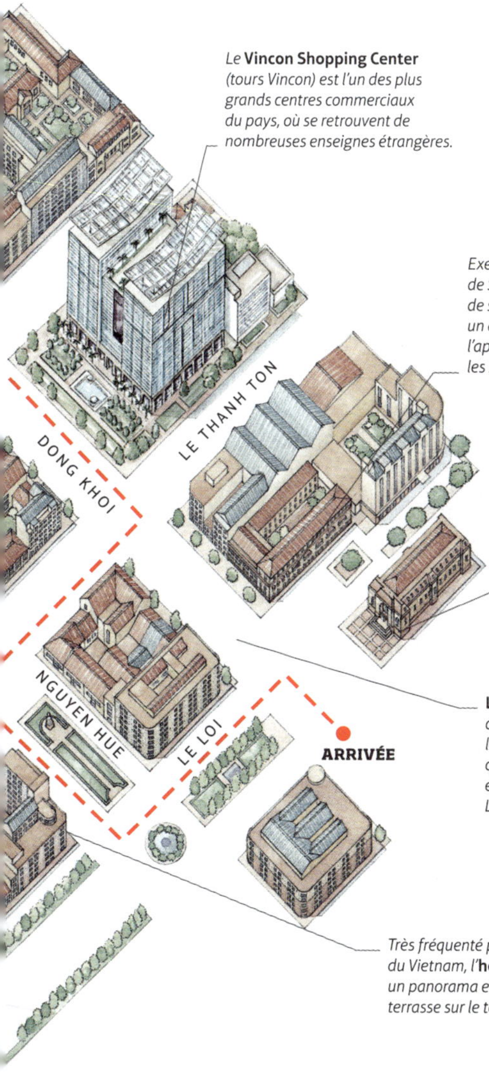

*Le **Vincon Shopping Center** (tours Vincon) est l'un des plus grands centres commerciaux du pays, où se retrouvent de nombreuses enseignes étrangères.*

*Exemple typique de l'architecture coloniale de Saigon, l'**hôtel Continental**, un havre de sérénité au cœur de la ville, possède un atrium central où l'on prend le thé l'après-midi, et un patio où l'on dîne les soirs d'été.*

*D'un style néoclassique typique de la Belle Époque, le **théâtre municipal** a accueilli l'Assemblée nationale de 1956 à 1975.*

***Le bas Dong Khoi** est devenu l'un des quartiers les plus à la mode pour le shopping. Des marques locales comme Khai Silk côtoient les grandes enseignes internationales comme Louis Vuitton.*

*Très fréquenté par les reporters pendant la guerre du Vietnam, l'**hôtel Rex**, bâti en 1953, ménage un panorama exceptionnel depuis sa vaste terrasse sur le toit.*

PETITE BALADE CHOLON

Longueur 2 km **Durée** 30 min
Attention ! La circulation peut être très dense sur Hung Vuong, soyez prudent lorsque vous vous y promenez.

Fondé au 18e siècle, le faubourg de Cholon, ou 5e arrondissement, est depuis longtemps l'un des quartiers commerçants les plus animés de Hô Chi Minh-Ville. Ses boutiques regorgent de soieries, d'épices, d'herbes médicinales, de chapeaux et autres bibelots en jade ou en céramique. Cholon, dont le nom signifie « grand marché », est aussi un carrefour religieux. Accueillant la majeure partie de la communauté des Vietnamiens d'origine chinoise, les Hoa, il abrite de remarquables temples et pagodes situés pour la plupart près de l'artère principale, Nguyen Trai. La marche est le meilleur moyen d'explorer les rues étroites de ce quartier animé.

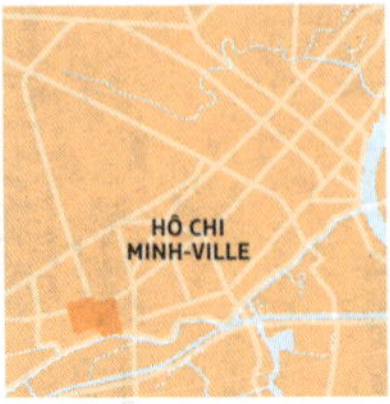

Carte de situation
Voir le plan p. 56

La congrégation des Fujianais a édifié en 1902 la **pagode Phuoc An Hoi Quan***, dédiée à Quan Cong. Devant l'autel principal, des lances symbolisent les vertus cardinales.*

Le marché de l'électronique est une véritable caverne d'Ali Baba, que l'on soit à la recherche d'un ventillateur ou d'un téléviseur.

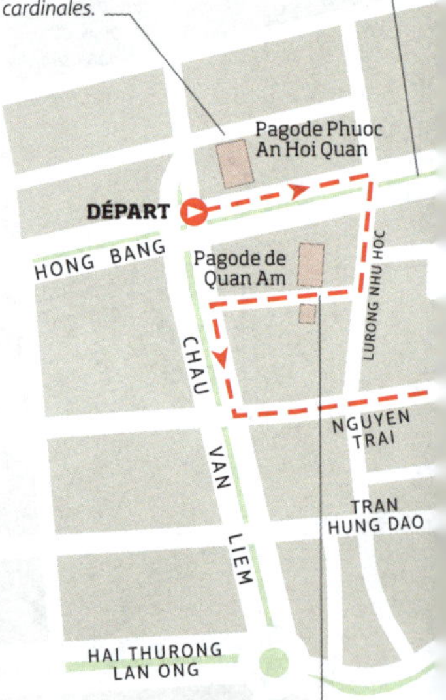

La fondation de la **pagode de Quan Am***, seul temple de la ville traversé par une rue, remonte au début du 19e siècle. Un joli portail polychrome protège l'entrée principale* (p. 75).

↑ Éventail de lances anciennes devant l'autel principal de la pagode Phuoc An Hoi Quan

→ Temple de Nghia An Hoi Quan, l'un des plus anciens de Hô Chi Minh-Ville

Au sommet d'un toit, la frise illustrant une légende chinoise est la caractéristique la plus remarquable du **temple de Thien Hau**, *lieu de culte très fréquenté (p. 74).*

Dans des vitrines de la **pagode Nghia An Hoi Quan**, *derrière l'autel principal, les représentations du guerrier chinois divinisé Quan Cong et de ses deux principaux assistants (p. 74).*

Bâtie dans les années 1930, la petite **mosquée de Cholon** *est d'une discrétion et d'une simplicité à l'opposé de la somptuosité des autres temples du quartier.*

Les parfums émanant de nombreuses herboristeries traditionnelles planent sur la rue Trieu Quang Phuc, l'une des plus bruyantes et des plus animées de Cholon.

Le **temple de Tam Son Hoia**, *datant du 19e siècle et financé par la communauté du Fujian, reçoit la visite de nombreux couples souhaitant avoir des enfants car il est consacré à Me Sanh, la déesse de la fertilité. Son image domine un petit autel au fond de la pagode.*

↑ Fidèles priant dans la paisible mosquée de Cholon

Village niché au cœur du delta du Mékong

LE DELTA DU MÉKONG

Né sur les hauts plateaux du Tibet, le majestueux Mékong étend ses tentacules dans la plaine sud du pays, faisant de cette région au sol riche en alluvions, le « bol de riz » du Vietnam, ainsi que sa « corbeille de fruits », dans laquelle figurent noix de coco, longanes et mangues. Le Cambodge a longtemps revendiqué le delta. En 1978, les Khmers rouges perpétuent des massacres dans bon nombre de ses villages sans pour autant soumettre cette terre et son peuple qui ont survécu aux ravages des inondations à répétition, à l'occupation par les Français et les Cambodgiens, à de multiples bombardements et aux effets dévastateurs du défoliant baptisé « agent orange » répandu par les Américains.
Malgré ce passé sanglant et tumultueux, la vie dans le delta poursuit son cours immuable. Partout, vous découvrirez de belles pagodes khmères, vietnamiennes et chinoises, témoignages de la diversité ethnique et culturelle locale.

DELTA DU MÉKONG

Incontournables

1 Can Tho
2 Archipel de Con Dao

À voir également

3 My Tho
4 Île du Phénix
5 Ben Tre
6 Tra Vinh
7 Vinh Long
8 Cao Lanh
9 Soc Trang
10 Bac Lieu
11 Rach Gia
12 Chau Doc
13 Ha Tien
14 Île de Phu Quoc

Trach
Prahea
Réservoir de Ho Dau Tieng
Chón Thánh
Tây Ninh
TAY NINH
BINH DUONG
DONG NAI
Bén Cát
Svay Rieng
Trang Bang
Chiphu
HÔ CHI MINH-VILLE
p. 54
Bien Hoa
Dong Thanh
Aéroport international de Tan Son Nhat
Duc Hoa
Hô Chi Minh-Ville
Vinh Hung
Sa Rai
Tan Hung
Hong Ngu
Moc Hoa
Vam Co Tay
LONG AN
Cho Vam
Parc national de Tram Chin
Tram Chim
Thanh Hoa
Thanh Binh
DONG THAP
Tan Thanh
My An
Ben Luc
Tan An
Can Duoc
HÔ CHI MINH
Ba Ria
Cho Moi
8 CAO LANH
TIEN GIANG
Cai Lay
Long Xuyen
Tien Giang
3 MY THO
Go Cong
Vung Tao
Cai Be
ÎLE DU PHÉNIX 4
Tan Hoa
Thot Not
Hau Giang
Sa Dec
7 VINH LONG
5 BEN TRE
Cua Tieu
My Tho
BEN TRE
O Mon
VINH LONG
Vung Liem
Giong Trom
Binh Dai
Co Do
Aéroport de Can Tho
Mo Cay
Thoi Lai
1 CAN THO
Ham Luong
Ba Tri
Cai Rang
Tra On
Cang Long
Giong Rieng
CAN THO
TRA VINH 6
Thanh Phu
Co Chien
Phung Hiep
Pagode de Hang
Hau
Tieu Can
Chau Thanh
Vi Thanh
Ke Sach
Cau Quan
Cau Ngang
Nang Mau
TRA VINH
Ba Dong
Long My
Tra Cu
SOC TRANG 9
Long Phu
Duyen Hai
Ngan Dua
My Xuyen
SOC TRANG
Chau Thanh
Phuoc Long
Phu Loc
BAC LIEU
Huynh Ky
Hoa Binh
10 BAC LIEU
Vinh Chau
Ho Phong
Réserve ornithologique de Bac Lieu
Mer de Chine méridionale
Ganh Hao
Aéroport de Con Dao
Con Dao
2 ARCHIPEL DE CON DAO
0 kilomètre 40
0 mile 40
N

1

2

3

←

1 Pêcheur jetant son filet dans le Mékong, à l'aube.

2 Marché flottant près de Can Tho.

3 Pagode de Kh'leang où résident des moines khmers, Soc Trang.

Si les sites vietnamiens les plus connus se concentrent autour de Hanoi et Hô Chi Minh-Ville, l'exploration de la région rurale du delta du Mékong vous dévoilera le vrai visage du Vietnam. Profitez-en pour passer quelques jours au Cambodge et découvrir les exceptionnels temples d'Angkor Vat.

10 JOURS

dans le delta du Mékong et une excursion à Angkor

Jour 1 : HCMV-Vinh Long

De bon matin, quittez Hô Chi Minh-Ville pour Vinh Long *(p. 103)*. Là, goûtez à la vraie vie rurale du delta du Mékong lors d'une journée d'excursion en bateau *(p. 110)* le long de la rivière Co Chien et du réseau de canaux entourant la ville. Vous longerez des villages traditionnels qui n'ont guère changé depuis des siècles, des jardins d'orchidées au parfum sucré et des vergers. Pour dîner, rendez-vous en taxi chez Mr Kiet's Historic House *(p. 102)* où la cuisine locale est succulente et le cadre pittoresque.

Jour 2 : Can Tho

Le trajet n'est pas long entre Vinh Long et Can Tho *(p. 96)*, mais partez tôt pour assister à l'animation d'un des marchés flottants. Louez un sampan et allez à celui de Cai Rang, où des embarcations chargées de produits se fraient un chemin dans la pagaille la plus complète. Après le déjeuner, le musée de Can Tho vous permettra d'échapper au pic de chaleur et de découvrir l'histoire de la province ainsi que de la plus grande ville du delta. Puis rendez-vous à Munirangsyaram, imposant temple khmer dont la tour rappelle Angkor. Les moines y ont un vrai sens de l'accueil.

Jour 3 : Soc Trang

Un car vous conduit à Soc Trang *(p. 104)*, au sud. Ce centre religieux du delta réunit des dizaines de temples khmers, chinois et vietnamiens. Commencez par le musée de la Culture khmère, puis rendez-vous à la pagode de Kh'leang. Ses ravissants jardins donnent envie de fâner avant de déjeuner d'un repas végétarien dans l'un des restaurants voisins. Non loin à l'est, vous attend la pagode d'Argile qui doit son nom aux centaines de statues et figurines fantastiques ornant l'intérieur. Au coucher du soleil, prenez un taxi pour Chua Doi (pagode des chauves-souris) où vous assisterez à la sortie vespérale de milliers de roussettes.

→

1

Jour 4 : Ha Tien

Au terme de 5 h de route, vous arrivez à Ha Tien *(p. 107)*. Située à la frontière cambodgienne, la ville, entourée de promontoires calcaires spectaculaires, domine le golfe de Thaïlande. C'est l'une des plus beaux endroits du delta. Après avoir déposé vos bagages à l'hôtel et déjeuné, louez un taxi pour visiter les nombreux sites touristiques des environs, dont les temples rupestres bouddhistes de Thach Dong ou la pagode de Hang à Hon Chong et sa grotte hérissée de stalactites « musicales ». En chemin, vous découvrirez de fabuleux paysages.

Jours 5 et 6 : Île de Phu Quoc

Un ferry permet de rallier les plages dorées bordées de palmiers de l'île de Phu Quoc *(p. 108)*, un havre de paix propice au *farniente*. Une foule d'hôtels a élu domicile le long de ces rubans de sable idylliques, comme à Bai Truong ou, dans une moindre mesure, à Bai Sao et à Bai Dam. Quand vous en aurez assez de vous prélasser sur la plage, vous pourrez facilement aller explorer le parc national de Phu Quoc et sa jungle, ses criques et ses plages vierges. Sinon, rejoignez Hon Doi Moi pour plonger, et admirez les récifs de coraux qui abritent une faune abondante.

Jour 7 : Chau Doc

De retour à Ha Tien, partez pour la ville riveraine et frontalière de Chau Doc *(p. 106)*. Après le déjeuner, baladez-vous le long des berges du fleuve. C'est là que vit et travaille la majorité de la population. Vous y verrez des maisons flottantes ou sur pilotis, ainsi que l'un des marchés les plus animés de la région. Un taxi vous déposera ensuite, non loin de là, au mont Nui Sam dont les versants sont constellés de temples, de grottes, de pagodes et de

Entourée de promontoires spectaculaires, Ha Tien domine le golfe de Thaïlande à la frontière cambodgienne.

tombes anciennes. En prime, la vue sur les environs est imprenable.

Jours 8, 9 et 10 : Siem Reap et Angkor

Le trajet jusqu'à Angkor est long (environ 12 h) mais pittoresque. Un bateau permet de franchir la frontière cambodgienne et de remonter le cours du fleuve jusqu'à la capitale, Phnom Penh. De là un car emmène les voyageurs jusqu'à Siem Reap *(p. 237)*.

Le splendide et mystérieux temple d'Angkor Vat *(p. 220)* et la cité royale d'Angkor Thom *(p. 224)* méritent que vous leur accordiez au moins deux journées complètes. Vous les explorerez en groupe, dans le cadre d'une visite guidée, ou en solo, à vélo. De quoi conclure votre périple en beauté. Angkor Vat est le plus grand monument religieux au monde. Un peu moins visitées que celles de leur voisin, les ruines d'Angkor Thom sont tout aussi impressionnantes. De l'aéroport de Siem Reap, vous vous envolerez ensuite vers votre prochaine destination.

1 Île de Phu Quoc. ↑

2 Maison traditionnelle sur pilotis, Chau Doc.

3 Pagode ornée de têtes de dragons, au pied du mont Nui Sam.

4 Porte Sud d'Angkor Thom.

Les oiseaux du delta

La richesse de ses habitats vaut au delta d'accueillir une multitude d'espèces aviaires sédentaires et migratoires. Le tantale indien, la grue antigone et des aigrettes y séjournent quelque temps, tandis que les oiseaux tropicaux, dont le guêpier d'Orient, y vivent toute l'année. D'excellentes réserves ornithologiques veillent à la préservation des populations locales. Les mangroves de Bac Lieu hébergent près de 46 sortes d'oiseaux. Accessible en bateau, le parc national de Tram Chim est l'une des escales migratoires des cigognes et des grues, comme la réserve de Bang Lang, près de Can Tho.

↑ Les guêpiers d'Orient nichent dans les galeries des berges

LE DELTA DU MÉKONG

FLORE ET FAUNE

La fertilité des sols et la luxuriance de la végétation des denses mangroves et des forêts tropicales de cette région championne de la biodiversité favorisent la prolifération de la faune et de la flore. De nouvelles espèces y sont régulièrement découvertes.

Les cocotiers des rives du delta

Les cocotiers fournissent aliments, emballages écologiques et matériaux de construction. Leurs noix donnent de l'huile, du lait riche en vitamines et entrent dans la confection de bonbons et de currys. Avec les palmes, on fabrique des paniers et on couvre les maisons. Les racines offrent un habitat aux poissons.

← Les cocotiers sont cultivés partout sur les rives du delta du Mékong

Les reptiles

La faune reptilienne, notamment les serpents et les lézards, pullule dans le riche écosystème du delta. Parmi les serpents indigènes figurent les redoutables cobra royal et le python réticulé. Les crocodiles se font rares dans leur milieu naturel. Ils doivent leur survie à des fermes d'élevages.

→ Pensionnaires de l'un des élevages de crocodiles

Des orchidées de toutes les couleurs

Une multitude d'orchidées fleurissent dans cette région. D'autres variétés et des hybrides sont importés afin d'être cultivés. La plupart des orchidées colonisent des plantes plus grandes, aussi devrez-vous lever la tête pour les repérer. Autour de Sa Dec, plusieurs pépinières proposent des spécimens et des rhizomes à replanter.

← Orchidées violettes, l'une des variétés les plus répandues dans le delta

→ Chat viverrin, un félin nocturne pour qui la pêche n'a pas de secret

NOTRE CONSEIL

Réserve ornithologique de Tra Su

À l'ouest de Chau Doc, la réserve de Tra Su reçoit la visite de nombre d'échassiers, surtout entre septembre et novembre. La majeure partie du parc s'explore en bateau. Même si vous n'êtes pas un passionné d'ornithologie, vous apprécierez la sérénité et la beauté de ce sanctuaire, le temps d'une journée.

Les mammifères

Le mammifère sauvage le plus connu du delta est le macaque crabier. Ce singe omnivore se nourrit de crabes, d'insectes et de plantes, mais pille aussi sans vergogne les vergers alentour. Plus rare, le chat viverrin plonge dans l'eau pour y chasser ses proies. Quant à la loutre de Sumatra, une espèce menacée, elle vit sous protection rapprochée dans la réserve naturelle d'U Minh, dans la province méridionale de Ca Mau.

↑ Cai Rang, marché flottant au sud-ouest de Can Tho

1

CAN THO

C7 169 km SO de HCMV 10 km S 50 Hai Ba Trung (0710) 382 7674 canthotourism.vn

À la jonction de six provinces, la plus grande ville du delta joue le rôle de plaque tournante pour l'ensemble des transports. C'est aussi un centre agricole qui produit en quantité de la farine de riz. Can Tho est un bon point de départ pour des excursions d'une journée, en particulier jusqu'aux marchés flottants, principales destinations touristiques des environs.

①

Pagode Ong

32 Hai Ba Trung
(0292) 382 3862

Les fidèles viennent dans ce petit temple vénérer Than Tai, le dieu de la prospérité, et Quan Am, la déesse de la miséricorde.

②

Musée de Can Tho

1 Hoa Binh (0292) 382 0955 mar.-dim. 8h-11h, 14h-17h (sam.-dim. 19h-21h)

Ce musée présente des outils agricoles, des costumes de mariage ainsi que des reconstitutions de bâtiments dont une maison de thé et une herboristerie. Attention, de terribles photos de guerre sont aussi exposées.

③

Pagode de Munirangsyaram

36 Hoa Binh
(0292) 381 6022
t.l.j. 8h-17h

Une tour du style d'Angkor s'élève au-dessus de ce sanctuaire, où la minorité khmère de la ville pratique le bouddhisme Theravada. Des reliefs polychromes décorent les bâtiments.

④

Marchés flottants

Deux marchés flottants se tiennent à proximité de Can Tho. Le plus grand et le plus proche, à 7 km au sud-ouest de la ville, réunit de nombreux grossistes à **Cai Rang**. Les fruits et les légumes accrochés à des perches indiquent les marchandises en vente. À 14 km plus à l'ouest, le marché de **Phong Dien** est plus simple et plus authentique. Il est possible de louer un sampan pour ces deux destinations sur les quais de la rue Hai Ba Trung. On peut aussi s'adresser à une agence de voyages.

↑ Temple de Munirangsyaram, bâti en 1946 pour les Khmers

À 52 km au nord de Can Tho se trouve le jardin des cigognes de Bang Lang, un sanctuaire pour les échassiers. Les arbres y attirent des milliers de cigognes chaque soir : un spectacle merveilleux.

5

Maison communautaire de Binh Thuy

Bui Huu Nghia (0292) 384 1127 t.l.j. 8h-17h

Construit en 1893, ce vénérable édifice mélange divers styles architecturaux, avec sa façade et ses plafonds à la française, son toit chinois et ses sculptures sur bois vietnamiennes.

L'intérieur, assez sombre, est chargé d'antiquités chinoises, notamment des meubles et des objets d'art. Plusieurs sanctuaires, utilisés autrefois pour la tenue de réunions et de rites religieux, sont disséminés dans les jardins. La même famille chinoise habite cette résidence depuis cinq générations. Faute de billetterie, on paye un droit d'entrée modique au membre de la famille présent ce jour-là. En revanche, l'accès aux jardins à l'orientale est gratuit.

Le saviez-vous ?

À la pagode d'Ong, les fidèles écrivent leurs prières sur des rouleaux de papier qu'ils suspendent au mur.

6

Musée du Tarot

44 Nguyen Khuyen
t.l.j. 9h-22h
museum-tarot.com

Ce petit musée sort de l'ordinaire. Installé dans un bel immeuble ancien et géré par Philippe, un maître polyglotte du tarot, il déborde de cartes de tarot, d'ouvrages d'histoire, d'objets occultes décoratifs et de pierres de guérison. Réservez en ligne au moins 48 h à l'avance.

Victoria Can Tho

Doté d'un Spa et de deux piscines extérieures, cet hôtel a élu domicile dans un élégant édifice colonial, au bord de la rivière Hau. Une retraite paisible.

Cai Khe Ward
victoriahotels.asia

€€€

Nam Bo Boutique Hotel

Proche du quai principal, ce minuscule hôtel ne manque pas d'originalité. Ses deux restaurants sur le toit-terrasse ainsi que les salons de ses 7 suites au look asiatique ont vue sur le cours d'eau.

1 Ngo Quyen
nambocantho.com

€€€

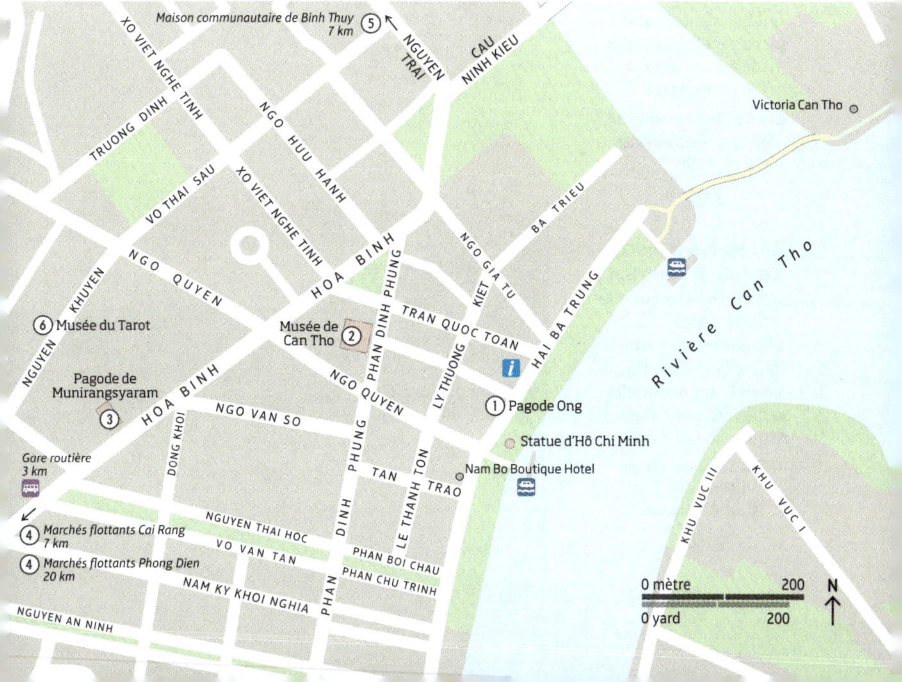

2

ARCHIPEL DE CON DAO

C7 100 km au large de la pointe sud du Vietnam de HCMV de Vung Tao Durong Nguyen Hue (0254) 383 0115 condao.com.vn

Composé de 16 îles, l'archipel de Con Dao fait bande à part, mais ses jungles épaisses, sa faune et ses plages lui valent de figurer parmi les destinations les plus fascinantes du Vietnam. Atout supplémentaire, ce paradis tropical est encore assez méconnu des voyageurs étrangers.

L'ÎLE DE CON SON

Con Son, dont les contours évoquent la silhouette d'un ours, est la plus grande île et la seule habitée en permanence. Longue de 10 km et sillonnée de sentiers balisés, elle se prête bien à la randonnée. Vous y découvrirez des plages et des baies ravissantes bordées de récifs de corail.

Ce cadre idyllique cache pourtant les vestiges d'un sombre passé auquel il doit son surnom « d'île du Diable ». En effet, en 1862, les Français y aménagèrent le bagne de Phu Hai. Témoignage poignant et sinistre, cette prison désaffectée est ouverte au public. Bon nombre de révolutionnaires et de dissidents politiques, souvent enchaînés au sol, y ont subi des traitements d'une cruauté

← Coucher de soleil sur les flots turquoise autour de Con Dao, sortie en mer pour plonger *(médaillon)*

Thu Ba Restaurant
Un cran au-dessus des stands de bord de mer en termes de prix et de qualité, ce restaurant sert d'excellents fruits de mer. Goûtez à sa cassolette.

7 Vo Thi Sau, ville de Con Son (098) 480 1505

€€€

Villa Maison Con Dao Kitchen & Wine Bar
Sa carte haut de gamme affiche classiques du Vietnam et spécialités d'ailleurs. Homard local, poulet à la citronnelle ou filet mignon : vous ne risquez pas d'être déçu.

46 Nguyen Hue, ville de Con Son (064) 383 0969

€€€

TORTUES DE MER

Le parc national de Con Dao reçoit la visite de nombreuses tortues marines qui viennent pondre sur les plages de la plupart des îles, entre avril et septembre. Parmi elles se trouvent des espèces menacées, telles la tortue verte et la tortue imbriquée. Pour découvrir ces sites de nidification, adressez-vous à l'office de tourisme de Con Dao (ville de Con Son).

indicible. La reconstitution d'une des cellules permet d'en mesurer l'horreur. En 1954, les Sud-Vietnamiens se voient confier Phu Hai et y perpétuent les atrocités. Baptisées « cages à tigre », les cellules les plus in-humaines consistaient en une fosse minuscule fermée par une grille. C'est là qu'étaient entassés les rebelles du parti communiste.

Le musée de Bao Tang Con Dao retrace l'histoire de l'île et cet épisode peu glorieux à travers des photographies et des expositions.

Pour vous changer les idées, profitez des plages fabuleuses de l'archipel, dont celle de Dat Doc (sur Con Son). Vous pourrez aussi pique-niquer dans l'île de Tre Nho et visiter Hon Trung, à 1 h de bateau de Con Son, et où réside un oiseau rare : le fou brun.

PARC NATIONAL DE CON DAO

Réserve naturelle classée en 1993, le parc national de Con Dao couvre 400 km² et protège la majeure partie de l'archipel, offrant de mémorables rencontres avec la faune locale. Près d'un tiers de sa superficie est occupé par une réserve marine qui abrite de splendides récifs de corail ainsi que plus de 1 300 espèces aquatiques, parmi lesquelles des tortues de mer, des dauphins et des dugongs, mammifères de la famille des lamantins. Sur la terre ferme cohabitent plus de 130 espèces d'animaux et 880 de végétaux, dont des orchidées endémiques de l'archipel. Unique refuge du carpophage blanc, le parc fait le bonheur des amateurs d'ornithologie. Il compte également plusieurs plages vierges magiques. La plus facile d'accès à partir de l'entrée est Bai Ong Dung ; celles de Bang et de Dat Tham sont nettement plus isolées. Hébergeant plus de 200 sortes de poissons et autres espèces marines, Con Dao se prête à la plongée et au *snorkeling*. La meilleure saison pour s'y rendre s'étend de mars à juillet.

À VOIR ÉGALEMENT

3

My Tho

C7 72 km SO de HCMV par la rte 1 de HCMV à Mien Tay Tien Giang Tourist, 8, 30/4 tiengiangtourist.com

Sa proximité avec Hô Chi Minh-Ville fait de la capitale de la province de Tien Giang, sur le bras le plus au nord du Mékong, un excellent but d'excursion d'une journée. Des circuits organisés ou la location d'un bateau privé permettent de partir depuis ses quais à la découverte des voies d'eau du delta et de leurs îles.

La ville a été fondée par des immigrants chinois de Formose (aujourd'hui Taiwan) au 17e siècle. Les Français y avait aussi une garnison pour superviser la production de riz et de fruits. Flâner sur les boulevards ombragés et parmi les éventaires du marché qui s'étend au bord de l'eau donne l'impression de remonter le temps. Des bateaux en bois se serrent contre la rive ou circulent ; ils sont chargés de produits alimentaires mais aussi de quincaillerie ou d'articles destinés à la vie domestique, comme de grandes urnes en terre servant à la toilette. Les fortes effluves de poisson séché se mêlent aux arômes de fruits exotiques.

My Tho est aussi un centre religieux. Le plus important lieu bouddhiste de la région, la **pagode Vinh Trang**, date de 1848. Sa façade est ornée de morceaux de mosaïques provenant de céramiques cassées – une technique utilisée dans toute l'Asie du Sud-est. Des bassins à nénuphars et des tombes en pierre entourent ce magnifique complexe, et une image de Quan Am, la déesse bouddhique, occupe le cœur d'un banian.

Dédiée à la large population de chrétiens de la ville, la massive **église de My Tho** fait office d'évêché et d'école.

Le saviez-vous ?

Fondé en 1879 à My Tho, le lycée Nguyen Dinh Chieu est le plus ancien du Vietnam du sud.

Construit au 19e siècle, l'édifice actuel, de couleur jaune avec un toit de tuiles rouges, se dresse sur une place parsemée d'arbres.

Au nord-ouest de la ville, le hameau d'Ap Bac a joué un important rôle historique. En effet, c'est là que le Viêt-công remporta en 1963 sa première grande victoire contre l'armée sud-vietnamienne soutenue par les États-Unis.

Pagode Vinh Trang
60 Nguyen Trung Truc
(0273) 387 3427
t.l.j. 9h-11h30, 13h30-17h

Église de My Tho
32 Hung Vuong
(0273) 388 0075
t.l.j. 7h-18h

↓ Pagode Vinh Trang aussi élégante à l'extérieur qu'à l'intérieur, My Tho

4 Île du Phénix

C7 3 km de My Tho

Entre My Tho et Ben Tre se trouvent de nombreux îlots, dont l'île du Phénix (Con Phung), qui doit à son « Moine aux noix de coco » d'attirer une foule de visiteurs. Sur une place circulaire d'environ 25 m de diamètre, le moine a édifié un petit **sanctuaire** formé de plusieurs colonnes enserrées par des dragons. Non loin, une construction en treillage évoque des montagnes russes, à côté de minarets et d'une sculpture censée représenter une fusée Apollo ! Une urne funéraire repose sur l'effigie d'une tortue. Une petite entreprise de bonbons à la noix de coco est aussi installée sur l'île.

Desservies par des bacs, les autres îlots offrent un cadre verdoyant. Thoi Son, l'île de la Licorne, est parcourue d'arroyos ; Con Qui, la petite île de la Tortue, est réputée pour ses sucreries à la noix de coco et son alcool de banane ; enfin sur Con Tan Long, l'île du Dragon, vivent des pêcheurs ainsi que des apiculteurs et des fabricants de bateaux *(p. 103)*. Partout, des manguiers, des ananas et des longaniers poussent à profusion.

Sanctuaire
t.l.j. 8h30-11h, 13h30-18h

5 Ben Tre

C7 86 km SO de HCMV ; 14 km S de My Tho
de HCMV de My Tho
65 Dong Khoi
(0275) 382 9618

Située hors des sentiers les plus touristiques, Ben Tre, la capitale de la province du même nom, demeure, comme les autres villes du delta, peu visitée et la vie y suit un cours traditionnel.

↑ Bateaux en bois traditionnels parcourant le delta près de Ben Tre

Entourée de plantations de cocotiers, Ben Tre a pour spécialité les confiseries à la noix de coco. Le mode de fabrication reste tout à fait artisanal et le résultat est délicieux. La pulpe et le lait du fruit sont mis à bouillir jusqu'à leur réduction en une pâte collante qu'on laisse ensuite durcir. Il ne reste plus qu'à la couper en morceaux et à l'envelopper de papier de riz comestible.

Sur le marché central, le rendez-vous « fermier » dans tous les sens du terme, les marchands ne proposent guère de babioles à rapporter, mais plutôt de la quincaillerie, des coupons de tissu et des aliments. Les pittoresques étals des poissonniers se composent d'une grande variété de poissons frais ou séchés, à l'odeur reconnaissable.

En face du marché, la **pagode Vien Minh**, construite à la fin du 19e siècle, abrite le siège de l'association bouddhiste provinciale. Des tentures colorées égaient son intérieur austère.

Pagode Vien Minh
156 Nguyen Dinh Chieu
(0275) 381 3931 du lever au coucher du soleil

LE MOINE AUX NOIX DE COCO

Né en 1909, Nguyen Thanh Nam étudie la chimie en France. De retour dans son pays, il fait une retraite sur l'île du Phénix où, selon ses dires, il médite durant trois ans en se nourrissant uniquement de noix de coco. Il y fonde ensuite une secte baptisée Tinh Do Cu Si, dont le dogme associe bouddhisme et catholicisme et qui comptera jusqu'à 2000 membres. Persuadé de savoir comment réunifier le pays et restaurer la paix, le « Moine aux noix de coco » a défié les autorités sud-vietnamiennes aussi bien que communistes et est mort en prison en 1990. Les surprenants vestiges de son sanctuaire sont devenus une attraction touristique.

→ Moment de prière dans un temple de Tra Vinh pour ces moines khmers vêtus de rouge

6

Tra Vinh

C7 100 km O de Can Tho de Vinh Long et Can Tho Phan Chau Trinh (0294) 385 1819

Les édifices religieux de Tra Vinh révèlent l'importance des communautés khmère, chrétienne et chinoise de la ville. Des piliers surmontés d'un épi sculpté de quatre visages encadrent le portail de la pagode Ong Met, le plus intéressant des lieux de culte. Des stupas dorés hauts de 3 m y sont dédiés à des moines décédés. À l'intérieur, des mosaïques, des reliefs et des peintures composent un beau décor.

Consacré au général chinois déifié Quan Cong, le temple Ong a été fondé en 1556. Il possède côté cour une ornementation chatoyante. Sur un mur, des gravures représentent des dragons rouges qui s'ébattent entre une chaîne de montagnes bleues et une mer verte. Dans un bassin à poissons, des sculptures peintes représentent des carpes bondissantes. L'auteur de ces œuvres, Lê Van Chot, possède un atelier sur place. Néanmoins, c'est sans doute l'église de Tra Vinh qui reflète le mieux l'éclectisme religieux de la ville. L'extérieur paraît typiquement colonial, mais un examen plus minutieux révèle sur les avant-toits des « flammes de dragon » semblables à celles des temples de style khmer.

À 7 km au sud de la ville, la très sobre pagode Hang a été reconstruite après un raid aérien en 1968. Les centaines de cigognes qui y nichent constituent son principal attrait. Le **musée de la Minorité khmère** expose des ustensiles domestiques, des costumes, des bijoux et des objets liturgiques. Sur la route qui y mène, on découvrira l'étang Ba Om avec ses dunes ombragées par des manguiers. Non loin, la pagode Ang remonterait au 11e siècle. Des lions de pierre gardent l'entrée. À l'intérieur, des peintures retracent la vie de Bouddha. Enfin, la petite mosquée Hoi Giao, édifiée en 1921, appartient à la communauté chan.

À 5 km au nord de Tra Vinh, le petit temple du président Hô Chi Minh, a été bâti

Meo U Kitchen

Ce charmant restaurant marie les saveurs du Japon et du Vietnam. Au menu : riz et nouilles, mets végétariens et super jus de fruits.

C7 1/7 Hoang Thai Hieu, Vinh Long (0270) 222 0168

€€€

Mr Kiet's Historic House

Installé dans un édifice de 1838, à 11 km environ de Vinh Long, l'équipe du restaurant sert, dans une salle *vintage* ou dans le jardin, de succulentes recettes locales, dont du poisson aux oreilles d'éléphant en papillote de papier de riz.

C7 1924, village de Phu Hoa (0273) 382 4498

€€€

en 1971, deux ans après la mort « d'Oncle Hô ». Un petit musée retrace sa vie et expose des équipements militaires au milieu des bois.

Musée de la Minorité khmère
7 km SO de Tra Vinh, 3 SEB Luong Hoa
(0294) 384 2188
ven.-mer. 7h-11h, 13h-17h

LA FABRICATION DES BATEAUX DU DELTA DU MÉKONG

L'art de la construction navale est sans doute le plus ancien du delta. Sans lui, pas de transport, pas de commerce, voire pas de logis. Instructions, règles empiriques et outils spécialisés se transmettent depuis des siècles. Parfois une embarcation prisée, lorsqu'elle vieillit, est démontée et sert de modèle à sa réplique exacte. Tout bateau du delta peut ainsi avoir eu des prédécesseurs mis à l'eau il y a des centaines d'années.

7

Vinh Long

C7 136 km SO de HCMV ; 74 km SO de My Tho
Cuu Long Tourist, 1 Thang 5
(0270) 382 3656

Ce gros bourg au bord de la rivière Co Chien est une bonne base pour aller explorer les îles proches, mais il mérite aussi une visite. Sa grande église catholique de style colonial rappelle que la région a été l'une des premières à accueillir des missionnaires. En périphérie, le **temple Van Thanh Mieu** date de 1866. Dédié à Confucius, c'est le seul temple de la Littérature du Sud du Vietnam. L'une de ses salles a été élevée en l'honneur de Phan Thanh Gian, le chef d'une révolte infructueuse menée contre les Français en 1930.

Des croisières organisées permettent de découvrir la beauté de la région où l'eau se mêle intimement à une somptueuse végétation. On peut aussi prendre un bac pour rejoindre les îles enchanteresses d'An Binh et de Binh Hoa Phuoc, couvertes de vergers.

Au nord du débarcadère d'An Binh, la pagode Tien Chau cache derrière un extérieur anodin une décoration intérieure où des fresques macabres dépeignent les horreurs de l'enfer bouddhique – les âmes égarées s'y font, entre autres, piétiner par des chevaux ou dévorer par des serpents.

Vinh Long et ses îles sont idéales pour découvrir la vie du delta et le travail de ses artisans – fabricants de bateaux, confiseurs et apiculteurs. Loger chez l'habitant permet de partager la vie d'une famille et de vivre une expérience passionnante.

Le marché flottant de Cai Be se tient à 1 h en bateau de Vinh Long, de l'autre côté de l'île Binh Hoa Phuoc. Dès l'aube, les commerçants de gros et de détail se retrouvent. Les professionnels viennent s'approvisionner auprès de grandes embarcations, tandis que de petits sampans vendent aux particuliers. Tout en guidant leurs bateaux, les marchands chargent des fruits, du café et même des nouilles chaudes d'un navire à l'autre.

↓ Marchands s'acheminant vers le marché de Cai Be

Temple Van Thanh Mieu
3 km S de la ville, rte de Tran Phu (0270) 383 0174
t.l.j. 8h-coucher du soleil

POINT PHOTO
Le Marché flottant de Cai Be
Arrivez vers 6 h du matin au marché, quand l'animation bat son plein, et visitez-le en bateau. Une expérience authentique avec, en toile de fond, la jolie église catholique.

8

Cao Lanh

C7 162 km de HCMV
Dong Thap Tourist, 6 Do Cong Tuong

Si la ville n'a rien d'exceptionnel, il est agréable de s'y arrêter en allant à Chau Doc *(p. 106)*. Le **musée de Dong Thap** illustre les modes de vie et de travail des cultivateurs et des pêcheurs de la région. De style soviétique, le **Monument aux morts** est décoré de faucilles, de marteaux et de drapeaux. Le cimetière renferme les tombes de 3000 soldats viêts-công, morts pour l'indépendance de leur pays. À 1,5 km au sud-ouest du centre, le mausolée Nguyen Sinh Sac rend hommage au père de Hô Chi Minh, grand héros national.

Au nord de Cao Lanh, Dong Thap Muoi, la plaine de Roseaux, accueille beaucoup d'oiseaux. Le parc national de Tram Chim, à 45 km au nord-ouest de la ville, attire des nuées d'ornithologues amateurs prêts à affronter un long trajet en bateau pour apercevoir, de décembre à mai, les superbes têtes rouges des grues antigones. Elles se font toutefois de plus en plus rares. La réserve de Vuon Co Thap Muoi, située à 45 km au nord-est de Cao Lanh, abrite, entre autres, de magnifiques cigognes blanches.

Au sud-est de ville, la forêt de Rung Tram renfermait la base viêt-công de Xeo Quyt. Une autorisation de l'office de tourisme est nécessaire pour visiter le site, accessible en 30 min en bateau.

Musée de Dong Thap
162 Nguyen Thai Hoc
(0277) 385 1342
t.l.j. 7h-11h, 13h-16h

Monument aux morts
Sortie est de la ville, via la rte 30 t.l.j.

9

Soc Trang

C7 63 km SE de Can Tho
Soc Trang Tourist, Ton Duc Thang (0299) 382 2024

Riche en sites religieux, cette ville dynamique doit aussi sa réputation à ses 10 festivals annuels. Le principal est celui d'Oc Om Boc *(p. 43)*, carnaval khmer se déroulant vers la mi-novembre, célèbre pour sa course de pirogues.

Ancien territoire de l'empire d'Angkor, la province réunit 90 pagodes khmères, 47 chinoises et 30 vietnamiennes, dont bon nombre sont situées à Soc Trang.

Entourée de ravissants jardins, la pagode de Kh'leng est un lieu de culte khmer coiffé d'un toit pointu à pignon et festonné de gargouilles colorées.

LES MAISONS DU DELTA DU MÉKONG

Les centaines de milliers de Vietnamiens qui peuplent le delta du Mékong ne vivent pas uniquement sur les rives des « Neuf Dragons » et des nombreux canaux qui les relient, mais également au-dessus de l'eau. Il existe deux formes caractéristiques d'habitat traditionnel: des maisons sur pilotis, supportées par des bambous plantés dans le lit des cours d'eau, et des maisons flottantes posées sur des radeaux ou des bidons et que des ancres empêchent de dériver. Des passerelles, qui n'offrent souvent que la largeur d'un poteau où poser le pied, les relient à la berge.

↑ L'art et la manière de lancer son filet de pêche, Bac Lieu

Le saviez-vous ?

Dans la pagode d'Argile, certaines bougies géantes mettraient 70 ans à se consumer.

Des lustres en forme de lotus éclairent le sanctuaire et un bouddha doré étincelant orne l'autel.

À 200 m de là, Chua Dat Set, la pagode d'Argile, abrite des statues et statuettes fantastiques, sculptées dans ce matériau par Ngo Kiù Tong, alias le moine d'Argile, entre 1930 et 1970. Un éléphant monte la garde à l'entrée, tandis qu'un lion doré, un phénix géant et d'autres créatures vous attendent à l'intérieur.

Le **Musée khmer** fait aussi office de centre culturel, où se tiennent des spectacles de danse et de musique traditionnelles. Vous y verrez des costumes ethniques, de la vaisselle, des statues et même deux bateaux. L'édifice associe les styles architecturaux khmer et colonial français.

Dans la rue Le Hong Phong, à 4 km à l'ouest de la ville, Chua Doi doit son surnom de « pagode des Chauves-Souris » aux nuées de chiroptères qui peuplent les vergers alentour et s'envolent au crépuscule en poussant des cris stridents. À l'intérieur, des fresques murales narrent des épisodes de la vie de Bouddha. Les moines du lieu se montrent accueillants.

Située 14 km à l'ouest, la pagode trapue de Xa Lon a failli disparaître en 1968, lors des combats intenses de cette année-là. Aujourd'hui, ce bâtiment, dont l'extérieur est orné de céramiques, héberge aussi une école de sanscrit. La belle pagode de style khmer, Im Som Rong, à 1,5 km à l'est de Soc Trang, mérite aussi le détour.

Musée khmer

23 Nguyen Chi Thanh
(0299) 382 2983 lun.-ven. 7h30-11h, 13h30-17h

10

Bac Lieu

C7 280 km de HCMV ; 50 km SO de Soc Trang
2 Hoang Van Thu

Ce chef-lieu de province a conservé sa vocation principalement rurale et tire une grande part de ses revenus des élevages de crevettes et des marais salants situés sur le littoral. La ville est surtout une étape pour les visiteurs, mais possède aussi d'intéressantes pagodes, et quelques édifices coloniaux agrémentent une promenade au bord du canal.

Le plus imposant, le Cong Tu Bac Lieu, construit en 1916, servait jadis de résidence à un prince local. Il abrite désormais un hôtel.

À 5 km au sud de la ville, s'étend, dans une mangrove, petite réserve ornithologique. Plus de 50 sortes d'oiseaux y résident à l'année ou y séjournent lors de leur migration annuelle. Les ornithologues amateurs s'y pressent surtout pour les grandes colonies de hérons blancs. Il est possible de se faire accompagner par un guide (voir à l'entrée du site). Le meilleur moment pour visiter la réserve est de juillet à décembre, période où l'on peut observer la plus importante quantité d'oiseaux ; le reste de l'année, il y a peu à voir.

← Navigation en vedette entre les villes et les villages du delta du Mékong

11

Rach Gia

B7 116 km de Can Tho de HCMV Kien Giang Tourist, 11 Ly Tu Trong (0297) 386 2103

Ce port prospère compte plusieurs édifices religieux, comme la pagode Sac Tu Tam Bao Tu et ses nombreuses statues, ou la charmante Pho Minh, occupée par un ordre de nonnes mendiantes. Dans le sanctuaire voisinent deux bouddhas, l'un de style thaï, l'autre de style vietnamien. Vieille de deux siècles, la pagode Phat Lon, dédiée au bouddhisme Theravada, abrite des peintures murales. Les bouddhas représentées portent des tenues khmères. Quelques tombes d'anciens moines sont particulièrement vénérées. Le temple coloré de Nguyen Trung Truc rend hommage à un héros local qui se distingua dans la résistance contre les Français au milieu du 19e siècle. Il se rendit pour sauver sa femme prise en otage par les autorités coloniales et fut exécuté sur la place du marché de Rach Gia le 27 octobre 1868. Outre ses pagodes, la ville abrite le **musée de Kien Gang**, qui présente des objets et des poteries appartenant à la culture d'Oc-èo.

L'antique ville d'Oc-èo, dont les ruines se trouvent à 10 km de Rach Gia, fut au début de l'ère chrétienne un important comptoir commercial du royaume indianisé du Funan, qui s'étendit du Sud du Vietnam jusqu'en Malaisie.

↑ Statue de Nguyen Trung Truc devant la pagode de Sac Tu Tam Bao Tu

Les marchands auraient entretenu des contacts avec de nombreuses nations de la région du 1er au 5e siècle de notre ère. Les archéologues ont même mis au jour une pièce romaine. Excepté quelques fondations sous un abri, il y a peu à voir sur le site de fouilles.

Musée de Kien Giang
27-D Nguyen Van Troi
(0297) 386 3727
7h30-11h, 13h30-17h

12

Chau Doc

B7 245 km SO de HCMV ; 119 km NO de Can Tho de HCMV, Can Tho, et Ha Tien de Phnom Penh, Cambodge

L'eau est au cœur de la vie dans cette ville-frontière à l'atmosphère effervescente. Nombre de ses habitants logent en effet dans des maisons flottantes ou sur pilotis *(p. 104)*. Le marché se tient au bord du Hau Giang, ou Bassac, un affluent du Mékong.

Funanais, Cham, Khmers et Vietnamiens se sont disputé la cité pendant des siècles, c'est pourquoi elle réunit la plus grande diversité ethnique et religieuse de la région. C'est aussi là qu'est née, dans les années 1930, la secte Hoa Hao, qui prêche un bouddhisme sans clergé ni pagodes.

La petite communauté de Cham musulmans se retrouve pour prier à la mosquée verte Moubarak et à la grande mosquée de Chau Giang, toutes deux situées sur l'autre rive du Hau Giang. Elles n'ont pas d'adresse précise, mais les bateliers savent les rejoindre.

En centre-ville, une statue de Quan Am, la déesse de la miséricorde, domine depuis un belvédère la pagode Bo De Dao Trang. Derrière la divinité, la statue de Bouddha assis sous un arbre fait face à une autre petite pagode. Non loin, le temple de Chau Phu, dédié à un mandarin mort en 1829, date de 1926. Des tablettes mortuaires y côtoient des œuvres d'art colorées.

Le mont Sam, l'un des sites les plus sacrés et les plus anciens du Vietnam, se dresse à 6 km au sud-ouest de Chau Doc. Ses pentes sont constellées de sanctuaires, grottes, pagodes et tombes anciennes. À son pied, au nord, deux éléphants gardent l'entrée du temple Phat Thay Tay An, qui abrite plusieurs statues de couleurs vives. À côté, le temple Ba Chua Xu, dédiée à une héroïne du pays, abrite sa statue richement vêtue. En mai, celle-ci est baignée et revêtue d'une nouvelle parure. Du sommet du mont Sam, le panorama s'étend sur les rizières du Vietnam à l'est et les plaines du Cambodge à l'ouest.

13

Ha Tien

B7 306 km O de HCMV ; 92 km NO de Rach Gia
de HCMV et Chau Doc
de l'île Phu Quoc

Dominant le golfe de Thaïlande, cette ville de pêcheurs jouit de l'un des plus beaux cadres du delta du Mékong. Son front de mer très restauré et sa vaste banlieue moderne à l'ouest du centre en font l'une des régions dont le développement a été le plus rapide.

La cité n'est devenue vietnamienne qu'au 18e siècle, lorsque le seigneur cantonais Mac Cuu l'arracha aux Siamois en 1708. À l'ouest de Ha Tien, les tombes de la famille Mac s'étagent sur la colline Nui Lang. La pagode de Phu Dung se dresse sur le versant nord et recèle des sépultures et de beaux panneaux en haut-relief.

À 4 km à l'ouest de Ha Tien, à mi-chemin du sommet d'une formation karstique, le temple de Thach Dong est niché dans un réseau de grottes, dont la plus grande abrite une pagode. Une statue de la déesse bouddhique Quan Am se dresse près de l'entrée. Non loin, une stèle de la Haine commémore le massacre de 130 civils par les Khmers rouges en 1978. Le sanctuaire contient aussi une image de l'empereur de Jade taoïste.

À environ 30 km au sud-ouest se trouve la station balnéaire de Hon Chong. À l'extrémité sud de la plage, dans la pagode Hang, des stalactites sonnent comme des tuyaux d'orgue. Au large, l'île de Nghe abrite un sanctuaire troglodytique au pied d'une haute statue. Située à 1 h de bateau, c'est une destination idéale pour une excursion.

Le saviez-vous ?

Hac Cuu (1655-1736), un aventurier chinois, est le fondateur de Ha Tien.

↑ Vendeur de boissons rafraîchissantes sur le Mékong, Chau Doc

Mango Bay Resort
Toutes décorées de façon différente, ses 44 chambres et villas, où prévalent les matériaux naturels, proposent un séjour tout confort, en pleine nature. Des hamacs sur les terrasses couvertes invitent au farniente. Écologie oblige, il n'y a ni TV, ni climatisation.

B7 plage de Ong Lang mangobay phuquoc.com

€€€

Pepper Tree
L'un des fleurons gastronomiques locaux, Pepper Tree sert une cuisine raffinée aux saveurs du Vietnam et d'ailleurs, dans un cadre qui l'est tout autant. Parfait pour un dîner romantique sur la terrasse donnant sur la plage. Question vins, vous ne trouverez pas mieux dans l'île.

B7 La Veranda, Long Beach laverandaresorts.com

€€€

Crab House
Les amateurs de fruits de mer le classent en tête du peloton. Si le crabe règne en maître, la carte propose d'autres produits de la mer accompagnés de sauces délicieuses et servis généreusement. Un conseil : réservez !

B7 21 Tran Hung Dao, Duong Dong 0773 84506

€€€

↑ Le long ruban de sable de la plage Bai Truong

14

Île de Phu Quoc

B7 45 km O de Ha Tien de HCMV de Rach Gia et Ha Tien phuquoc islandguide.com

La plus grande île du Vietnam mesure 50 km de long sur 20 de large. Ses collines boisées culminent à 603 m d'altitude. Elle joua un rôle crucial dans l'histoire du Vietnam en servant de refuge au prince Nguyen Anh, le futur empereur Gia Long, pendant la révolte des Tay Son *(p. 47)*. C'est là qu'il obtint le soutien du Français Pigneau de Behaine, qui lui permit de reconquérir le pays.

Phu Quoc est encore préservée, et la ville principale, Duong Dong, concentre la majeure partie des infrastructures touristiques. Ce gros bourg renferme un marché et l'on peut y visiter des fabriques de nuoc-mâm.

Près de 70 % de l'île est occupé par le parc national de Phu Quoc. Créé en 2001 et couvert par la forêt tropicale, il est jalonné de chutes d'eau et de crêtes et compte quelques chemins de randonnée. On peut se baigner dans les bassins situés à l'extrémité sud.

À mi-chemin entre Duong Dong et le parc, on pourra visiter, à Khu Tuong, une plantation de poivriers.
La plus connue des superbes plages préservées de l'île est Bai Truong (« bai » signifie plage en vietnamien), sur la côte sud-ouest. Bordée par des hôtels, elle ménage de splendides couchers de soleil.

Le saviez-vous ?

Race endémique de l'île, le chien de Phu Quoc a les pattes palmées, ce qui en fait un excellent nageur.

Au nord, de petites structures d'hébergement se nichent dans les anses de Bai Ong Lang, plus sauvage. À courte distance au large, Hon Doi Moi permet aux plongeurs de découvrir, même avec un simple masque, un récif de corail. Il en existe un autre autour des îles d'An Thoi, qui prolongent la pointe sud de Phu Quoc, frangée à l'est par les splendides plages de sable blanc de Bai Sao et Bai Dam. À Duong Dong, où les motos-taxis sont nombreuses, vous pourrez louer deux-roues et matériel de plongée. Phu Quoc accueille aussi un incroyable élevage de perles de culture.

↑ *Snorkeling* dans l'archipel d'An Thoi, au sud de l'île de Phu Quoc

↓ L'île de Phu Quoc, avec ses collines boisées et ses eaux turquoise

Le très animé marché flottant de Cai Be, réjouissant pour la vue et les papilles

BALADE EN BATEAU
VINH LONG

Durée 5 à 6 h **Faire un stop** Le village de Binh Hoa Phuoc est parfait pour une pause déjeuner goûteuse **Location de bateaux** Réservation auprès de www.cuulongtourist.com

Carte de situation
Voir la carte p. 88

Le meilleur moyen de saisir l'atmosphère du delta du Mékong est d'effectuer une balade sur les canaux autour de Vinh Long. Les petites îles d'An Binh et de Binh Hoa Phuoc permettent d'observer de près la vie locale. Le long du fleuve se succèdent maisons à toit de chaume, nichées parmi des vergers et des jardins luxuriants, et marchés flottants pittoresques où l'animation bat son plein. Ici, on vit autant sur l'eau que sur terre.

Le hameau de Dong Phu avec ses cultivateurs, ses arboriculteurs et ses mariniers, a peu changé depuis des siècles.

Dans les vergers d'An Binh on cultive de nombreux fruits exotiques, dont le longane, la pomme rose et l'ugli, un agrume plus savoureux qu'appétissant.

Le marché flottant de Cai Be, très animé, est particulièrement agréable tôt le matin.

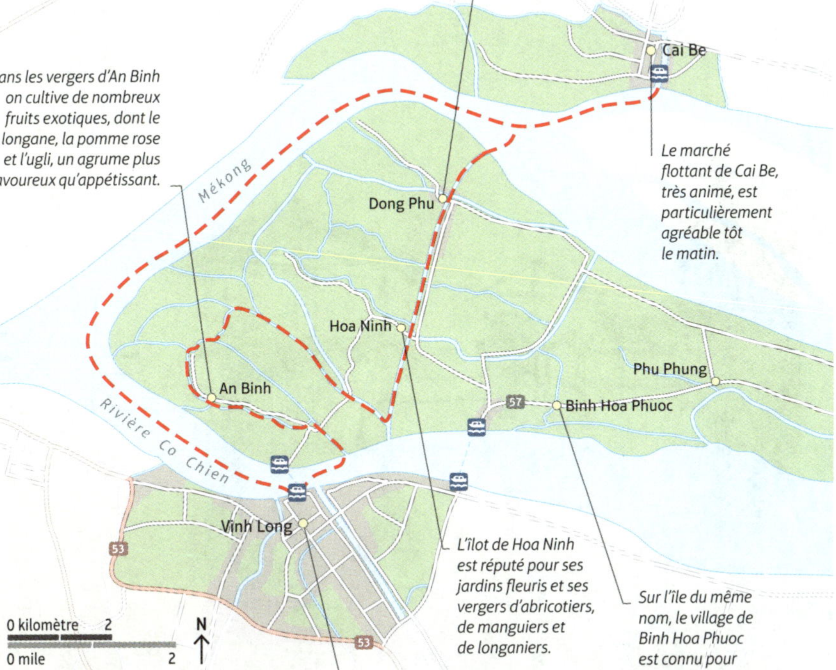

L'îlot de Hoa Ninh est réputé pour ses jardins fleuris et ses vergers d'abricotiers, de manguiers et de longaniers.

Sur l'île du même nom, le village de Binh Hoa Phuoc est connu pour ses pépinières de bonsaïs. Les visiteurs pourront également loger chez l'habitant.

Au bord de la rivière Co Chien, la ville de Vinh Long, presque cernée par l'eau, est une bonne base pour partir à la découverte d'un réseau complexe de canaux et de petites îles.

↑ Suggestion de circuit en bateau sur les canaux autour de Vinh Long

← Fruits de jacquier fraîchement cueillis dans les vergers de l'île d'An Binh

Abris de pêcheurs le long de la côte de Nha Trang

LA CÔTE ET LES HAUTS PLATEAUX DU SUD

Occupant la majeure partie de l'ancien royaume du Champa, cette région se partage entre une côte densément peuplée, jalonnée de plages, de villes et de villages de pêcheurs, et des hauts plateaux où seules vivent les minorités ethniques.

Grâce au développement constant du commerce maritime, le royaume du Champa se hisse dès le 4e siècle parmi les puissants. À son apogée, il s'étend du col Ngang, au nord, jusqu'au delta du Mékong et l'actuelle ville de Hô Chi Minh-Ville, au sud. Un lent déclin s'amorce vers l'an 1000, son influence se cantonnant quelque neuf siècles plus tard au minuscule territoire du Panduranga, entre Phan Rang et Phan Thiet, qui finit par passer sous le joug vietnamien en 1832. De cette splendeur passée, il reste quelques tours et temples sur les reliefs, ainsi qu'une communauté de Cham dans l'ex-principauté du Panduranga.

LA CÔTE ET LES HAUTS PLATEAUX DU SUD

Incontournables

1. Nha Trang
2. Dalat

À voir également

3. Chutes de Dambri et de Bo Bla
4. Buon Ma Thuot
5. Lac Lak
6. Mont Ta Cu
7. Phan Thiet
8. Plage de Mui Ne
9. Phan Rang-Thap Cham
10. Parc national Yok Don
11. Kontum
12. Quy Nhon
13. Sa Huynh
14. Quang Ngai

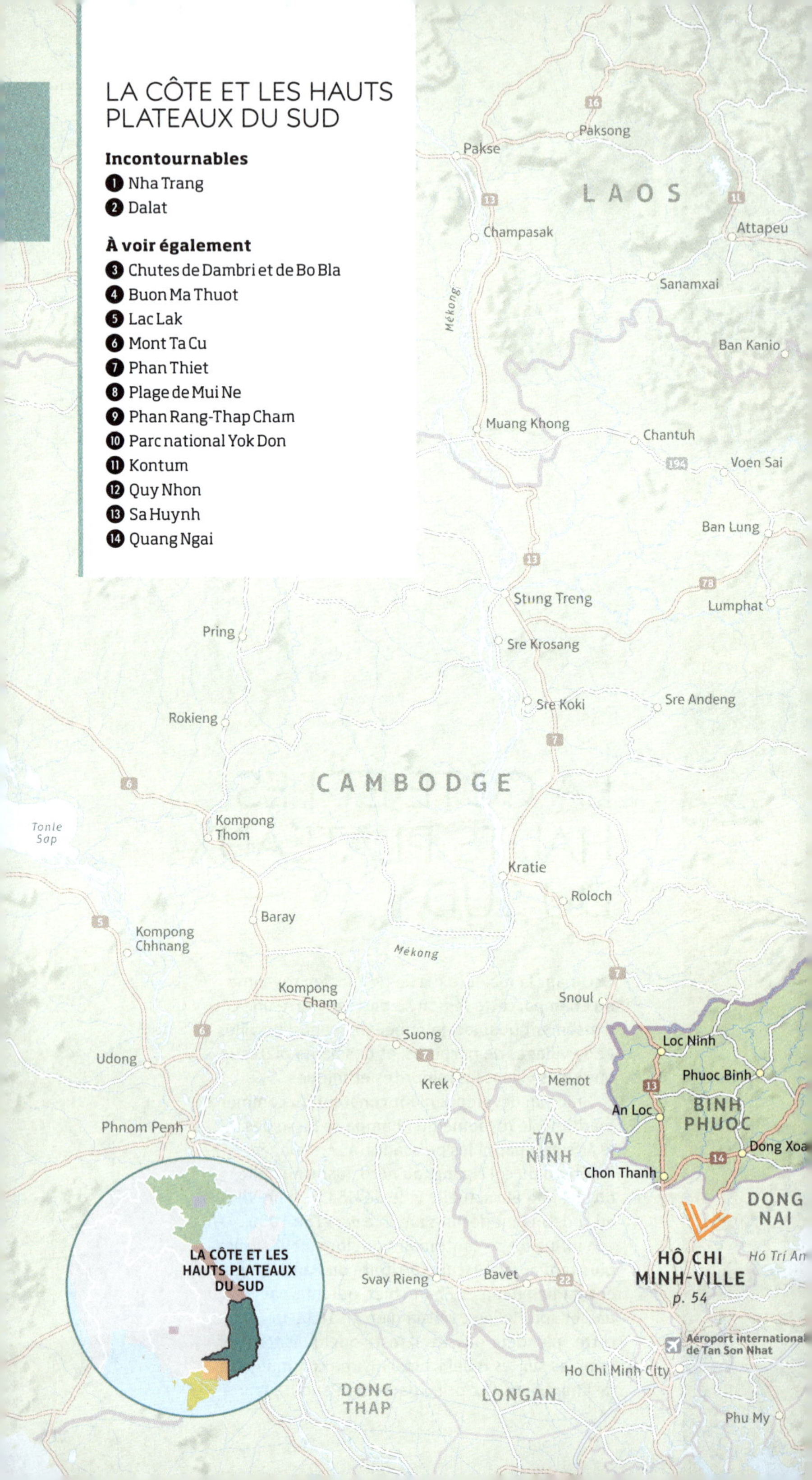

DE HOI AN À VINH
p. 128
Binh Son
622
Tra Xuan
Son My
Liem Rang
Lang Moi
14 QUANG NGAI
Dak Glei
Di Lang
1
14
Dak Chum
622
QUANG NGAI
Duc Pho
KONTUM
Phuoc Dien
Ngok Kring 2 066 m
Ba To
Plei Kan
Go Vanth
13 SA HUYNH
Dak To
24
629
Dak Ha
Xuan Phong
Tam Quan
Kon Plong
Bong Son
14
24
11 KONTUM
Tang Bat Ho
1
Sa Thay
Duong Lieu
Plei To Ven
BINH DINH
Da Du Boloc
Phu My
Phu Hoa
Aéroport de Pleiku
669
Xom Moi
Lang Dang
Ia Kha
19
An Khe
Aéroport de Phu Cat
Pleiku
Phu Phong
Binh Dinh
Temple Cham de Banh It
GIA LAI
Chu Ty
19
Dieu Tri
12 QUY NHON
Kong Chro
Chu Prong
Chu Se
Canh Vinh
1
Binh Thanh
Temple Cham Yang Prong
25
662
Phu Thien
Song Cau
A Yun Pa
La Hai
14C
Chi Thanh
14
Van Hoa
Ea Hleo
Phu Tuc
Tuy Hoa
PARC NATIONAL DE YOK DON 10
681
25
PHU YEN
DAK LAK
Krong Nang
Aéroport de Dong Tac
Cung Son
Hai Rieng
Buon Ho
1
681
Dai Lanh
Ea Kar
Ea Knop
BUON MA THUOT 4
M Drak
Van Gia
Aéroport de Buon Ma Thuot
26
Péninsule de Hon Gom
14
Cai
14C
LAC LAK 5
Krong Kmar
Ninh Hoa
Dak Mil
Péninsule de Hon Heo
Chu Yang Sin 2 423 m
Lien Son
Tan Thanh
Tu Xoay
Dak Mam
27
Khanh Vinh
1 NHA TRANG
Tuy Duc
DAKNONG
Dien Khanh
Hon Tre
Quang Son
Village de Lat
KHANH HOA
Aéroport international de Cam Ranh
Kien Duc
27
Gia Nghia
2 DALAT
Ta Dung 1 972 m
Nam Ban
NINH THUAN
Cam Ranh
1
Duc Phong
Thanh My
Aéroport de Lien Khuong
Lien Nghia
27
Temple de Po Klong Garai
LAMDONG
CHUTES DE DAMBRI 3
20
Dai Ninh
PHAN RANG-THAP CHAM 9
Plage de Ninh Chu
Dong Nai
3
Di Linh
Bao Loc
CHUTES DE BO BLA
Temple de Po Ro Me
Son Hai
28
La Nga
Dinh Quan
Cho Lau
Lien Huong
BINH THUAN
1
Phan Ri Cua
Mer de Chine méridionale
Duc Tai
Lac Tanh
Tuy Hoa
PHAN THIET 7
8 PLAGE DE MUI NE
Temple Cham Po Shanu
Gia Ray
1
6
MONT TA CU
La Gi
0 kilomètre 50
0 mile 50
N

La métropole de Nha Trang et sa promenade épousant la baie

1

NHA TRANG

D6 450 km N de Hô Chi Minh-Ville 34 km S de Cam Ranh Khanh Hoa Tourism, 61 Yersin nhatrang-travel.com

Important port de pêche et cité animée, Nha Trang est la première destination balnéaire du pays. Le marché central de Cho Dam est le cœur la ville. En dehors se trouvent les sources de Thap Ba et de Ba Ho.

①

Pagode Long Son

Thai Nguyen (0258) 381 6919 t.l.j. 8h-17h

Le lieu de culte bouddhique le plus fréquenté de la ville se dressait au sommet de la colline Tray Hui. Détruit par un typhon au début du 20e siècle, il a été restauré en 1940. Il est dédié à la mémoire des nombreux bonzes victimes des persécutions du pouvoir sous la présidence de Ngo Dihn Diem (1955-1963), ou qui se sont immolés pour les dénoncer. La pagode est toujours en activité.

Adossé à la colline, le bâtiment principal est de style sino-vietnamien, avec ses parements de mosaïques en céramique et ses dragons qui courent sur ses toits. L'intérieur abrite des fresques illustrant la vie de Bouddha. Au sommet, un bouddha en pierre blanche date des années 1960. Il faut gravir 150 marches pour accéder à la statue, d'où s'étend un magnifique panorama sur la ville et les environs. L'escalier passe devant un bouddha blanc couché, sculpté en 2003 par un artisan thaïlandais.

②

Cathédrale de Nha Trang

31 Thai Nguyen (0258) 382 3335

Édifié entre 1928 et 1934, le siège du diocèse de Nha Trang ne compte pas parmi les grandes réussites du style néogothique français. Des vitraux donnent sur des colonnades bordant chaque côté de l'église. Le clocher renferme trois cloches fondues en France en 1786.

③

Plage municipale

Deux promontoires abritent la plage de sable blanc, longue de près de 7 km, qui s'étend au sud de l'estuaire de la Cai. L'avenue Tran Phu la longe d'un bout à l'autre. Plantée de cocotiers, elle ménage une belle vue sur la baie et est l'occasion d'une

La cathédrale néo-gothique de Nha Trang, à deux pas de la gare

agréable promenade. Hôtels et restaurants sont nombreux à ouvrir côté terre. Entre la chaussée et la mer, cafés et petits kiosques de nourriture invitent à une pause. En haute saison, la plage est moins propre qu'aux autres périodes.

④

Musée Alexandre-Yersin

10D Tran Phu (0258) 382 2355 lun.-sam. 8h-11h, 14h-16h30

Né en Suisse, Alexandre Yersin (1863-1943) fait des études médicales à Paris et devient français en 1891. Il travaille à l'institut Pasteur, puis part explorer l'Annam en 1890. Il découvre ainsi le plateau sur lequel sera fondée la ville de Dalat en 1897. En 1894, il identifie à Hong Kong le bacille de la peste bubonique. Le pays lui doit l'introduction du quinquina, plante péruvienne dont est tirée la quinine, ainsi que la fondation de l'école de médecine de Hanoï. Le musée logé dans son ancien laboratoire, près de l'institut Pasteur, retrace sa vie. Il a été nommé, à titre posthume, citoyen d'honneur du Vietnam en 2014.

⑤

Tours cham de Po Nagar

2 Thang 4 (0258) 383 1569 t.l.j. 7h30-17h

Dédié au culte de la déesse Po Yang Inu, protectrice de la ville pour les bouddhistes viêts et chinois, et par les Cham hindous, le sanctuaire, édifié au 8e siècle par les rois de la principauté du Kauthara, compta jusqu'à huit tours. Quatre sont restées debout. Thap Chinh, la tour nord, date de 817. Elle renferme une sculpture de la déesse Uma aux dix bras, l'une des formes données à Shakti, la parèdre du dieu Shiva. Celui-ci danse à l'entrée, sur le dos de sa monture sacrée, le taureau Nandi. De taille plus réduite, la tour centrale et la tour sud abritent chacune un linga. Des statues en brique ornent l'extérieur de la petite tour sud-ouest. D'un *mandapa*, ou salle de méditation, ne subsistent que des colonnes.

Un petit musée expose des objets de la culture cham.

Lanterns

Décoré de lanternes en papier, ce restaurant vous régale de ses spécialités vietnamiennes, occidentales et végétariennes. Ses cassolettes de fruits de mer méritent une mention spéciale. Il se fournit dans les villages voisins et contribue à des projets caritatifs locaux.

30A Nguyen Thien Thuat lanternsvietnam.com

€€€

Sandals

Élégance, assiettes raffinées et vue superbe sur le soleil couchant sont au rendez-vous dans ce restaurant, installé au club de voile sur la plage. Le chef a l'art de marier les saveurs du Vietnam et de la Méditerranée.

72-74 Tran Phu sailingclubnhatrang.com

€€€

AUTOUR DE NHA TRANG

⑥

Hon Chong

4 km N de Nha Trang

Au nord de Nha Trang, un ensemble de rochers appelé la « Poussée de Hon Chong » forme un promontoire qui protège une anse en demi-lune. L'un des rochers porte cinq indentations, qui, selon une légende locale, seraient l'empreinte de la main d'un géant. Si la côte ménage un beau panorama, plusieurs villages de pêcheurs rendent la plage impropre à la baignade. C'est toutefois un bon endroit pour manger du poisson à un prix très convenable. Au sud s'étend la baie, et, à l'ouest, Nui Co Tien, la montagne de la Déesse, qui doit son nom à sa forme évoquant un corps de femme.

⑦

Sources chaudes de Thap Ba

10 km NO de Nha Trang
t.l.j. 7h-19h30
thapbahotspring.com.vn

Les thermes de Thap Ba proposent des bains d'une boue riche en chlorure de silicate de sodium, qui est censée agir sur l'arthrite et les rhumatismes. Elle aurait aussi la propriété de favoriser la relaxation. La technique la plus populaire consiste à se recouvrir entièrement de boue, puis à s'exposer au soleil jusqu'à ce que celle-ci soit sèche avant de se rincer avec une eau minérale chaude. Différents massages sont également proposés, et il est par ailleurs possible d'accéder aux piscines d'eau minérale après les soins.

⑧

Rivière Ba Ho

25 km N de Nha Trang

La Suoi Ba Ho coule sur le flanc du mont Hon Long (1 342 m) puis bifurque à l'est pour rejoindre la mer de Chine méridionale. Elle s'élargit pour former trois bassins communicants reliés par des cascades et alimentés par une eau revigorante. Mieux vaut se munir de vivres et de boissons, car il n'y a pas de boutiques sur place. Idéal pour pique-niquer au bord de l'eau, le site est très couru des locaux, qui s'y pressent le week-end.

⑨

Cau Da

3 km S du centre-ville de Nha Trang

Banlieue de Nha Trang protégée du vent par le mont Nui Chut, Cau Da est le principal point de départ des ferrys et bateaux de croisière, souvent bondés, à destination des îles. Les excursions, proposées par de nombreux prestataires, coûtent moins de 10 €, déjeuner et matériel de *snorkeling* compris. Il faut payer un supplément pour visiter certaines îles.

Près du port, l'**Institut océanographique** présente, dans une demeure coloniale, une riche collection de spécimens marins.

Institut océanographique
1 Cau Da (0258) 359 0036 t.l.j. 6h-18h

350

C'est le nombre d'espèces de coraux recensées à ce jour autour de Nha Trang.

☆☆☆

LES PLAGES AUTOUR DE NHA TRANG

1 Dai Lanh
À la pointe nord d'une longue péninsule sablonneuse s'étend cette plage splendide et quasi déserte, entourée de montagnes. L'eau limpide et calme permet de se baigner en toute sécurité.

Hon Ong
Dans la baie protégée de Van Phong, l'île de la Baleine, isolée et réputée pour la clarté de ses eaux, offre un cadre enchanteur à la plongée sous-marine.

Doc Let
Encore assez peu touristique, Doc Let possède une superbe plage de sable blanc. Jungle Beach, à courte distance à moto, a les faveurs des routards.

Hon Lao
À 2 km de la côte, Hon Lao, ou l'île aux Singes, héberge une nombreuse colonie de macaques, et se distingue par sa plage ravissante léchée par des eaux calmes.

2 Hon Tre
Une colline haute de 180 m domine l'île aux Bambous, la plus grande de l'archipel, qui fait face à Nha Trang. Sur la côte nord, le luxueux Sofitel Vinpearl Resort borde la plage Bai Tru.

Hon Mieu
Des bateaux relient régulièrement Cau Da au village de pêcheurs de Tri Nguyen de Hon Mieu, l'île de l'archipel la plus proche du continent. L'aquarium local ressemble plus à une ferme d'aquaculture. Son café domine les bassins et sert du poisson. Non loin se trouve la plage de galets de Bai Soi.

3 Hon Mun
Des bouées protègent de la pêche des récifs coralliens suffisamment peu profonds pour être admirés par des plongeurs équipés d'un simple tuba.

4 Hon Tam
Baptisée « île du Ver à soie » en raison de sa forme et de sa végétation, Hon Tam abrite un complexe hôtelier soucieux d'écologie dans ses forêts tropicales bordées de plages fabuleuses et d'eaux limpides.

5 Hon Mot
Ses eaux peu profondes et ses récifs coralliens valent à la plus petite île de la baie de séduire les amateurs de *snorkeling*.

1

2

3

4

5

↑ Le lac Xuan Huong, un joyau au cœur de Dalat

2

DALAT

D6 308 km N de Hô Chi Minh-Ville
Dalat Trip, 27 Truong Cong Dinh
(0263) 351 6888 dalattrip.com

Au début du 20e siècle, Dalat devait à la fraîcheur de son climat d'attirer les colons français fuyant la chaleur estivale des plaines. Aujourd'hui, elle accueille des dizaines de milliers de vacanciers et de jeunes mariés vietnamiens, séduits par la pureté de l'air et la beauté des paysages, mais aussi l'abondance de produits frais, de vins et de créations artisanales, sans oublier ses chutes d'eau impressionnantes.

①

Lac Xuan Huong

Un barrage construit en 1919 a créé le plan d'eau artificiel en forme de croissant qui donne à la ville son atmosphère de station thermale. Jadis appelé « Grand Lac » par les Français, il a été rebaptisé en l'honneur de Ho Xuan Huong, la poétesse du 18e siècle réputée pour ses évocations de l'amour et du désir, et dont le nom signifie « essence du printemps ». On peut louer des embarcations à pédales en forme de cygne ou des kayaks, plus classiques. Une agréable promenade à pied ou à vélo longe sa rive de 7 km et passe, au nord, par le jardin des Fleurs.

②

Cathédrale de Dalat

Tran Phu et Le Dai Hanh
(0263) 382 1421
t.l.j.

Consacrée à saint Nicolas, la cathédrale de l'évêché répondait à l'essor d'une congrégation où de nombreux Vietnamiens convertis venaient rejoindre les colons. La construction débuta en 1931 mais l'église ne fut achevée qu'en 1942, après l'invasion japonaise qui annonça le déclin du pouvoir français en Indochine. Les vitraux, créés dans les années 1930, proviennent d'une verrerie grenobloise. La flèche mesure 47 m hauteur.

③

Hang Nga

3 Huynh Thuc Khang
t.l.j. 8h30-19h
crazyhouse.vn

Vous aimerez ou détesterez la « Maison folle », comme l'appellent les habitants. Sur une armature de grillage et de bois, du béton a été projeté pour former une maison-arbre géante. Avec des toiles d'araignée énormes, des passages et des pièces biscornus, des tabourets-crapauds. Pour certains, c'est une monstruosité, pour d'autres, les enfants surtout, c'est un petit Disneyland®. Un modique droit d'entrée permet de jeter un coup d'œil à l'intérieur des chambres inoccupées. La propriétaire et architecte, Dang Viet Nga, est la fille de Truong Chinh, un idéologue influent du parti communiste jusqu'en 1987.

Louer une embarcation à pédales en forme de cygne ou un kayak est l'une des activités prisée sur le lac Xuan Huong.

④

Palais d'été de Bao Dai

⌂ 1 Trieu Viet Vuong
☎ (0263) 382 6858
◷ t.l.j. 7h-17h

Le dernier empereur de la dynastie des Nguyen, Bao Dai, pantin du pouvoir français, vécut à Dalat de 1938 à 1945, où il se consacra en grande partie à la chasse et aux conquêtes féminines.

Construite de 1933 à 1938, sa résidence de 25 pièces, de style Art déco, a conservé son mobilier d'époque. Un buste de Bao Dai orne son bureau, et la salle de réunion abrite une carte du Vietnam gravée dans du verre.

⑤

Gare de Dalat

⌂ 1 Quang Trung, de Nguyen Trai
☎ (0263) 383 4409

Bâti en 1932 sur le modèle de la gare de Deauville, cet édifice colonial singulier n'a rien perdu de son charme Art déco. Bombardée pendant la guerre du Vietnam, la ligne jusqu'à Phan Rang n'a pas survécu, mais une micheline russe relie via un circuit pittoresque de 8 km le village de Trai Mat, 4 à 5 fois par jour, s'il y a assez de passagers.

⑥

Musée de Lam Dong

⌂ 4 Hung Vuong ☎ (0263) 381 2624 ◷ lun.-sam. 7h30-11h30, 13h30-16h30

Le musée évoque le riche passé de Dalat et de ses environs. Certaines pièces remontent à la préhistoire. Des poteries des royaumes du Funan et du Champa, des instruments de musique, des costumes et des photographies y sont aussi présentés. Le bâtiment est situé en face d'une élégante villa de style français (1935), où résida l'impératrice Nam Phuong.

⑦

Pagode Thien Vuong

⌂ 4 km du centre de Dalat sur Khe Sanh

Bâti en 1958 par la communauté chinoise, cette pagode, toujours en activité, est composé de trois bâtiments en bois entourés de pins. Le sanctuaire principal renferme trois sculptures en bois de santal doré : la déesse Quan Am, le bodhisattva Dai The Chi Bo Tat et, au centre, Thich Ca, le Bouddha historique.

Le saviez-vous ?

Dans le dialecte des Montagnards locaux, *Da Lat* signifie « Rivière des Lat », du nom de la minorité ethnique.

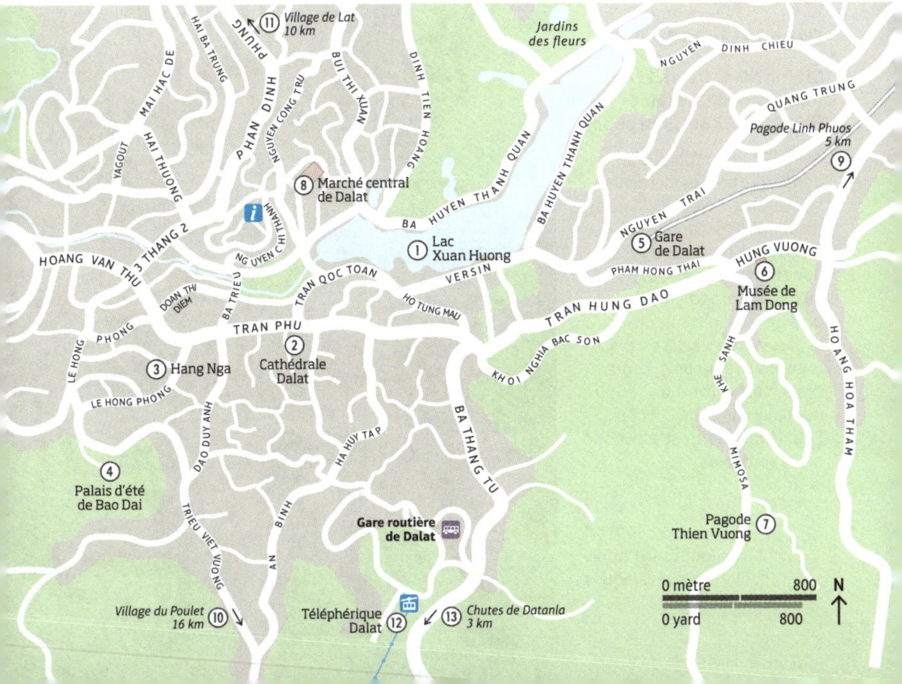

↑ Le téléphérique de Dalat enjambe la forêt de montagne

⑧ Marché central de Dalat

centre-ville t.l.j.

Entouré de cafés, le marché central de Dalat est l'un des plus grands du pays. Sur les marches, des vendeurs ambulants proposent maïs grillé, brochettes, patates douces, lait de soja chaud et gaufres fourrées au porc et au fromage.

⑨ Pagode Linh Phuoc

5 km NE de Dalat, 120 Tu Phuoc, arr. de Trai Mat 091 772 12 80 au public

Cet édifice bouddhique se démarque par ses éléments surréalistes, évoquant la patte de Gaudi. Il est tapissé de mosaïques de couleurs vives. Son clocher vertigineux, incrusté de fragments de bols de riz, renferme, dit-on, la plus lourde cloche du pays. Dans les jardins, un énorme dragon est couvert de 12 000 bouteilles de bière… vides. Pour le moment, cette pagode ne se visite plus.

→ La pagode Linh Phuoc, couverte de mosaïques

⑩ Village du Poulet

16 km S de Dalat, à côté de la RN 20

Curiosité touristique due au colossal gallinacé en béton qui le domine, le village appelé localement Lang Ga est habité par des membres de l'ethnie Co Ho. Ils tirent un maigre revenu de la culture des fruits et du café et de la vente des tissus qu'ils fabriquent. Les autocars des visites organisées empruntant la route entre Dalat et la côte s'y arrêtent pour permettre à leurs passagers de regarder les femmes tisser.

⑪ Village de Lat

10 km N de Dalat

Neuf hameaux forment le village de Lat, peuplé surtout de Lat, une minorité ethnique appartenant au groupe des Co Ho, mais il abrite aussi des Man et des Chill. Chrétiens pour la plupart, les habitants ont conservé leurs maisons traditionnelles sur pilotis. Ils se sont habitués à voir des voyageurs intéressés par leurs tissages et leurs broderies. Malgré la qualité de leurs créations et la chaleur de l'accueil, on peut marchander.

SECRET D'INITIÉ
Se dépenser

Avec son climat frais et ses paysages variés, la région de Dalat se prête à diverses activités organisées par des spécialistes locaux : randonnée, varappe, descente en rappel, cyclisme et canyoning.

⑫ Téléphérique de Dalat et Thien Vien Truc Lam

3 km S de Dalat, près de 3 Thang 4 et de la rte 20 t.l.j. 7h30-11h30, 13h30-17h

Le téléphérique de Dalat surplombe sur 2,4 km des villages pittoresques, des champs et des forêts de montagne jusqu'à Thien Vien, Truc Lam et le Centre de méditation de la forêt de bambous. Ce monastère zen construit en 1993 compte 180 moines et religieuses. Le temple domine le lac du Paradis et ses aires de pique-nique aménagées.

⑬

Chutes de Datanla

3 km S de Dalat, rte 20 t.l.j.

Dans les collines boisées du sud-ouest de Dalat, cette double cascade qui s'enfonce dans un étroit ravin attire les visiteurs vietnamiens, surtout le week-end. Vous pouvez soit marcher jusqu'aux chutes, soit monter sur une montagne russe, qui séduit les amateurs de sensations fortes. Les alentours sont couverts d'une belle forêt tropicale. Depuis la route 20, comptez 15 min à pied pour atteindre le site. Le manque d'eau rend le déplacement sans intérêt en saison sèche.

À VOIR ÉGALEMENT

❸

Chutes de Dambri et de Bo Bla

D6 Dambri : 85 km SO de Dalat, près de la rte 20 ; Bo Bla : 80 km SO de Dalat sur la rte 28 t.l.j. 7h-17h

Dambri, la plus spectaculaire des cascades de la région, tombe en un immense rideau d'une falaise haute de 90 m. Pour rejoindre le sommet, la côte est abrupte, mais il y a un ascenseur. En amont, on peut naviguer sur un petit lac. Cette excursion peut se combiner avec un arrêt aux chutes de Bo Bla.

❹

Buon Ma Thuot

D6 194 km NE de Nha Trang 3 Phan Chu Trinkh daklaktourist.com.vn

Séjournez de préférence à Buon Ma Thuot, chef-lieu de la province, pour explorer ses richesses naturelles et les communautés de Montagnards du Dak Lak. Les minorités ethniques locales, Ede et Mnong, vivent encore dans leurs villages ancestraux disséminés un peu partout. L'excellent **musée d'Ethnologie de Dak Lak** s'intéresse à leurs cultures, coutumes et traditions artisanales, ainsi qu'à celles d'autres ethnies de la région.

Buon Ma Thuot, capitale nationale du café, permet au pays de se classer au 2e rang des exportateurs de café, derrière le Brésil. Si vous visitez les plantations, n'y allez pas à dos d'éléphant, car ceux-ci sont maltraités. La ville est aussi connue pour avoir été le théâtre de la dernière grande bataille de la guerre du Vietnam, le 10 mars 1975.

Tur, village situé 14 km au sud-ouest de là, est le bastion des Ede. Un endroit parfait pour découvrir leurs maisons communautaires en bois. Leur société étant régie par le matriarcat, les biens appartiennent aux femmes.

Musée d'Ethnologie de Dak Lak

12 Le Duan (0262) 385 0426 t.l.j. 8h-16h

❺

Lac Lak

D6 32 km S de Buon Ma Thuot sur la rte 27 Dak Lak Tourist, 3 Phan Chu Trinh daklak tourist.com.vn

Au centre du plateau basaltique du Dak Lak, ce vaste lac était la retraite favorite de l'empereur Bao Dai, qui se fit bâtir un pavillon de chasse à flanc de coteau. Bien qu'elles aient souffert de la déforestation, les collines offrent toujours des vues imprenables sur le lac. La région est une excellente étape sur la route entre Dalat et Buon Ma Thuot. Les gens qui vivent autour du lac Lak sont issus principalement de la minorité Mnong, originaire des hauts plateaux du Centre.

↑ Canoës sur les eaux calmes du lac Lak

↑ Pêcheurs débarquant le fruit de leur labeur, Phan Thiet

Xin Chao
Ce ravissant hôtel familial vous reçoit non loin de la plage dans 10 chambres disposées autour d'une cour arborée avec piscine. Vous apprécierez sa cuisine, son service, et son excellent rapport qualité/prix.

D6 129 Nguyen Dinh Chieu, Phan Thiet

€€€

Sandunes
Un peu en retrait du centre du village de Mui Ne, les chambres et bungalows de cet hôtel allient confort et élégance, à quelques pas d'une petite plage tranquille. Spa, bon restaurant, piscine abritée du soleil : rien de mieux pour recharger les batteries.

D6 5 Quarter, Mui Ne Ward sandunes beach.com

€€€

6

Mont Ta Cu

D7 30 km S des pagodes et du parc Phan Thiet (0252) 386 7484

Cette montagne sacrée haute de 650 m s'élève dans une zone plate et aride, et ménage par temps clair une vue spectaculaire sur le littoral. Les pagodes Linh Son Truong Tho et Linh Son Long Doan, fondées au milieu du 19e siècle, accueillent de nombreux bouddhistes qui s'y rendent en pèlerinage.

Toutefois, autre chose motive les visiteurs : un bouddha couché long de 49 m. Sculpté en 1962, il serait le plus grand du pays. Il faut compter 2 h à pied pour l'atteindre depuis le bas de la colline ou prendre le téléphérique. La gare de départ se trouve près de la route 1.

7

Phan Thiet

D6 200 km E de Hô Chi Minh-Ville Binh Thuan Tourism (0252 381 0801)

Cette agréable ville balnéaire s'étend sur les rives de la Ca Thy, et la pêche y reste une activité importante. Renommé dans tout le pays, son nuoc-mâm a la réputation d'être aussi bon que celui de Phu Quoc. Pour les visiteurs qui séjournent sur la plage voisine de Mui Ne, Phan Thiet est de faire un peu de shopping.

La ville appartenait jadis au Panduranga, la dernière principauté cham ayant gardé un semblant d'autonomie jusqu'à son absorption par l'empereur Minh Mang en 1832. Les Cham forment toujours une part importante de la population, et, pour eux, la cité porte toujours le nom de Malithit.

À 7 km du centre-ville, sur une colline surplombant la ville et la mer, se trouve Thap Poshanu, le plus grand ensemble de bâtiments religieux cham de l'ancien royaume du Champa, dont subsistent les ruines de trois tours sanctuaires, ou *kalan*, et d'un templion. Ces vestiges comptent parmi les plus anciens du royaume du Champa, car leur construction remonte au 8e siècle.

8

Plage de Mui Ne

D6 E de Phan Thiet (090) 111 1666

À l'est de Phan Thiet, une bande de sable blanc ombragée par des cocotiers s'étend sur près de 20 km,

jusqu'au petit village de pêcheurs de Mui Ne. Deux excellentes routes longent la côte.

La réputation de ce petit paradis tropical (connu aussi sous le nom de « Han Tien ») s'est forgée à la fin des années 1990, quand il est devenu une retraite appréciée des routards. Cette période est révolue et la plage, l'une des plus belles au sud de Nha Trang, connaît aujourd'hui un développement constant. Elle est déosrmais bordée en quasi-totalité de complexes touristiques, de bars et de restaurants. L'endroit est devenu une enclave pour le tourisme russe. Un certain nombre d'établissements sont d'ailleurs tenus par des Russes et les noms de rues sont indiqués à la fois en vietnamien, en russe et en anglais ! Un parcours de golf s'étend au-dessus de la plage, à Sealinks; d'autres greens sont en projet.

Baignade, bain de soleil et, entre novembre et mars, *kitesurf*, agrémentent le séjour. Dépourvus de récif de corail, les fonds, ne se prêtent pas à la plongée. Le Suoi Tien, ou « fontaine de la Fée », coule à peu près à mi-chemin entre Phan Thiet et le village de Mui Ne. Marcher dans le lit peu profond de ce cours d'eau est l'occasion d'une jolie promenade et de d'éloigner des complexes touristiques.

→ Statue de Shiva gardant l'entrée du plus grand temple de Po Klong Garai

En continuant à l'est, la route finit par s'écarter du littoral. À cet endroit, un sentier conduit au nord jusqu'à des dunes où des enfants louent des luges de fortune.

Au village de Mui Ne, les cuves de macération du nuoc-mâm emplissent les jardins. Les pêcheurs débarquent leurs prises le matin. Les acheteurs les attendent avec leurs camionnettes sur la plage. Les marchandages ne manquent pas de pittoresque. La flotte alimente aussi la région en excellents poissons et fruits de mer.

9

Phan Rang-Thap Cham

D6 105 km S de Nha Trang

Sur une aride bande côtière réputée pour la production de raisin de table et de tissus cham, cette ville jumelle est un carrefour routier entre les provinces du littoral, Dalat et les hauts plateaux du Centre.

Le nom de Thap Cham (« tours cham ») fait référence à trois sanctuaires fondés à l'époque du royaume du Champa et de la principauté du Panduranga. Au sommet d'une colline, trois tours en brique de **Po Klong Garai** ont résisté au temps. Le temple principal, ou *kalan*, construit par le roi Jaya Simhavarman III au 13e siècle, arbore au-dessus de l'entrée une sculpture de Shiva dont la danse symbolise les cycles de l'univers. Le visage du dieu, représenté sous les traits d'un roi cham, apparaît sur un *mukhalinga* toujours objet de vénération. Le vestibule abrite une statue de sa monture, le taureau Nandi. Les paysans lui font des offrandes pour obtenir de bonnes récoltes. Au nouvel an cham, musiciens et danseurs traditionnels se produisent à l'intérieur de l'enceinte.

Le deuxième site, plus difficile d'accès, **Po Ro Me** recèle l'une des plus grandes tours cham. Elle porte le nom du roi qui en commanda l'édification au 17e siècle, alors que le Panduranga était en déclin. Le souverain est représenté sous forme déifiée dans le *kalan*. Un troisième complexe, Hoa Lai, est situé à quelques kilomètres au nord de Phan Rang.

À 6 km à l'est de Phan Rang s'étend la belle plage de Nin Chu, jadis réservée à l'usage personnel du président Nguyen Van Thieu (1967-1975).

Po Klong Garai
Rte 27, 6 km O de Thap Cham du lever au coucher du soleil

Po Ro Me
9 km S de Thap Cham du lever au coucher du soleil

← Plage de Mui Ne, un large ruban de sable blanc frangé de palmiers

10

Parc national de Yok Don

D5 40 km NO de Buon Ma Thuot minibus de Buon Ma Thuot yokdon nationalpark.vn

Le plus grand parc national vietnamien s'étend à la frontière cambodgienne sur une superficie de 1200 km². Le Dak Krong, ou rivière Sérépok, le traverse. Parmi les 89 espèces de mammifères qu'il protège, 38 sont menacées d'extinction. Il est donc rare d'apercevoir des tigres ou des léopards, ou des éléphants sauvages – leur nombre est passé de 20 spécimens (2015) à 3 ou 4 actuellement – font des apparitions remarquées. La randonnée d'une demi-journée pour visiter un village mnong est l'un des temps forts de l'excursion. À l'entrée du parc, des boutiques proposent de l'artisanat et des pots scellés d'alcool de riz local *(ruou can)*. Une *guest-house* rustique permet de loger sur place.

Au-delà de la frontière nord du parc et difficile d'accès sans véhicule et guide du gouvernement, se dresse Thap Yang Prong, le plus isolé des monuments cham, qui témoigne des avant-postes et colonies établis à l'ouest par l'ancien royaume du Champa aux 13e et 14e siècles.

11

Kontum

D5 200 km NE de Quy Nhon 2 Phan Dinh Phung komtum tourism.com

Cette ville paisible reçoit peu de visiteurs. Malgré les dégâts causés par des raids aériens intensifs pendant la guerre du Vietnam, Kontum a conservé deux magnifiques églises coloniales françaises en bois et des devantures de style français. Mais on vient surtout ici pour profiter des alentours et se rendre dans les villages des minorités ethniques, remarquables pour leurs *nha rong* (maisons communautaires).

Dans la partie est de la ville, le **musée du Séminaire** présente de l'artisanat et des costumes de tribus montagnardes. Parmi les peuples de la région se trouvent les Jarai, les Sedang, les Rongao et les Bahnar.

Le saviez-vous ?

La moitié des habitants de Kontum est issue des minorités ethniques Xo Dang, Ba Ne, Gie Trieng, Brau et Ro Mam.

Leurs *nha rong* sont en bois et en bambou et couvertes d'un immense toit de chaume, typique du Bahnar.

Situés respectivement à 5 km à l'est et à 4 km à l'ouest de Kontum, le village bahnar de Kon Kotu et le village rongao de Kon Hongo abritent la minorité Rongao.

Musée du Séminaire
56 Tran Hung Dao
lun.-ven. 7h30-11h, 14h-17h

12

Quy Nhon

D5 220 km N de Nha Trang
187 Phan Boi Chau

Important port de pêche, Quy Nhon reçoit peu de voyageurs. La pagode Long Khan, temple bouddhique le plus fréquenté, date du début du 18e siècle et est consacrée à Thich Ca, le Bouddha historique. La ville compte aussi d'anciens temples cham. Les plages qui s'étendent à 5 km au sud, dont Qai Hoa Beach, sont plus agréables que celle Quy Nhon. Les nombreux dojos de la ville sont une bonne occasion pour découvrir les arts martiaux.

À 1,5 km à l'ouest du centre, les Thap Doi Cham (tours cham jumelles) sont coiffées de toitures pyramidales de style khmer remontant à la fin du 12e siècle.

← Exemple typique de *nha rong*, maison communautaire des Jarai

↑ Plage de Quy Nhon et bateaux de pêche ancrés dans la baie

Les quatre tours cham de Banh It, ou tours d'Argent, superbement conservées, se dressent sur une colline près de la route 1, à 20 km au nord de Quy Nhon. En poursuivant dans cette direction, on atteint les derniers vestiges – pans de muraille et tour de Canh – de Cha Ban, l'ancienne capitale de la principauté cham de Vijaya. Fondée vers l'an 1000, elle ne résista pas aux troupes du Dai Viet, et sa destruction en 1470 marqua la fin de l'existence du Champa en tant que royaume.

13

Sa Huynh

D5 60 km S de Quang Ngai

Cet agréable petit port de pêche permet de déguster d'excellents produits de la mer. Il dispose d'une belle plage peu fréquentée bordée de cocotiers, où l'on peut pratiquer le surf. Toutefois, la ville doit sa renommée à la culture dite « de Sa Huynh » (1000 av. J.-C.-200 apr. J.-C.), à l'origine du royaume du Champa. En 1909, 200 urnes funéraires contenant des objets en bronze ont été exhumées, puis d'autres vestiges furent découverts dans la région. Pour les voir, il faut se rendre au musée national d'Histoire vietnamienne de Hanoi *(p. 178)* ou au petit musée de la Culture de Sa Huynh, qui se trouve à Hoi An *(p. 134)*.

14

Quang Ngai

D4 177 km N de Quy Nhon 310 Quang Trung quangngaitourist.com.vn

Cette capitale provinciale assoupie est un joyau caché entouré de sites archéologiques situés non loin. À 8 km au nord-ouest de Quang Ngai, la citadelle de Chau Sa (9e siècle) atteste du contrôle des Chams sur la région. Près des montagnes de l'Ouest, des murailles s'étirent sur 127 km. Elles ont été édifiées en 1819 par les Vietnamiens pour leur sécurité et pour réguler les échanges entre les minorités H're et les Viets.

Les motos-taxis sont le meilleur moyen de se rendre à 15 km à l'est de la ville sur le site de Son My, connu sous le nom de « massacre de My Lai ». Dans le hameau martyr de Tu Cung, un parc-mémorial abrite un musée qui retrace le drame avec des photographies qui ont choqué le monde entier et contribué à retourner l'opinion américaine, jusque-là favorable à la poursuite de la guerre.

MASSACRE DE MY LAI

Le 16 mars 1968, trois compagnies de l'armée américaine attaquent quatre hameaux du sous-district de Son My, soupçonnés de collusion avec le Viêt-công. En 4 h, l'unité d'infanterie dirigée par le lieutenant William Calley massacre 500 civils désarmés, en majorité des femmes et des enfants, et commet le pire des crimes de cette guerre. Certains soldats désertent pour ne pas participer aux atrocités. Une cour martiale a condamné Calley à la prison à perpétuité, mais il ne passera que 3 ans en détention et sera libéré sur l'ordre du président Nixon. Personne d'autre ne sera emprisonné.

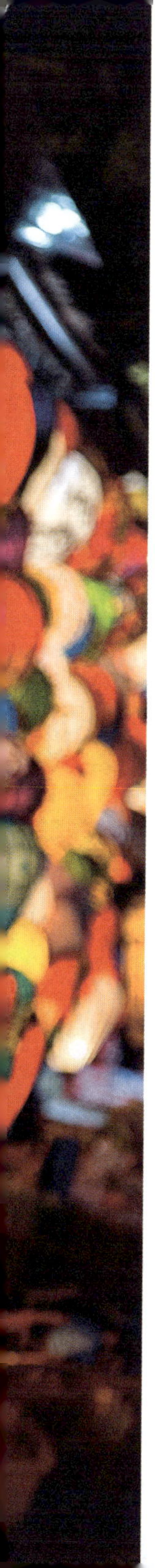

Lanternes multicolores dans une boutique de Hoi An

DE HOI AN À VINH

C'est dans cette région que le royaume du Champa voit le jour au 2e siècle et s'épanouit durant plus d'un millénaire. Construit entre les 4e et 12e siècles, l'ensemble religieux de My Son est le site cham le plus connu. Après la victoire des Vietnamiens sur les Cham, au 15e siècle, les marchands chinois, japonais et français commencent à s'établir à Hoi An. La ville conserve d'ailleurs des édifices datant du 16e siècle. En 1802, la dernière dynastie royale du Vietnam, les Nguyen, installe sa Cour à Hué, qui devient la capitale intellectuelle et spirituelle du royaume, comme en attestent la citadelle et les tombeaux royaux. La Zone démilitarisée sera instaurée non loin de Hué, au nord, lors de la scission du Vietnam entre le Nord et le Sud. Théâtre d'affrontements parmi les plus sanglants de la guerre du Vietnam, elle se veut le sinistre témoignage des horreurs perpétrées à cette époque. Des champs de bataille, comme Khe Sanh et Vinh Moc, sont devenus des lieux de pèlerinage et de recueillement tant pour les Vietnamiens que pour les Américains.

LE VIETNAM DU NORD
p. 190
Aéroport international de Vinh
Vinh
21 KIM LIEN
Golfe du Tonkin
Ban Phonsi
Pho Chau
Hong Linh
Tay Son
Duc Tho
Nghen
HA TINH
Cay
Ha Tinh
Cam Xuyen
Lak Sao
Huong Khe
Ky Anh
Thanh Hoa
Minh Duc
Khe Ve
Dong Le
Hoa Binh
Gianh
Pheo
Ba Don
QUANG BINH
PARC NATIONAL DE PHONG NHA-KE BANG 19
Bo Trach
Ban Xiangdao
Grotte de Phong Nha
Aéroport de Dong
Grotte de Thien Duong
Ban Naden
GROTTE DE SON DOONG 20
Dong Som
18 DONG HOI
Thakhek
Ba Chieng Phu
Xuan Duc
Long Dai
Bua La Pha
Kien Giang
Xai Bua Thong
Nong Bok
Sai Phu Xanghe
QUANG TRI
BASE DE KHE SANH 15
Atsaphangthong
Sepon
Ban Lampoy
Ban Dong
Lao Biao
Savannakhet
Muang Phin
Champhon
Xonbuli
Se Thamuak
LAOS
Mekong River
Ban Nonsavang
Xebanghiang
Tahoy
Se Bang Nuan
THAÏLANDE
Ban Nonsavang
Salavan
Khong Sedon
Sanasombun
DE HOI AN À VINH
0 kilomètre 40
0 mile 40
N

DE HOI AN À VINH

Incontournables

1. Hoi An
2. My Son
3. Citadelle de Hué
4. Hué
5. Tombeaux royaux de Hué

À voir également

6. Da Nang
7. Montagnes de Marble
8. Montagne des Singes
9. Station de Ba Na
10. China Beach
11. Parc national de Bach Ma
12. Suoi Voi
13. Plage de Lang Co
14. Plage de Thuan An
15. Base de Khe Sanh
16. Zone démilitarisée
17. Tunnels de Vinh Moc
18. Dong Hoi
19. Parc national de Phong Nha-Ke Bang
20. Grotte de Son Doong
21. Kim Lien

LA CÔTE ET LES HAUTS PLATEAUX DU SUD
p. 112

1

HOI AN

D4 793 km S de Hanoi de Da Nang 567 Hai Ba Trung (billets pour les sites du vieux quartier à acheter à l'office de tourisme) hoian-tourism.com

Sur la rive nord de la rivière Thu Bon, l'ancienne et pittoresque cité cham de Fai Fo est du 16e au 18e siècle un grand port international. Attirant des marchands venus de Chine, du Japon et d'Europe, sa richesse architecturale ne connaît pas de rivale au Vietnam. Inscrit au Patrimoine mondial de l'humanité par l'Unesco, le vieil Hoi An arbore toutes ces influences et compte de nombreux restaurants et boutiques.

①

Maison Phung Hung

4 Nguyen Thi Minh Khai
(0235) 386 2235
t.l.j. 8h-18h

Construite en 1780 et habitée par la même famille durant huit générations, cette demeure, classée monument historique obéit à un plan de style vietnamien, mais possède une toiture à quatre pans japonaise et une véranda intérieure chinoise.

②

Pont couvert japonais

croisement de Tran Phu et Nguyen Thi Minh Khai
du lever au coucher du soleil

Cet emblème de Hoi An date de 1593. La communauté prospère des marchands japonais fait édifier cet ouvrage de couleur rouille afin de relier l'ouest de la ville, où elle s'est implantée, au quartier chinois situé à l'est. Cependant en 1663, le shogun Tokugawa Iemitsu promulgue un édit interdisant aux Japonais de commercer avec l'étranger ; la communauté disparaît alors brutalement. En 1719, un temple vietnamien est bâti dans la partie nord du pont. Même s'il a été rebaptisé Lai Vien Kieu (« pont pour les passants venus de loin »), la population locale continue de l'appeler le Pont japonais. Couvert de tuiles grises, il allie grâce et de robustesse. Cette voie piétonne permet de franchir aisément le modeste affluent de la rivière Thu Bon, qui sépare les galeries d'art de la rue Tran Phu de celles du quartier ouest de la ville.

Le saviez-vous ?

Le sanctuaire du Pont japonais abrite l'effigie de Bac De, dieu taoïste du temps.

↑ Maisons typiques du vieux quartier de Hoi An, au bord de la rivière Thu Bon

③

Maison commune des Chinois de Canton

176 Tran Phu
t.l.j. 8h-17h

Quang Dong est le nom vietnamien de la province chinoise du Guangdong, ayant Canton pour capitale. Bas-reliefs et tentures ornent le bâtiment bâti en 1786 par des marchands cantonais. L'autel principal est dédié au guerrier déifié Quan Cong, reconnaissable à son visage rouge, couleur de la loyauté pour les Chinois. L'autel à gauche sert au culte de Thien Hau, la déesse de la mer. Remarquez dans l'entrée le superbe dragon en mosaïque et celui du jardin encore plus beau. Ils symbolisent la puissance et la prospérité.

☆☆☆

La Residencia

Associant architecture portugaise du 19e siècle et décoration traditionnelle de Hoi An, cet hôtel vous replonge dans le passé. Ses équipements laissent un peu à désirer, mais il a beaucoup de charme.

35 Dao Duy Tu
laresidenciahotel.com

€€€

Anantara Hoi An Resort

Installé au bord de l'eau, ce 5-étoiles au look colonial vous offre une retraite paisible non loin du centre-ville. Le style de ses suites spacieuses évoque à la fois l'Europe et l'Asie. Les terrasses donnent sur le jardin ou la rivière.

1 Pham Hong Thai
anantara.com

€€€

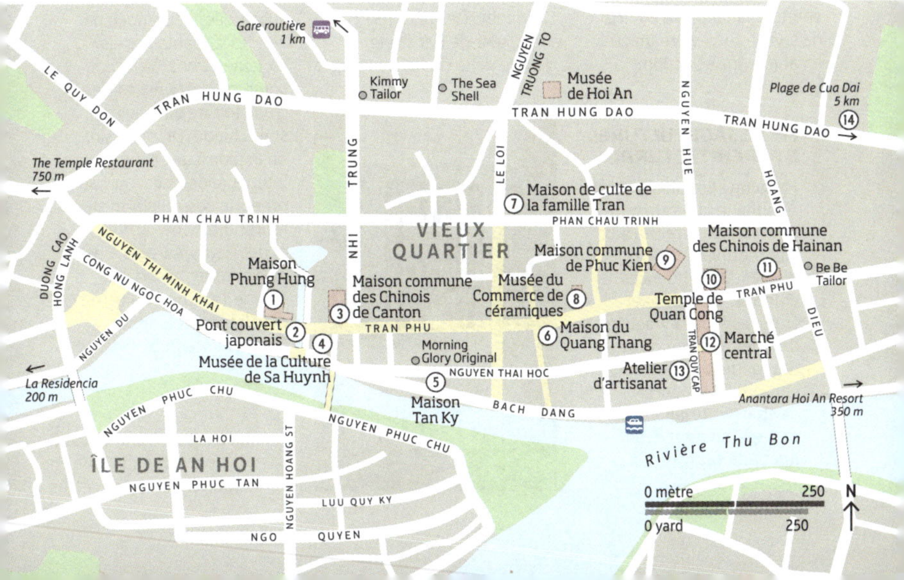

Batelière attendant le prochain client devant la façade jaune citron de la maison Tan Ky ↑

④

Musée de la Culture de Sa Huynh

149 Tran Phu (0235) 386 1535 t.l.j. 8h-17h

La culture qui se développa entre 1000 av. J.-C. et 200 apr. J.-C. dans la région de l'actuel petit port de Sa Huynh *(p. 127)*, à 160 km au sud de Hoi An, travaillait le fer. Elle a laissé des urnes funéraires qui contenaient, outre les cendres des défunts, des objets tels que bijoux, céramiques, outils et ustensiles de cuisine. Ils témoignent d'échanges commerciaux d'une grande ampleur. Un élégant édifice de style franco-vietnamien en abrite une sélection.

⑤

Maison Tan Ky

101 Nguyen Thai Hoc (0235) 386 1474 t.l.j. 8h-12h, 13h30-17h30

La première des habitations de Hoi An ayant bénéficié du statut de monument historique offre un superbe exemple de maison-boutique sino-vietnamienne du 18e siècle. Elle présente aussi des influences japonaises avec son toit soutenu par des structures à triple poutre. La charpente repose sur des colonnes que des socles en pierre protègent de l'humidité. Des briques importées de Bat Trang, dans le delta du fleuve Rouge, forment le dallage. Des colonnes aux splendides incrustations de nacre ornent la salle de réception.

⑥

Maison du Quan Thang

77 Tran Phu t.l.j. 7h30-17h

Cette maison-boutique atteste du soin apporté à la construction des demeures traditionnelles hoianaises. Édifiée au début du 18e siècle par un riche capitaine marchand originaire du Fujian, elle est occupée par ses descendants depuis six générations. Sa façade sombre en teck est coiffée d'une toiture en tuiles de style chinois. Du magasin, on accède à une cour intérieure dont les murs sont ornés de bas-reliefs en stuc représentant des arbres et des fleurs. Au-delà, une étroite terrasse sert à la cuisine. Fenêtres, balustres et volets en bois sont finement sculptés.

MÉTISSAGE CULTUREL ET ARCHITECTURAL

Mosaïque de cultures, Hoi An affiche une synthèse de styles architecturaux sans équivalent dans le pays. Les influences chinoise, japonaise et française sont évidentes dans les maisons-tubes, dotées de toits de tuiles chinois, de supports de charpente japonais, et de persiennes et de lampadaires français.

→ La chapelle bâtie en 1802 par la famille Tran en l'honneur de ses ancêtres

En 1909, plus de 200 urnes funéraires contenant bijoux, outils, céramiques et ustensiles ont été mises au jour à Sa Huynh.

7

Maison de culte de la famille Tran

21D Le Loi (0235) 386 1723 t.l.j. 7h30-17h

Entourée d'un jardin tropical, cette chapelle a été bâtie en 1802 par un mandarin de l'empereur Gia Long, Tran Thu Nac, pour le culte de ses ancêtres. Les actuels propriétaires appartiennent à la 13e génération de la famille, depuis le départ de Chine au 18e siècle. Au fil du temps, les membres de la famille se sont mariés avec des Vietnamiens, et le bâtiment associe des éléments hybrides. Il possède trois portes. La porte centrale, destinée aux ancêtres, n'est ouverte qu'à l'occasion des réunions familiales et des célébrations du Têt. Sur l'autel principal, des tablettes commémoratives voisinent avec des reliquaires.

8

Musée du Commerce des céramiques

80 Tran Phu (0235) 386 2944 t.l.j. 7h30-17h

Installé dans une maison-boutique traditionnelle avec balcons et panneaux de bois, ce musée illustre le passé commercial de Hoi An et la place de la céramique du 16e au 18e siècle. Plusieurs pièces proviennent d'épaves de navires naufragés, notamment près des îles Cham, au large de l'embouchure de la Thu Bon.

Morning Glory Original

Dirigé comme plusieurs autres restaurants de Hoi An par le célèbre chef local Trinh Diem Vy, le Morning Glory est installé dans un bel édifice jaune de style colonial du centre-ville. Les *caolau* (nouilles au porc et aux légumes) figurent dans son répertoire culinaire inspiré de la cuisine de rue de la région.

111 Nguyen Thai Hoc
(0235) 224 1555

€€€

The Sea Shell

À l'ombre d'un vieux banian, spécialités occidentales et asiatiques variées sont servies dans le jardin. La carte met à l'honneur le *banh bao* (petit pain au porc cuit à la vapeur) mais propose aussi *cheesecakes* ou salades contemporaines.

119 Tran Cao Van
(091) 429 8337

€€€

The Temple Restaurant

Cet excellent restaurant gastronomique permet de savourer, au bord de la piscine, une cuisine française et italienne raffinée et revisitée à la mode asiatique. Il doit également sa renommée à son buffet du petit déjeuner.

La Siesta Resort & Spa, 132 Hung Vuong
lasiestaresorts.com

€€€

↑ Marchandes de fleurs devant le marché central, qui regorge de produits alimentaires, soieries et créations artisanales

9 Maison commune de Phuc Kien

46 Tran Phu (0253) 386 1252 t.l.j. 7h30-17h

Un joli jardin précède cette flamboyante maison commune financée par des marchands ayant fui la province chinoise du Fujian après la chute de la dynastie Ming en 1644. Elle abrite un temple dédié à Thien Hau, déesse de la mer et protectrice des navigateurs, dont l'image surplombe l'autel principal. Ses deux assistants possèdent respectivement une vue perçante et une ouïe très fine, afin de pouvoir la prévenir quand un naufrage se produit. À droite de l'autel, une maquette représente une jonque chinoise du 17e siècle. Au fond, une pièce renferme un autel consacré aux Pères fondateurs, représentés assis.

10 Temple de Quan Cong

24 Tran Phu
t.l.j. 7h-18h

Dans ce lieu de culte fondé en 1653, une impressionnante statue dorée représente le général chinois du 3e siècle Quan Cong, divinité du panthéon taoïste pour sa droiture et sa justice. Il est entouré de gardes du corps. Des baldaquins protègent ses deux montures, un cheval blanc et un cheval rouge.

11 Maison commune des Chinois du Hainan

10 Tran Phu
t.l.j. 8h-17h

Cet édifice a été bâti en 1875 par des immigrants de l'île chinoise de Hainan. Il est dédié à la mémoire de 108 compatriotes accusés à tort de piraterie et exécutés sous le règne des Nguyen en 1851. Dans l'entrée, un relief raconte leur histoire en caractères chinois.

12 Marché central

entre Tran Phu et Bach Dang du lever au coucher du soleil

Ce marché très animé occupe deux ruelles qui courent au sud de Tran Phu jusqu'au bord de la rivière Thu Bon, où circulent petites et grosses embarcations. Les éventaires

> **Dans l'atelier d'artisanat de Hoi An, les visiteurs peuvent regarder les femmes travailler, mais aussi essayer de confectionner une lanterne.**

Hoi An est connue pour ses tailleurs qui, à partir d'une photo, savent confectionner un modèle presque identique. Cela vaut la peine de payer un peu plus cher pour un bon tailleur. Comptez plusieurs jours pour les essayages.

Be Be Tailor

L'un des meilleurs de la ville. Pour trouver l'inspiration avant de pousser la porte de l'un de ses trois ateliers, consultez son site Internet.

11 Hoang Dieu
bebetailor.com

Kimmy Tailor

Le plus vieil atelier de confection de Hoi An appartient à un couple mixte (canadien-vietnamien) qui connaît la mode et les goûts occidentaux.

70 Tran Hung
kimmytailor.com

→

Invitation au *farniente* sur la plage de sable blanc de Cua Dai

proposent une riche gamme de produits frais et d'objets divers ; à l'est du quai les étals de poisson et de viande. Le principal intérêt pour les visiteurs réside dans les soieries vendues par les boutiques de tissus et de vêtements. Des tailleurs réalisent de belles tenues sur mesure quelques jours.

---

(13)

Atelier d'Artisanat

9 Nguyen Thai Hoc
(0235) 391 0216
t.l.j. 7h-18h

Cet atelier est spécialisé dans la fabrication de lanternes en soie tendue sur une armature en bambou, typiques de Hoi An. On peut non seulement regarder les femmes travailler, mais également essayer de d'en confectionner une sous une direction avisée.

L'établissement accueille également des récitals de musique traditionnelle *(t.l.j. à 10 h 15 et 15 h 15)*, interprétée notamment au *dan bau*. La cour intérieure offre un cadre original où prendre un rafraîchissement.

---

(14)

Plage de Cua Dai

5 km E de Hoi An

Aisément accessible à vélo par la rue Cua Dai qui prolonge Tran Hung Dao, une belle plage de sable blanc fait face à l'archipel des îles Cham. On peut se rafraîchir dans de petits restaurants. Elle est bordée par certains des meilleurs hôtels de la ville, notamment le Victoria Hoi An Beach Resort and Spa, le Hoi An Beach Resort et l'Anicca Villa.

2

MY SON

D4 · 40 km SO de Hoi An · de Hoi An et Da Nang · (0510) 373 1757 · t.l.j. 6h30-17h

Capitale politique et religieuse du royaume du Champa entre le 4e et le 13e siècle, My Son abrite les vestiges d'une série de temples spectaculaires, blottis dans un écrin de montagnes.

La culture des Cham plonge ses racines spirituelles dans l'hindouisme du sous-continent indien. Bon nombre de ses temples étaient dédiés à des divinités hindoues, tels Shiva, Krishna et Vishnou. My Son a été révélée au monde à la fin des années 1890, lorsque des archéologues français ont mis au jour quelque 70 temples, dont seulement une vingtaine sont bien préservés. Aujourd'hui, My Son est inscrit au Patrimoine mondial par l'Unesco.

La beauté du site aurait pu inspirer un peu plus les experts lorsqu'ils les ont baptisés. Mais non, répartis en 11 groupes, les temples sont désignés par des lettres, les plus importants étant les ensembles B, C et D. Les Américains ont rasé le groupe A lors de la guerre du Vietnam. Les édifices les plus spectaculaires, les tours cham, sont composés de trois parties : la base représente la terre, le centre le monde spirituel et le sommet le royaume entre le ciel et la terre.

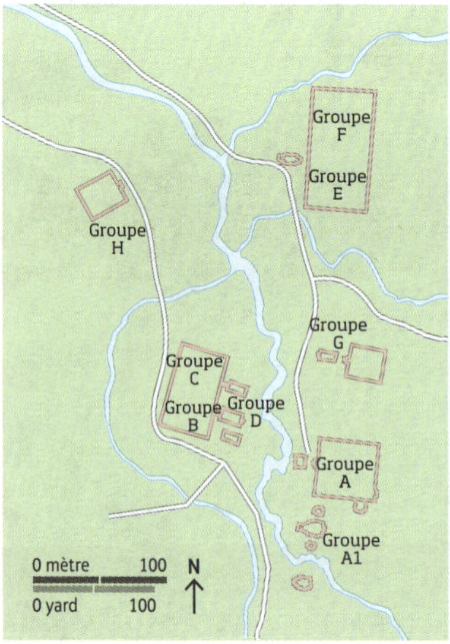

Le saviez-vous ?

Le sommet de certaines tours de My Son était jadis recouvert d'une couche d'or..

←

Le sanctuaire de My Son, fabuleux exemple d'art et d'architecture hindous

↑ Vénérables ruines restaurées du groupe G

À LA DÉCOUVERTE DE MY SON

Malgré des siècles de pillage et les dégâts causés par les raids aériens, ces ruines constituent le plus important témoignage artistique laissé par le royaume indianisé du Champa. Aujourd'hui, les archéologues s'efforcent, avec l'aide de l'Unesco, de reconstituer ce que les bombes ont réduit en débris. Les Français avaient effectué des relevés architecturaux détaillés, mais ces témoins du passé, qui avaient traversé les siècles, ont pour une grande part disparu à jamais.

Groupes A etA1

Les groupes A et A1 étaient semble-t-il les plus beaux du site avant d'être presque totalement détruits en 1969. Il n'en subsiste guère que des décombres dans l'attente d'une éventuelle restauration.

NOTRE CONSEIL
Visite de My Son
Arrivez tôt avec crème solaire, chapeau et bouteille d'eau. Restez sur les sentiers balisés, car il y a encore des mines dans la région.

Un splendide *kalan* (A1), le monument le plus important, se distinguait des temples cham habituels ouvrant seulement à l'est. Lui disposait aussi d'une porte à l'ouest, direction associée à la mort. Elle servait peut-être de lien avec les rois, enterrés dans les groupes B, C et D. Notez les motifs décoratifs sinueux sur les vestiges de A9.

Groupes B, C, et D

Au centre du site, le groupe B se démarque par le mélange

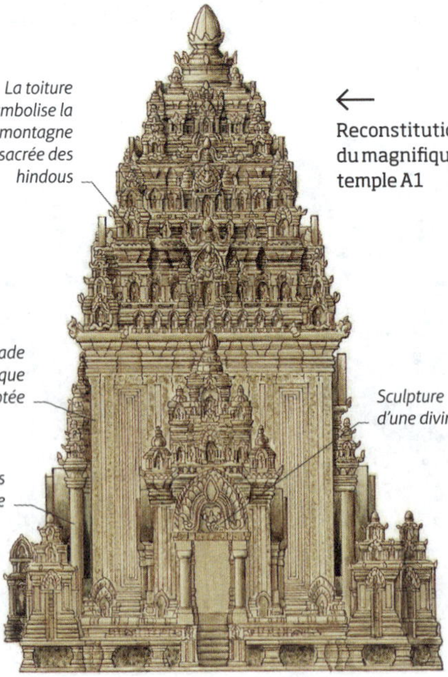

← Reconstitution du magnifique temple A1

d'art javanais et indien. Le temple principal, bâti au 11e siècle, est dédié à Shiva et au roi Bhadravarman, à qui l'on doit le premier temple de My Son (4e siècle). Le linga de B1 est très bien conservé. Symbole phallique de Shiva, il se trouve à l'intérieur et au-dessus du *yoni*, qui représente la vulve. Les fidèles versaient de l'eau sur le linga, et elle s'écoulait par un orifice en saillie du *yoni*, afin de symboliser la création. Les ruines de B4, inspirées du style de Dong Duong, une autre cité cham, sont ornées de reliefs religieux sur des pilastres de pierre et de fausses portes ouvragées. Celles de B5 se distinguent par leurs colonnes du 8e siècle finement sculptées. La tour (10e siècle) abritait les trésors du temple. Elle a gardé des vestiges de sa beauté initiale, dont un toit en forme de bateau, des pilastres sculptés et de délicats bas-reliefs illustrant Gajalakshmi, la déesse de la prospérité.

Attenant au groupe B, l'ensemble C n'en est séparé que par un mur de briques. Le tympan et le linteau de sa tour centrale (C1) compte plusieurs éléments de structures plus anciennes. Les personnages célestes (8e siècle) qui les décorent trahissent une influence javanaise. Les ceintures basses et larges seraient d'origine indienne. Quant au style, il aurait été importé au royaume du Champa via l'Indonésie. Édifiée à la fin du 8e siècle, la tour trapue C7 renferme un autel en pierre. Elle crée le lien architectural entre les styles des cités cham de Hoa Lai et de Dong Duong. À l'est des groupes B et C, les mandapas, ou salles de méditation, du complexe D ont été converties en galeries de sculptures. D1 expose un linga de Shiva et des statues de ce dieu et de son taureau, Nandi ; D2, un Garuda (oiseau mythologique) en pierre, un Shiva exécutant une danse et des apsaras.

↑ Charme nostalgique des vestiges d'un temple de Shiva, groupe B

Groupes E, F, G, et H

Les monuments de la partie nord du site sont les plus endommagés, mais leurs ruines recèlent quelques beaux exemples de sculptures. Construit entre le 8e et le 11e siècle, le groupe E ne suit pas le modèle courant des lieux de culte cham. Le principal *kalan* ne possède pas de vestibule et un seul temple fait face à l'est. À côté, dans le groupe F, un linga finement travaillé subsiste. Le groupe G, du 11e siècle, a été restauré. À la base de la tour, un relief représente Kala, le dieu du temps. Il ne reste quasiment rien du groupe H sauf un tympan en pierre décoré d'un Shiva dansant, exposé au musée de Sculpture cham *(p. 154)*.

↑ Le faciès du monstre féroce Kirtimukha sur un temple du groupe G

L'ART ET LA SCULPTURE CHAM

L'Empire cham a existé au Vietnam durant environ 1 600 ans, du 2e siècle à 1832. Aujourd'hui, une communauté cham prospère survit, mais tout ce qui reste de son ancien royaume est son héritage artistique, qui a atteint son apogée entre le 8e et le 10e siècle. Une partie de ce patrimoine architectural est vivant dans la brique rouge des temples dispersés dans le centre du Vietnam. L'autre est composée d'œuvres d'art sculptées en pierre, et plus rarement en bronze, sur des sites tels que Tra Kieu, My Son et Dong Duong. Les thèmes religieux puisent dans le panthéon hindouiste et figurent démons, danseuses et divinités avec leurs montures.

↑ Entrée du palais de l'Harmonie suprême, où se trouvait la salle du trône

3

CITADELLE DE HUÉ

D4 · 23 Thang 8, Hué · de HCMV et Hanoi · de Da Nang · 11 Nguyen Cong Tru · (0234) 381 6263 · t.l.j. 7h-17h

Construite entre 1805 et 1832, la citadelle de Hué est demeurée la capitale des Nguyen jusqu'en 1945. Elle protège la Cité impériale, jadis somptueuse, sa forteresse et son palais jouxtant les vestiges de la Cité pourpre interdite, avec son théâtre et sa bibliothèque.

Patrimoine mondial de l'humanité depuis 1993, la citadelle bâtie par l'empereur Gia Long (r. 1802-1820) s'inspire pour ses murs extérieurs de l'architecture militaire de Vauban.

Le saviez-vous ?

Le dragon d'or était le symbole de la dynastie Nguyen.

Elle s'organise en enceintes concentriques, la ville fortifiée renfermant la Cité impériale, qui elle-même contient la Cité pourpre interdite. Malgré les dommages causés par les bombes lors de l'offensive du Têt en 1968, une restauration lui a rendu une partie de sa grandeur.

Également dénommée Dai Noi (Grande Enceinte), la Cité impériale symbolise la puissance royale dans toute sa splendeur. Pétrie d'histoire, cette partie de la citadelle au charme particulier a bénéficié d'une cure de jouvence qui lui a restitué une bonne part de son faste d'antan. L'entrée se fait par la porte Ngo Mon (porte du Midi). Au-delà, une passerelle se fraie un chemin entre des étangs tapissés de lotus jusqu'au splendide palais Thai Hoa (Harmonie suprême). À l'arrière, une cour donne sur l'ancien site de la Cité pourpre interdite.

1

Porte du Midi

Entrée principale de la citadelle, la porte Ngo Mon forme un magnifique exemple d'architecture des Nguyen. Surmonté du belvédère des Cinq Phénix, l'ouvrage s'appuie sur des blocs de pierre massifs.

2

Tour du Drapeau

Cette tour (Cot Co) domine le ciel de Hué depuis 1809, quand l'empereur Gia Long l'érigea sur une redoute en brique de 18 m. En hissant à son sommet l'étendard rouge et bleu étoilé de jaune du Front national de libération, les forces communistes ont remporté le 31 janvier 1968 une victoire symbolique importante lors de l'offensive du Têt.

③

Neuf canons sacrés

De part et d'autre des portes Ngan et Quang Duc, les 9 canons fondus à partir d'objets en bronze et en laiton sont les génies protecteurs de la citadelle. Commandés par Gia Long en 1803 pour sa nouvelle capitale, ils portent chacun le nom d'une des quatre saisons et d'un des 5 éléments: la terre, le métal, le bois, l'eau et le feu.

④

Belvédère des Cinq Phénix

Au-dessus de la porte du Midi, l'élégant pavillon Ngu Phung doit son nom à sa supposée ressemblance avec un groupe de cinq Phénix vu d'en haut. L'empereur y prenait place lors des grandes occasions. Des tuiles jaunes, sa couleur, couvrent la section centrale du toit ornée de dragons, de feuilles de banian et de chauves-souris.

Un escalier mène à une pièce où les femmes de la Cour assistaient aux cérémonies derrière des écrans ajourés.

↑ Dragon en bas-relief, un motif décoratif majeur de l'enceinte impériale

⑤

Palais de l'Harmonie suprême

Le palais Thai Hoa est le plus bel édifice de la citadelle qui nous soit parvenu. Il a pour origine un pavillon construit par Gia Long en 1805, et a été magnifiquement restauré. Ses 80 colonnes en bois laqué rouge sont ornées de dragons dorés virevoltants. Cela permet aisément d'imaginer le faste des manifestations officielles qui s'y déroulaient, réceptions d'ambassadeurs ou couronnements. L'empereur, coiffé du chapeau aux neuf dragons, vêtu d'une robe tissée d'or et portant une ceinture de jade, présidait alors depuis son trône posé sur une estrade. Seuls les mandarins au rang le plus élevé avaient le droit de pénétrer dans la salle.

⑥

Salles des Mandarins

De l'autre côté d'une cour pavée, juste derrière le palais de l'Harmonie suprême, s'étend l'esplanade des

↑ La tour du Drapeau, l'un des symbole de la citadelle de Hué

Grandes Salutations encadrée de deux pavillons, où se rassemblaient les mandarins : militaires dans l'un, et les fonctionnaires civils dans l'autre, pour revêtir leurs robes cérémonielles destinées à leurs fonctions impériales. À en juger par les exemples exposés, parures colorées et brodées et chapeaux rivalisaient de somptuosité.

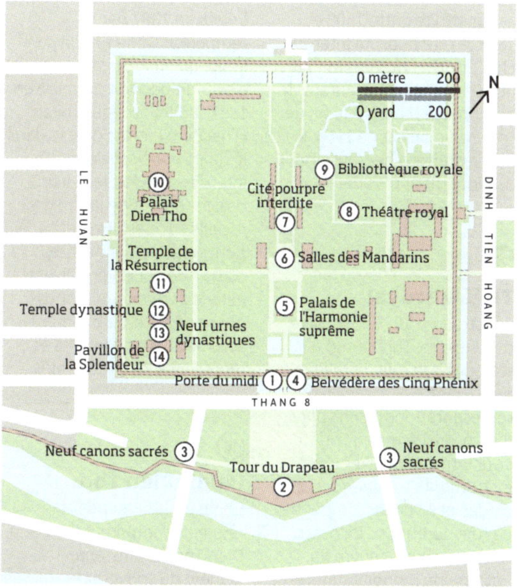

Pavillon de la Splendeur, et sa façade de bois finement ouvragée ↑

⑦ Cité pourpre interdite

À l'intérieur d'une enceinte fortifiée, les quartiers privés de l'empereur occupaient 10 ha. Il était le seul à pouvoir y pénétrer en dehors de l'impératrice, des concubines de 9 rangs distincts, des servantes et des mandarins eunuques. Tout homme enfreignant cette règle était condamné à mort.

Construite entre 1802 et 1833, la Cité pourpre interdite (Tu Cam Thanh) comptait plus de 60 bâtiments entourant de nombreuses cours. À la fin de l'offensive du Têt de 1968, il n'en restait malheureusement, pratiquement plus rien.

⑧ Théâtre royal

Construit en 1825, le théâtre royal (Duyet Thi Duong) a retrouvé son rôle de salle de spectacle et accueille des représentations de *nha nhac*, une forme de musique de Cour interprétée avec des instruments traditionnels à cordes et à vent accompagnés par des tambours. L'Unesco l'a classé chef-d'œuvre du Patrimoine mondial culturel et immatériel. Ce superbe bâtiment est couvert d'un toit incurvé comme celui d'une pagode. L'intérieur affiche la couleur, avec ces colonnes laquées gravées de dragons dorés.

⑨ Bibliothèque royale

Érigée en 1887 par l'empereur Dong Khanh sur le site où Minh Mang avait fait élever un pavillon pour lire en 1821, la Bibliothèque royale (Thai Binh Lau) se dresse dans le quart nord-est de la Cité interdite. Elle fait face à un bassin carré et un jardin de rocaille à l'ouest. De petits ponts enjambent d'autres plans d'eau et relient diverses galeries, créant une atmosphère paisible. Le bâtiment accueillait jadis concerts et représentations théâtrales.

⑩ Palais Dien Tho

Édifié en 1803 pendant le règne de l'empereur Gia Long, Dien Tho était réservé à la mère du souverain.

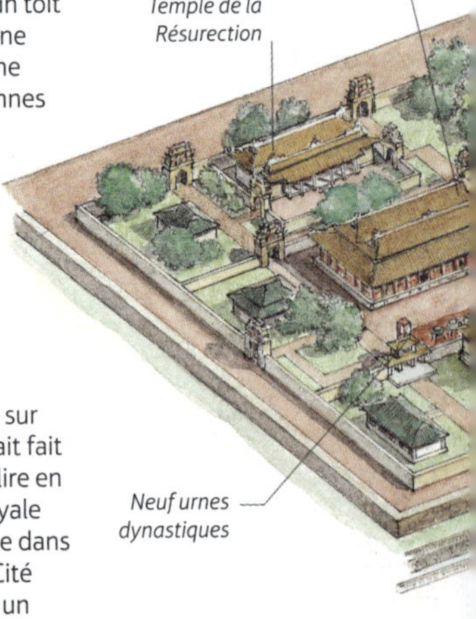

Le bâtiment abrite des meubles raffinés aux délicates incrustations de nacre. Des lanternes sculptées pendent du plafond décoré d'éventails en plumes.

⑪ Temple de la Résurection

L'empereur Minh Mang bâtit le temple Hung Mieu en 1821 en hommage à ses grands-parents. Ravagé par un

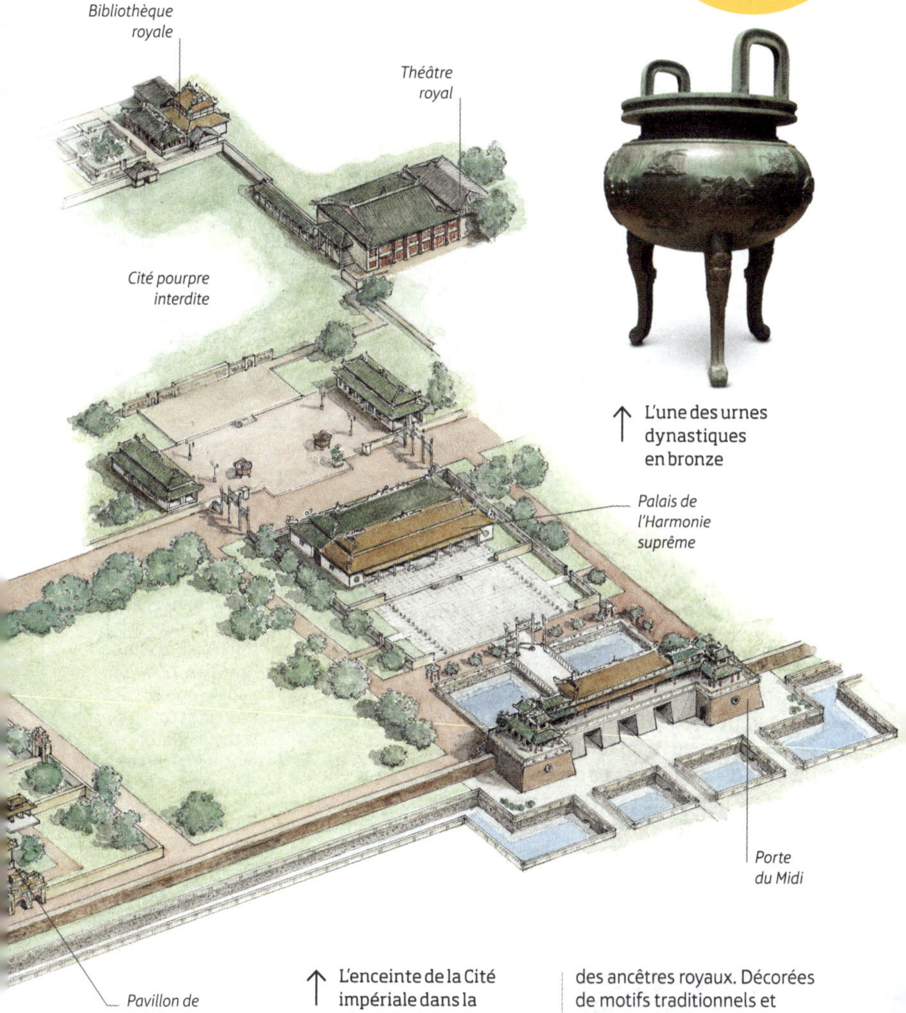

↑ L'enceinte de la Cité impériale dans la citadelle de Hué

↑ L'une des urnes dynastiques en bronze

incendie en 1947, il a été restauré. Il est réputé pour son style raffiné et les belles sculptures qui se dressent sur son toit. Remarquez les grands dragons de pierre en formede gargouilles qui surveillent la vaste cour pavée.

⑫

Temple dynastique

Dans la partie sud-ouest de la Cité impériale, The Mieu est dédié aux Nguyen. Couvert d'un toit en tuiles vernissées jaunes, il renferme 10 autels dédiés aux rois Nguyen. Leur décoration dorée et laquée remplace les piles de lingots d'or déposés jadis en offrande.

⑬

Neuf urnes dynastiques

Fondues sur l'ordre de Minh Mang, ces Cuu Dinh, de presque 3 t chacune, jouent un grand rôle dans le culte des ancêtres royaux. Décorées de motifs traditionnels et riches en détails symboliques, elles représentent la puissance des empereurs Nguyen.

⑭

Pavillon de la Splendeur

En 1824, Minh Mang fait élever Hien Lam Cac, monument à triple toiture, pour honorer ceux qui ont permis à la dynastie Nguyen d'acquérir son formidable prestige. En signe de respect, aucun autre édifice de la citadelle ne devait le dépasser en hauteur.

4

HUÉ

D4 Capital de la province de Thue Thien Hue, 110 km N de Da Nang Reunification Express de Hanoi et Hô Chi Minh-Ville de Hanoi, Vinh, Da Nang, Nha Trang et Hô Chi Minh-Ville 11 Nguyen Cong Tru (0234) 381 6263

Centre historique et culturel majeur du pays, l'ancien siège impérial de Hué doit sa renommée à sa grande beauté, mais aussi au raffinement de sa cuisine. La plupart de ses trésors se concentrent dans la citadelle et la Cité impériale *(p. 142)*. La pittoresque rivière des Parfums *(p. 152)*, l'élégance des hôtels et restaurants ainsi que l'empreinte presque palpable laissée par les Français ajoutent au charme de cette ville.

CURIOSITÉ

Pont couvert Thanh Toan

À 7 km à l'est de Hué, le village de Thanh Thuy Chan cache un pont japonais, semblable à celui de Hoi An *(p. 132)*. Pour vous y rendre, louez un vélo et traversez la campagne et ses villages traditionnels.

↑ Paniers de fruits et de légumes au marché Dong Ba

①

Marché Dong Ba

NE de Tran Hung Dao t.l.j.

Le grand marché de Hué est une vaste halle qui s'étale au nord de la rivière des Parfums, jusqu'à l'angle sud-ouest de la citadelle. Ses éventaires débordent de marchandises colorées allant du poisson aux vêtements et aux chaussures, et des fruits et légumes aux jouets et aux produits de beauté. Il est ouvert toute la journée, mais c'est le matin tôt qu'y règne la plus grande effervescence.

②

Musée des Antiquités royales de Hué

3 Le Truc (0234) 352 4429 mar.-sam. 8h-11h30, 13h30-17h

À l'est de la Cité impériale, ce musée se trouve dans le palais Long An. Construit en 1845, il est soutenu par 128 colonnes en bois de fer et couvert d'un toit de tuiles. Provenant de la famille Nguyen (1802-1945), les objets présentés rassemblent de l'argenterie, de la porcelaine, du mobilier ancien, des costumes de la garde-robe royale, le lit de Khai Dinh ou encore les chaussures de Bao Dai. Malheureusement, peu d'explications sont dispensées sur cette collection prestigieuse.

←

La paisible et ravissante rivière des Parfums à la lueur du crépuscule

③

Pagode Dieu De

⌂ 102 Bach Dang ◷ du lever au coucher du soleil

Édifiée sous Thieu Tri (r. 1841-1847), puis remaniée plusieurs fois, la forme de l'actuelle pagode des Quatre Nobles Vérités date de 1953. Elle se compose de quatre tours basses et d'un sanctuaire dédié au bouddha Thich Ca. Dieu De a été l'un des bastions de l'opposition au gouvernement sud-vietnamien dans les années 1960.

④

Pagode Bao Quoc

⌂ Bao Quoc ☎ (0234) 382 2297 ◷ du lever au coucher du soleil

Le bonze chinois Giac Phong fonde cette pagode en 1670, sur la colline Ham Long. Puis, le seigneur Nguyen Phuc Khoat (r. 1738-1765) lui accorde un statut royal. À la fin du 18e siècle, le chef des rebelles Tay Son, Quang Trung, l'utilise comme dépôt d'armes. Depuis 1940, la pagode est devenue une école et un séminaire bouddhistes. Malgré de nombreuses rénovations, Bao Quoc a conservé un charme d'une autre époque.

Saigon Morin Hotel
Cette institution coloniale française de 1901 est l'un des plus anciens hôtels du Vietnam. Ses chambres rénovées ont néanmoins gardé un charme désuet et donnent, pour la plupart, sur la cour intérieure arborée.

⌂ 30 Le Loi
w morinhotel.com.vn

€€€

⑤

Pagode Tu Dam

Lieu Quan du lever au coucher du soleil

Ce temple fondé au 17e siècle doit son importance au fait qu'il est l'un des fers de lance de la cause bouddhique, sujet au cœur de la culture politique de la région depuis les années 1950. Il a été l'un des importants foyers d'agitation lorsque la communauté bouddhiste s'est opposée au régime catholique impopulaire du président Diem. En 1963, pour protester contre l'oppression, un moine s'est même immolé dans la cour de la pagode.

⑥

Pagode Tu Hieu

Thon Thuong 2, Thuy Xuan Village,5 km SO de Hué t.l.j. 6h-18h

Au sein d'une pinède qui s'étend au nord du tombeau de Tu Duc, un étang en forme de croissant entoure l'un des lieux de culte les plus sereins de la région. Fondée en 1843, la pagode Tu Hieu prend de l'ampleur en 1848, à la demande d'eunuques impériaux. Ne pouvant avoir d'enfants, ils s'assurent, en finançant le sanctuaire, que des générations de moines y célébreront les cérémonies nécessaires au confort de leur existence dans l'au-delà. L'autel principal est dédié au bouddha Thich Ca. Plusieurs moines habitent encore Tu Hieu et organisent quotidiennement des services de prière.

⑦

Pagode Thien Mu

5 km SO de la citadelle de Hué du lever au coucher du soleil

Fondée en 1601 par le seigneur Nguyen Hoang, la pagode de la Dame céleste se dresse sur la rive nord-ouest de la rivière des Parfums. Thien Mu est dominée par la haute tour de la Source de la félicité, Thap Phuoc Duyen. L'empereur Thieu Tri ordonna la construction de ce monument octogonal en brique en 1841. Non loin, un pavillon abrite une énorme cloche fondue en 1710,de plus de 2 t .On peut l'entendre à plus de 10 km à la ronde. Un deuxième pavillon renferme une grande stèle de pierre posée sur le dos d'une tortue (1715). Les inscriptions font l'éloge

Secret Lounge
Ce bar est décoré de façon originale mêlant éléments traditionnels et graffitis. Vous siroterez un verre en écoutant de bons vieux tubes.

15/42 Nguyen Cong Tru (096) 196 2222

€€€

La Boulangerie Francaise
Créée pour former les enfants défavorisés des environs, elle sert des sandwichs baguette chauds et croustillants, ainsi que de délicieuses crêpes et pâtisseries. À cela s'ajoute une dose de bon karma.

46 Nguyen Tri Phuong (0120) 806 3857

€€€

Le Hanh
Cet établissement familial régale depuis longtemps avec sa cuisine de rue de Hué, dont les *banh beo* (gâteaux de riz cuits à la vapeur) et les *nem lui* (brochettes de porc haché à la citronnelle).

11 Pho Duc Chinh banhkhoaihanh.com

€€€

Le Parfum
D'excellents mets franco-vietnamiens s'invitent à table dans une salle Art Déco ou en terrasse au bord de la rivière.

La Residence Hotel, 5 Le Loi la-residence-hue.com

€€€

↑ La paisible pagode Tu Hien dans son écrin de verdure

↑ La tour octogonale de la pagode Thien Mu, vue de la rivière des Parfums

Le saviez-vous ?

Depuis les années 1960, la pagode Thien Mu est le théâtre de manifestations politiques.

de l'histoire du bouddhisme à Hué. À l'intérieur du sanctuaire, un bouddha riant en bronze et les statues des 10 rois de l'enfer et de 18 *arhat*, des sages libérés du cycle des réincarnations, dominent l'autel principal près d'une image du Bouddha historique. Le quartier des moines et leurs jardins se trouvent à l'arrière du temple.

Un garage ouvert, à l'ouest, conserve la voiture utilisée par le moine Thich Quang Duc en juin 1963 pour se rendre à Saigon où il s'immola. Les images de son suicide discréditèrent le régime de Diem dans le monde entier.

---

(8)

Dan Nam Giao

3 km S du centre-ville, au sud de la rue Diên Biên Phu · t.l.j. 8h-17h

Entrepris par l'empereur Gia Long en 1802, le tertre du Sacrifice au ciel se trouve au-delà de l'ancien quartier français, sur la rive est de la rivière des Parfums. De 1806 à 1945, il a servi de cadre au rituel le plus important de la vie du pays, qui reproduisait la cérémonie pratiquée à Pékin dans le temple du Ciel (Tiantan), bâti au 15e siècle. Au solstice d'hiver, le souverain venait avec danseuses et musiciens présenter ses respects à l'Empereur céleste et lui rendre des comptes sur sa gestion de l'année écoulée. Il implorait sa clémence par une série de sacrifices élaborés et renouvelait ainsi la légitimité de son pouvoir.

Aujourd'hui, il reste peu de choses de ce site en dehors de trois terrasses. Les deux premières sont de forme carrée. La plus basse représente l'humanité, l'autre, la terre. La plus haute, de forme circulaire symbolise le ciel. Les édifices liés au culte ont disparu, mais le lieu garde une aura particulière.

---

(9)

Arènes royales

Village de Phuong Duc, 4 km SO de Hué · du lever au coucher du soleil

Cet édifice circulaire est aussi appelé les arènes des Tigres (Ho Quyen).

L'empereur et ses mandarins venaient y voir s'affronter des tigres et des éléphants. Le pachyderme, symbole du royaume de Champa, en sortait toujours vainqueur. Pour éviter que le félin, symbole du désordre, ne perturbe ce résultat, on lui coupait les crocs et les griffes.

Heureusement, il n'y a plus de combat depuis 1904, mais les lieux sont en bon état. Un haut portail, entre les escaliers menant aux tribunes, permettait le passage des éléphants. Cinq petites portes, en face, ouvraient sur les cages des tigres.

↑ Les arènes royales où se tenaient des combats d'animaux sauvages

Le saviez-vous ?

Khai Dinh, l'avant-dernier empereur du Vietnam passait être pour la marionnette des Français.

5

TOMBEAUX ROYAUX

D4 6-16 km S de Hué

Éparpillées dans la campagne au sud de Hué, les tombes des empereurs Nguyen font partie des sites incontournables à visiter. Seuls sept des treize souverains, qui ont régné de 1802 à 1945, ont leur mausolée, ou *lang*. Les autres sont morts en exil ou en disgrâce.

1

Tombeau de Tu Duc

6 km SO de Hué
7h-17h

Tu Duc (r. 1848-1883) dessina lui-même son élégant mausolée. Situé sur une colline couverte de pins, il est agrémenté de plans d'eau et planté de nombreux arbres tels que des frangipaniers et des longaniers. L'empereur préférait le calme de son futur tombeau à son palais. Une légende prétend qu'il aurait été enterré avec un grand trésor dans un lieu secret. Pour éviter toute profanation, les participants aux funérailles auraient été exécutés.

2

Tombeau de Dong Khanh

0.5 km SE du tombeau de Tu Duc (054) 383 6427
7h-18h

Érigée après la mort de Dong Khanh (r. 1885-1888), la plus modeste des sépultures des Nguyen (avec celle de Duc Duc à 1,5 km au sud de la ville) révèle à un décor intérieur de nette influence française. Des images de Napoléon Ier sont accrochées sur des piliers en bois laqué rouges.

3

Tombeau de Khai Dinh

10 km S de Hué (054) 386 5875 6h-17h30

Le mausolée du dernier empereur, Khai Dinh (r. 1916-1925), est unique par l'usage du béton et le mélange des styles architecturaux européen et asiatique. Au sommet, le temple Thien Dinh renferme un buste en bronze de Khai Dinh, fondu à Marseille en 1922. Les murs sont couverts de mosaïques de porcelaine et de cristal.

↑ L'élégant tombeau de Khai Dinh, bâti sur le versant escarpé d'une colline

④

Tombeau de Thieu Tri

1.5 km S du tombeau de Tu Duc 7h-17h

Le parc du mausolée de Thieu Tri (r. 1842-1847) est ponctué de plans d'eau artificiels. Sa construction dura 10 mois. Le temple, avec ses rangées de statues, se trouve à l'est, tandis que le tombeau lui-même est situé à l'ouest.

⑤

Tombeau de Minh Mang

12 km S de Hué
7h30-17h30

Sur la rive gauche de la rivière des Parfums, le tombeau dessiné par l'empereur Minh Mang (r. 1820-1841), érigé après sa mort, est l'un des plus impressionnants. Le complexe comprend des lacs et des jardins pittoresques, ainsi que des pavillons et autres structures aux couleurs vives et finitions laquées.

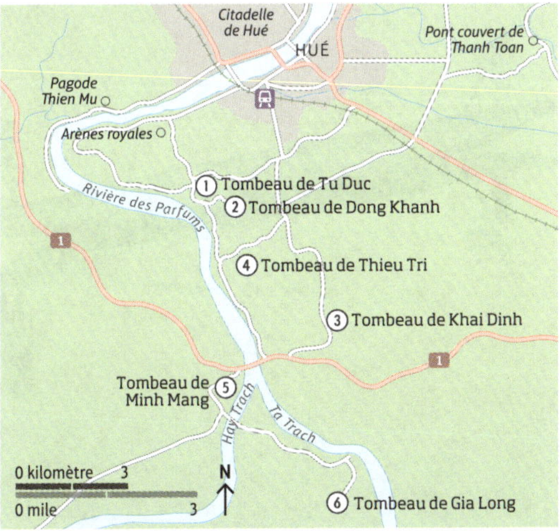

⑥

Tombeau de Gia Long

16 km SE de Hué

Le mausolée du premier empereur Nguyen, Gia Long (r. 1802-1820), est accessible en bateau au départ de Hué ou du hameau de Tuan, et en voiture, via le pont au sud du tombeau de Minh Mang. Isolé dans un fabuleux écrin de montagnes et de collines, il a été construit aux 18e et 19e siècles. Le site abrite non seulement la tombe de Gia Long, mais aussi celles de ses proches. Il a retrouvé sa beauté initiale après avoir payé un lourd tribut à la guerre du Vietnam.

Partie de pêche au crépuscule sur la rivière des Parfums

PETITE CROISIÈRE SUR LA RIVIÈRE DES PARFUMS

Durée 3-4 h **Arrêts** En-cas à Thien Mu et Minh Mang
Location de bateau Des agences de circuits organisés et des loueurs de bateaux se trouvent sur le quai Le Loi à Hué.

Une promenade sur la rivière des Parfums, ou Song Huong, compte parmi les plaisirs lorsque l'on séjourne à Hué. Le fleuve est magnifique, et jalonné de superbes monuments édifiés dans de beaux paysages ruraux. Au panorama offert par ces temples et ces souvenirs de l'époque impériale s'ajoute le spectacle de la circulation sur l'eau : paysannes naviguant sur de petits sampans, barges chargées de poissons ou de fruits et légumes, pêcheurs relevant filets et nasses…

Carte de situation
Voir la carte p. 130

Autrefois capitale des Nguyen, l'imposante citadelle est inscrite au Patrimoine mondial de l'Unesco (p. 142).

Fondée en 1601, la plus vieille pagode de Hué, Thien Mu, possède une tour de 21 m de hauteur érigée en 1841. Elle est le symbole de la ville (p. 148).

Dans ce petit temple de la Littérature, lieu de culte confucéen bâti par Gia Long en 1808, des stèles rendent hommage à des mandarins.

Les arènes royales présentent une architecture singulière que l'on trouve rarement en Asie du Sud-Est (p. 149).

Collectionnant autels, maisons aux esprits et stèles, le charmant temple Hon Chen remonte à l'époque du royaume du Champa, il y a plus de 1 000 ans. Seule la voie fluviale permet d'y accéder.

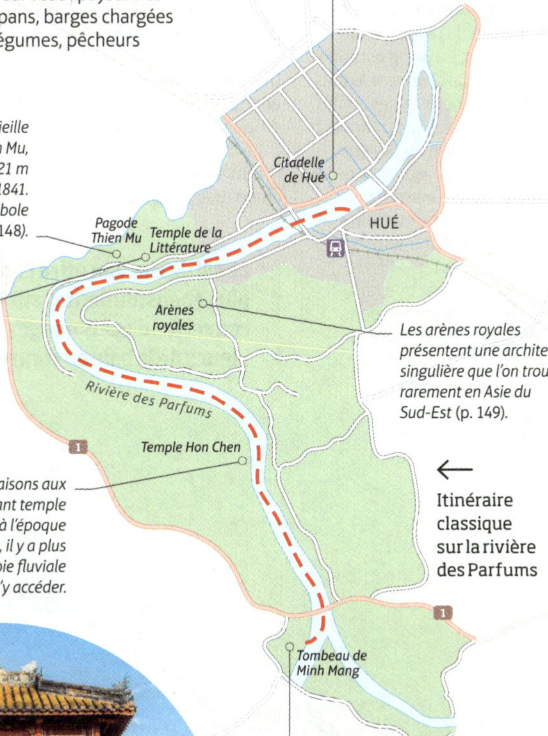

← Itinéraire classique sur la rivière des Parfums

Le tombeau de Minh Mang est sans doute celui qui a le mieux résisté aux outrages du temps (p. 151). Statues, plans d'eau et jardins paysagers ajoutent à la grandeur du tombeau impérial.

← Le tombeau de Minh Mang, l'une des plus imposantes sépultures des empereurs Nguyen

À VOIR ÉGALEMENT

6 Da Nang

D4 108 km S de Hué ; 964 km N de HCMV de Hanoi, HCMV et Nha Trang Reunification Express de Hanoi et HCMV de Hanoi, Hué, HCMV et Nha Trang 32A Phan Dinh Phung danangfantasticity.com

À mi-chemin sur le littoral entre Hanoi et Hô Chi Minh-Ville, et sur la rive ouest du fleuve Han, Da Nang est l'une des villes qui changent le plus vite au Vietnam, et désormais une destination à part entière. Quatrième ville du pays en superficie, troisième par ordre d'importance, elle est très bien reliée au Nord comme au Sud grâce aux infrastructures aérienne, routière et ferroviaire. C'est aussi une base idéale pour rayonner dans une région qui compte de belles plages, facilement accessibles, et trois sites inscrits au Patrimoine mondial par l'Unesco : Hoi An *(p. 132)*, My Son *(p. 138)* et la citadelle de Hué *(p. 142)*.

Da Nang devient éminente à la fin du 19e siècle, après sa conquête par les Français en 1858. Elle profite de l'ensablement du port de Hoi An, mais se développe surtout pendant la guerre du Vietnam *(p. 50)*, lorsque les États-Unis y installent en 1965 leur plus importante base navale et aérienne d'Asie du Sud-Est. Des vestiges de ces trois époques sont visibles dans et autour de la ville.

Le fleuron de Da Nang est le **musée de la Sculpture cham** (Bao Tang Dieu Khac Cham). Fondé en 1915 par l'école française d'Extrême-Orient, il présente la plus belle collection d'art du Champa, avec, entre autres, des autels, des bustes de divinités hindoues comme Shiva, Brahma et Vishnou, et des bas-reliefs relatant des épisodes de l'épopée du *Ramayana*. Ces pièces, du 7e au 13e siècle, proviennent de sites proches, dont My Son, Dong Duong et Tra Kieu, la première capitale du Champa. Le musée abrite aussi des objets culturels chams actuels.

Érigée en 1923, la cathédrale arbore une façade rose dominée par un coq perché sur la croix de la flèche.

> **Le col de Hai Van offre l'une des vues les plus époustouflantes sur les montagnes couvertes d'épais nuages et les eaux bleues de la baie en contre-bas.**

La façade rose de la cathédrale de Da Nang et son clocher élancé

Bâti en 1956, le **temple caodaïste**, le plus important après celui de Tay Ninh *(p. 62)*, mêle influences coloniales et asiatiques. Parmi les autres sanctuaires qui méritent une visite : la pagode Phap Lam, dédiée au bouddha Thich Ca et la **pagode Pho Da** (1932), au toit de tuiles orange avec des bords verts. Son temple central est flanqué de deux tours à triple toit avec rives débordantes. À l'intérieur, l'autel principal est dominé par des images de Bouddha, de Quam Am et de Dai The Chi Bo Tat. L'institution accueille aussi un centre de formation de moines et de nonnes.

L'une des curiosités les plus étonnantes de Da Nang reste son spectaculaire pont du Dragon, qui enjambe le Han. Non seulement il est illuminé la nuit par des diodes luminescentes, mais il crache du feu et de l'eau à intervalles réguliers. Le meilleur endroit pour le voir est l'un des cafés sur la rive est, juste au nord du pont, ou depuis un bateau sur le fleuve.

Situé sur une colline à proximité du port et de la plage, un cimetière bien entretenu abrite les tombes des soldats espagnols et français morts lors de la conquête de la ville en 1858.

À 30 km au nord, le col de Hai Van, ou col des Nuages, ménage une vue splendide sur les montagnes de la cordillère de Truong Son dominant les eaux bleues de la baie.

Musée de la Sculpture cham

Bach Dang/Trung Nu Vuong (0236) 357 2935
t.l.j. 8h-11h30, 14h-16h30

Temple caodaïste

63 Hai Phong
(0236) 369 8710
t.l.j. 6h-18h

Pagode Pho Da

340 Phan Chu Trinh
(0236) 382 6094
t.l.j. 5h-21h

Le magnifique pont du Dragon qui franchit la large rivière Han

Fatfish

Spécialités vietnamiennes et internationales sont servies dans un cadre élégant avec, en prime, une vue sur la rivière depuis la terrasse. Oubliez les pizzas qui font sa notoriété, et goûtez la cuisine locale inventive après avoir siroté un de ses nombreux cocktails.

D4 439 Tran Hung Dao, Da Nang
(0236) 394 5707

€€€

Market's

Il revendique ses origines asiatiques grâce à de succulentes recettes du terroir. Vous ne résisterez pas aux barbecues et ragoûts préparés directement sur votre table.

D4 29 Luu Quang Thuan, Da Nang
(090) 500 1744

€€€

7

Montagnes de Marbre

D4 2 Huyen Tran Cong Chua, Hoa Hai 09 0512 1997 7h-17h30

Comme leur nom l'indique, ces cinq éminences situées entre Da Nang et Hoi An sont en marbre. Elles présentent des grottes et des failles abritant pour la plupart des temples bouddhistes et quelques-uns hindous, de splendides statues, dont les bouddhas des grottes Hoa Nghiem ou Huyen Khong, aussi vaste qu'une cathédrale.

En vietnamien, la chaîne s'appelle Ngu Hanh Son (Cinq Éléments) et, chaque mont porte respectivement les noms de Kim (métal), Thuy (eau), Moc (bois), Hoa (feu) et Tho (terre). Les visiteurs n'ont accès qu'au mont principal, Thuy Son. L'ascension se fait par des marches très raides et des tunnels obscurs, avec arrêts dans les différents sanctuaires rupestres jalonnant le parcours.

Du sommet, le regard embrasse tout Da Nang et les longues plages. Il vaut mieux visiter le site le matin, afin d'éviter la chaleur et la foule, ou vers midi, heure à laquelle le soleil pénètre par des puits de lumière éclairant l'intérieur. Durant la guerre du Vietnam, la grotte Huyen Khong a servi d'hôpital au Viêt-công et de repaire pour attaquer la base aérienne américaine implantée sur une plage voisine. Vous pourrez y voir ici et là les impacts de balles tirées à l'aveuglette de la base américaine.

8

Montagne des Singes

D4 25 km NE de Da Nang

Sur la péninsule au nord-est de Da Nang, Nui Son Tra ménage les plus beaux panoramas des environs. Baptisée la « montagne des Singes » en raison des primates qui la peuplent (moins nombreux aujourd'hui), Nui Son Tra est facile d'accès en voiture. De Da Nang, il suffit de 35 min pour parvenir au sommet (693 m). La route escarpée se fraie un chemin à travers le parc national, s'aventurant sur les falaises envahies par la jungle. En prenant de l'altitude, la vue sur le littoral, la montagne Hi Van, les îles Cham et la ville de Da Nang devient spectaculaire. À mi-hauteur, vous attend l'immense statue (67 m) d'un blanc immaculé de *Lady Buddha*, qui trône dans la cour de la pagode Linh Ung (18e siècle). Il s'agit de la plus haute statue de divinité d'Asie du Sud-Est.

Il est aussi possible de gravir Nui Son Tra à pied par un sentier balisé qui part de la plage de Bai Bac (comptez environ 4 h). C'est l'occasion de voir un banian vieux de 600 ans, de nombreuses espèces d'oiseaux et, avec de la chance, un douc, singe reconnaissable à ses membres inférieurs rouge foncé et ses membres supérieurs blancs.

À savoir : le week-end et lors des fêtes religieuses, le mont est souvent pris d'assaut par les pèlerins.

Eco Green Boutique Hotel

À deux pas de la plage, cette superbe demeure néocoloniale aux façades blanchies à la chaux est entourée de jardins luxuriants. Les balcons de ses élégantes chambres parquetées donnent soit sur la verdure, soit sur le grand bleu.

D4 1 An Thuong 3, Da Nang ecogreen danang.com

€€€

↑ Le pont Cau Vang soutenu par de géantes mains de pierre

9

Station de Ba Na

D4 40 km O de Da Nang

Cette ancienne station de montagne prisée des Français présente l'avantage d'être proche de Da Nang.

Perchée à 1 400 m et souvent drapée de brume, elle permet d'échapper à la chaleur du littoral. Certaines villas coloniales des années 1920 font désormais office d'hôtels ou de maisons d'hôte. Un téléphérique (le plus long du monde), un parc d'attractions et les randonnées jusqu'aux cascades attirent les visiteurs.

Par ailleurs, depuis 2018, l'extraordinaire Cau Vang, le « Pont doré » surgit de la canopée des jardins Thien Thai et s'enroule autour de la montagne. Ce « ruban » formé de huit tronçons est soutenu par deux mains géantes en pierre. Il livre de fabuleux panoramas sur la chaîne Annamitique et Da Nang, avec la mer de Chine méridionale en toile de fond.

Le saviez-vous ?

Durant la guerre du Vietnam, la base aérienne américaine de China Beach était la plus active du monde.

10

China Beach

D4 2 km SE de Da Nang

Les longues bandes de sable fin situées entre Da Nang et la montagne de Marbre portent pour les Vietnamiens les noms de My Khe, My An et Non Nuoc. Aux États-Unis, elles ont pris le nom de « China Beach », d'après le titre d'une série télévisée sur la guerre du Vietnam. Bien qu'il soit interdit par le gouvernement, ce nom est utilisé par les professionnels du tourisme.

Pendant le conflit, les Américains avaient à Da Nang l'une de leurs bases les plus importantes et les plus sûres du Sud-Vietnam, et ils avaient aménagé les plages de My Khe et My An en centre de repos et de distraction pour les soldats en permission. Aujourd'hui, il ne reste rien de ces équipements, mais des boutiques de souvenirs et des restaurants de poisson se sont installés sur le site. Plusieurs complexes hôteliers haut de gamme ont ouvert à l'extrémité sud de la plage. Destination courue pour le surf et la baignade, il vaut mieux s'y rendre en été, car la mer peut être assez agitée.

← La grotte de Huyen Khong, avec ses autels et ses statues, au sommet de Thuy Son

Torrent sinuant à travers la forêt luxuriante du parc national de Bach Ma

11 Parc national de Bach Ma

D4 45 km SE de Hué de Hué et Da Nang à Cau Hai ; de Da Nang, Hué, Hoi An et Cau Hai t.l.j. bachmapark.com.vn

À la frontière des provinces de Hué et de Da Nang, sur un plateau situé à 1 450 m d'altitude, le parc national de Bach Ma a pour origine une station climatique fondée par les Français dans les années 1930. Le Viêt-minh, refusant l'occupation impérialiste, attaque cette cible à de multiples reprises pendant la guerre d'Indochine *(p. 50)*. À la fin du conflit, les Français quittent leurs belles villas. Dans les années 1960, de nouveaux combats ravagent la région pendant la guerre du Vietnam. Après la victoire communiste en 1975, cette station est peu à peu désertée. En 1991, le gouvernement décide de créer une réserve naturelle de 375 km², une protection permettant à la forêt de commencer à se remettre des épandages de défoliant.

Le parc s'étend sur des pentes boisées et possède plus de 2 140 espèces végétales, dont plusieurs ont des vertus médicinales. Plus de 130 mammifères ont été répertoriés dont le muntjac géant, le muntjac de Truong Son et le saola. Les primates comprennent des entelles, des loris, des macaques et le gibbon à crête noire. De grands prédateurs comme le tigre et le léopard hanteraient les parties les plus isolées, mais cela reste impossible à confirmer. Les 363 espèces d'oiseaux incluent le très rare faisan d'Edwards.

S'il ne reste pas grand-chose de la station de villégiature française, le spectacle étrange offert par ses derniers vestiges, noyés dans la jungle, justifie la randonnée pour s'y rendre. Un étroit sentier grimpe jusqu'au sommet du mont Bach Ma, d'où un poste d'observation ménage par beau temps un somptueux panorama sur la cordillère de Truong Son. Les marcheurs apprécieront le sentier des Faisans, où l'on entend les cris des gibbons, ou le sentier des Rhododendrons qui mène aux chutes de Do Queyen, hautes de 300 m.

Vérifiez avant de partir que le parc est bien ouvert, car des travaux sur la route peuvent occasionner sa fermeture. Notez aussi que seuls les transports privés (voitures ou motos) peuvent vous y conduire.

PANORAMA
Trek du Sommet

Du parking du parc national de Bach Ma, un court sentier grimpe en pente douce jusqu'à un pavillon offrant une vue à 360°. Autre paysage fabuleux : le lac de Ba Be et ses eaux émeraude.

12 Suoi Voi

D4 65 km S de Hué ; 15 km N de Lang Co par la rte 1 de Hué t.l.j. 8h-17h30

Destination prisée le week-end par les habitants de Hué et de Da Nang, les sources de Suoi Voi, également appelées sources de l'Éléphant à cause de la forme d'un rocher, attirent peu les étrangers, bien qu'elles soient une étape agréable entre les deux villes.

En venant de Hué, il faut guetter le grand panneau dressé au début de la piste qui part à droite de la route 1. Environ 2,5 km plus loin, après avoir dépassé la vieille église de Thua Lau, on atteint le

portail et le parc de stationnement. Il faut ensuite marcher environ 1,5 km. Les petits bassins d'eau fraîche creusés dans la roche permettent à l'arrivée de se débarrasser de la sueur et de la poussière. Les reliefs boisés de la cordillère de Truong Son se détachent à l'arrière-plan et le bord de la rivière se prête à merveille à un pique-nique. Sur place, des kiosques vendent de la nourriture.

3

Plage de Lang Co

D4 75 km S de Hué ; 35 km N de Da Nang par la rte 1 de Hué et Da Nang de Hué et Da Nang

Pour apprécier la beauté de la péninsule de Lang Co, commencez par la contempler depuis le col Hai Van (col des Nuages). En regardant vers le nord, des étendues vertes, blanches et d'un bleu scintillant composent un somptueux tableau. Une étroite pointe de sable court au sud depuis la ville de Loc Vinh, protégeant une lagune miroitante, à l'ouest, des flots remuants de la mer de Chine méridionale.

La plage est propice à la baignade dans une eau tiède et peu profonde, en particulier les mois précédant juillet, avant que le climat ne devienne maussade et pluvieux. En toute saison, il reste possible de faire un excellent repas de poisson et de fruits de mer. Plusieurs hôtels permettent de séjourner aux environs. Le village assoupi de Lang Co a gardé le mode de vie traditionnel des localités du littoral.

Au sud, un pont franchit la lagune, et mène au tunnel qu'emprunte la route 1 pour passer sous le col des Nuages. Les pêcheurs profitent de l'abri offert et une promenade dans ce secteur permet de découvrir leurs bateaux de couleurs vives et leurs petites barques rondes en vannerie calfatée, typiques du Centre du Vietnam.

14

Plage de Thuan An

D4 15 km NE de Hué par la rte 49

Très fréquentée le week-end, la plus belle plage des environs de Hué s'étend à la pointe nord d'une longue île étroite, qui longe la côte depuis l'estuaire de la rivière des Parfums jusqu'au petit bourg de Phu Loc. Comme à Lang Co, de hauts cocotiers bordent le sable blanc et fin. Les eaux paisibles de la lagune de Thanh Lam la baignent au sud-ouest, tandis qu'au nord-est s'abattent les rouleaux de la mer de Chine méridionale. De mai à août, il fait bon nager et se détendre ici. Thuan An est un village de pêcheurs, dont les barques s'alignent sur le rivage. La fabrication de *nuoc-mâm* reste une activité importante. Dans certains quartiers, l'odeur forte provient des bacs où les poissons sont mis en saumure. Il faut 10 kg de poisson et 3 kg de sel pour obtenir 3 l de ce condiment.

Depuis Hué, Thuan An est un agréable but d'excursion à vélo. La route borde la rivière et passe devant plusieurs pagodes et maisons communes. Un petit pont permet de rejoindre l'île, qu'une route étroite parcourt jusqu'à la pagode Thanh Duyen à sa pointe sud.

Le parc national de Bach Ma est un paradis pour les ornithologues amateurs. Parmi les 363 espèces recensées, on trouve le faisan d'Edward.

Plage de Thuan An, près de Hué, une jolie flotte de pêche *(médaillon)*

15

Base de Khe Sanh

D4 145 km NO de Hué par la rte 9 Minibus du musée de Hué : 1.5 km N de Khe Sanh t.l.j.7h-17h

Près de la frontière avec le Laos, l'ancienne base militaire de Khe Sanh se trouve à environ 3 km du village qui lui a donné son nom mais qui s'appelle aujourd'hui Hoang Ho.

En 1962, les Américains aménage un aéroport sur ce site proche de la zone démilitarisée, puis le transforment en un camp des forces spéciales chargées d'interrompre la circulation sur la piste Hô Chi Minh *(p. 163)*. En 1968, le général William Westmoreland y amasse des troupes pour contraindre l'armée nord-vietnamienne à un assaut frontal. Son adversaire, le général Vo Nguyen Giap, utilise les combats comme diversion. Ils commencent en effet une semaine avant l'offensive du Têt. La bataille dure du 20 janvier au mois d'avril. Encerclée, la base reste sous le feu de l'artillerie ennemie pendant deux mois. Elle est approvisionnée par voie aérienne. Dépourvus d'aviation et ne possédant pratiquement pas de chars, les attaquants ne réussissent pas à s'en emparer et finissent par se replier après avoir perdu 9000 hommes. Les pertes américaines s'élèvent à 207 morts. Il y a également des milliers de victimes civiles.

Même si ce siège ne fut pas en un nouveau Diên Biên Phu *(p. 211)*, comme le redoutait le président Johnson, les États-Unis durent abandonner la base quelques mois plus tard, en prenant le plus grand soin de ne laisser aucun matériel militaire qui aurait pu être utilisé comme preuve de leur « défaite ».

On peut découvrir le site lors de visites guidées. Bordé de statues et de stèles, le trajet sur la RN 9 est une expérience émouvante dans le Vietnam central. Pour garnir un petit musée, les Vietnamiens ont fait venir du matériel et des documents des localités du Sud.

HISTOIRE DE LA DMZ

Lors de la conférence de Genève de 1954, la décision fut prise d'établir une « ligne de démarcation provisoire » partageant le Vietnam au niveau du 17e parallèle et une zone démilitarisée large de 5 km de part et d'autre de la rivière Ben Hai jusqu'à la frontière du Laos. Dès le début, l'armée nord-vietnamienne s'y infiltra grâce à des tunnels, des sentiers et des techniques de guerilla. Américains et Sud-Vietnamiens réagirent en plantant un champs de mines et de barbelés électrifiés le long de la RN 9. Ironie de l'histoire, la DMZ fut le théâtre de combats terribles, en particulier lors de l'offensive de Pâques 1972.

16

Zone démilitarisée (DMZ)

C4 90 km NE de Khe Sanh par la rte 9 Minibus et taxis de Hué t.l.j.7h-17h

L'ancienne Zone démilitarisée (DMZ), censée séparer le Nord et le Sud-Vietnam avant la réunification de 1975, est un site qui se visite. Des agences proposent des circuits d'une journée au départ de Hué ou de Dong Ha. La plupart commencent au pont Hien Luong, ancien poste-frontière sur la rivière Ben Hai, et comprennent une visite des tunnels de Vinh Moc *(ci-contre)*. Le cimetière national de Truong Son, à l'ouest de la RN 1, entretient le souvenir des soldats nord-vietnamiens et viêts-công morts dans la région. De là, on peut gagner l'intérieur des terres à partir de Dong Ha, en empruntant la RN 9, ponctuée d'anciennes bases américaines. Camp Carroll, Hamburger Hill *(p. 41)* et Khe Sanh ont pénétré la culture populaire grâce aux films hollywoodiens. La visite de la DMZ provoque une vive émotion. L'excursion intéressera surtout les visiteurs américains et les passionnés d'histoire militaire.

←

Matériel militaire dispersé dans la Zone démilitarisée

Le saviez-vous ?

L'US Air Force a lâché 9000 t de bombes sur Vinh Moc, soit près de 9 t/habitant.

17

Tunnels de Vinh Moc

C4 13 km E de Ho Xa par la rte 1 ; 20 km NE de la DMZ Minibus de Hué et Dong Ha t.l.j. 7h30-17h

Ce réseau de galeries diffère de celui de Cu Chi *(p. 76)*, même s'il témoigne, lui aussi, de l'incroyable capacité d'adaptation des Vietnamiens aux conditions extrêmes imposées par les conflits qu'ils subirent. En effet, il n'abrita pas de combattants, mais servit de refuge à la population d'un village que sa situation avait transformé en cible militaire.

Vinh Moc borde la mer de Chine méridionale, et ses ennuis commencèrent en 1954 avec la division du pays et la création de la Zone démilitarisée. Le bourg devint en effet un enjeu stratégique, car il faisait face à l'île de Con Co utilisée par les Nord-Vietnamiens comme relais d'approvisionnement des maquis du Sud. L'armée du Sud-Vietnam, puis les Américains soumirent Vinh Moc à d'intenses bombardements, et fut presque rasé. Plutôt que de s'enfuir, une partie de ses habitants décida de s'enterrer pour se protéger.

Avec de malheureuses bêches et des paniers, et l'aide de soldats du Viêt-công, ils creusèrent en 18 mois environ 3 km de tunnels répartis sur trois niveaux à 12 m, 15 m et 23 m de profondeur. Ces galeries, accessibles par 13 entrées, permirent la survie, entre 1968 et 1972, de quelque 400 personnes. Du matériel militaire et des provisions y transitèrent en route pour Con Co.

Ouverts à la visite, les tunnels ont peu changé depuis que leurs occupants ont quitté les lieux. Ils sont plus hauts et moins étroits que ceux de Cu Chi : on peut s'y déplacer debout. Ils comprenaient des cellules où logeaient les familles, des espaces pour faire la cuisine, une salle commune pouvant accueillir une cinquantaine de personnes et un hôpital où sont nés 17 enfants. Un musée retrace l'histoire de Vinh Moc et de ses souterrains.

Les plages ensoleillées des environs contrastent étrangement avec cette atmosphère.

↑ Suivez le guide dans les tunnels de Vinh Moc, près de la DMZ

18

Dong Hoi

C3 162 km N de Hué par la rte 1 de Vinh, Dong Ha et Hué Quang Binh Tourism, 58 Nguyen Huu Canh quangbinh tourism.vn

La capitale de la province de Quang Binh était jadis un charmant village de pêcheurs. Aujourd'hui, c'est devenu un centre de transit important. La ville ne possède pas d'édifices remarquables, mais elle s'est remise étonnamment vite des ravages de la guerre. Là où, il y a peu, ne s'étendaient que des décombres, des édifices bien entretenus bordent de larges avenues. La cité marqua pendant près de 150 ans la frontière entre les territoires contrôlés respectivement par les seigneurs Trinh et Nguyen. Des deux grands remparts élevés par ces familles ennemies ne subsiste qu'une porte décrépie. Quelques jolies plages dont celle de Nhat Le, à 3 km au nord de la ville, méritent le détour.

↑ L'intérieur de Thien Duong (grotte du Paradis), dans le parc national de Phong Nha-Ke Bang

→ Les colossales formations calcaires de la grotte de Son Doong

19

Parc national de Phong Nha-Ke Bang

C3 Son Trach, 55 km NO de Dong Hoi de Dong Hoi t.l.j. 8h-17h phongnhakebang.com

Inscrit au Patrimoine mondial de l'Unesco, ce parc national est réputé pour ses énormes grottes, dont la plus accessible est celle de Phong Nha (la grotte des Dents du vent). Regorgeant de cavités, stalactites, stalagmites et systèmes fluviaux, elle s'étire sur des kilomètres dans les collines. La grotte principale fait 8 km de profondeur, et de plus petites mais magnifiques salles sont vsibles à proximité. Les spéléologues ont exploré 35 km du réseau de galeries. Des nuées de sampans embarquent les visiteurs au centre d'accueil et les transportent 5 km en amont jusqu'à la grotte. À l'intérieur, à 1,6 km, se trouve un lieu jadis sacré pour les Cham, avec une inscription gravée il y a des siècles. Le parc compte deux autres splendides cavernes : Thien Duong (la grotte du Paradis) et Son Doong (la grotte de la Montagne).

20

Grotte de Son Doong

C3 parc national Phong Nha-Ke Bang janv.-août oxalis.com.vn

Au cœur du parc national de Phong Nha-Ke Bang, Son Doong est la plus vaste et l'une des plus belles grottes du monde. Découverte en 1991 par un chasseur local voulant s'abriter d'une averse tropicale, elle a été explorée en 2009 et 2010 par des spéléologues britanniques. L'impression de pénétrer dans un monde perdu vous saisit quand vous débouchez, après le gigantesque passage principal, dans cette caverne longue de 6,5 km, haute de 200 m et large de 150 m. Il y règne une obscurité totale, sauf à deux endroits où le plafond s'est effondré et où prolifèrent singes, roussettes et autres créatures rupestres, ainsi que des fougères, arbres et plantes épiphytes. Cet univers recèle aussi un cours d'eau impétueux, des lacs immobiles, des stalactites et des stalagmites parmi les plus gros de la planète. Un mur de calcite de 90 m de haut ne peut être franchi qu'à l'aide d'une corde.

Seul Oxalis Adventure Tours organise des visites pour les 900 privilégiés autorisés par an. Il faut pour cela avoir une bonne condition physique et une certaine expérience de la randonnée en montagne et dans la jungle.

21

Kim Lien

B3 14 km NO de Vinh minibus de Vinh

C'est dans ce hameau qu'Hô Chi Minh *(p. 181)*, né dans le bourg voisin de Hoang Tru en 1890, demeura jusqu'à l'âge de 5 ans. Il vécut ensuite à Hué, et revint en 1901 pour 5 ans et habita dans la maison à toit de chaume construite par les villageois.

Ayant toujours fui les pièges du pouvoir, Hô Chi Minh s'opposa de son vivant à la création d'un musée en son honneur, arguant que les fonds pourraient être mieux utilisés. Depuis sa mort en 1969, les lieux lui rendant hommage se sont multipliés. À Hoang Tru se trouve la reconstitution de sa maison natale. Un petit musée montre des photos et des souvenirs personnels « d'oncle Hô ». À Kim Lien, la maison où il a vécu de 1901 à 1906 a été reconstruite. Par respect pour ses principes, l'accès à tous ces sites est gratuit.

LA PISTE HÔ CHI MINH

Réseau complexe de sentiers discrets d'environ 20 000 km, la piste Hô Chi Minh, ou Duong Truong Son, a joué un rôle capital durant la guerre du Vietnam (1957-1975). Reliant le Nord au Sud par des chemins empruntés depuis des siècles, elle a fourni un précieux soutien logistique aux communistes du Sud, permettant de les ravitailler en armes, nourriture et recrues venues de l'armée du Nord-Vietnam. Ce parcours labyrinthique débutait près de Vinh, au nord, et prenait la direction de l'ouest, à travers la cordillère de Truong Son. Il longeait ensuite la frontière avec le Laos avant de pénétrer dans ce pays et au Cambodge pour arriver finalement au Sud du Vietnam en divers endroits clandestins.

HANOI

Implantée près de Co Loa, la capitale du premier État viêt fondée au 3e siècle av. J.-C., la « Ville en deçà du fleuve » doit sa création en 1010 à l'empereur Ly Thai To. Celui-ci va aménager sa cité, qu'il baptise Thang Long, autour d'une imposante citadelle. Les guildes d'artisans travaillant pour la Cour se regroupent alors à l'est. Ce quartier se développe tant qu'au 16e siècle, il devient le fameux Vieux Quartier de Hanoi *(p. 188)*. L'arrivée des Français au 19e siècle marque le début d'une période de reconstruction, les colons démolissant des pans entiers de la forteresse et quelques temples anciens pour faire de la place au nouveau quartier européen. Un acte de vandalisme culturel compensé, en un sens, par la beauté de l'architecture coloniale dont ils dotent la ville. Lors de la guerre d'Indochine *(p. 48)*, le centre est en grande partie épargné et en 1954, Hanoi accède au statut de capitale du Vietnam indépendant. Elle n'en a, hélas, pas fini avec la violence, et est mise à rude épreuve lors de la guerre du Vietnam. Aujourd'hui, la cité s'affirme comme une métropole élégante, cultivée et riche, où musées et galeries cohabitent avec boutiques chic et restaurants branchés.

A
B
C
0 mètre
800
0 yard
800
N
22 Pagode Kim Lien
NGHI TAM
Lac de l'Ouest
Ho Tay 23
AN DUONG
PHUC XA
YEN PHU
PHO DUC CHINH
NGHIA DUNG
NGO 71 - TAN AP
TAN AP
PHUC XA
THANH NIEN
Lac Truc Bach
NG. KHAC HIEU
CHAU LONG
CUA BAC
NGUYEN KHAC NHU
PHAM HONG THAI
NGUYEN TRUONG TO
Gare routière de Long Bien
Gare ferroviaire de Long Bien
HOE NHAI
2
THUY KHUE
HOANG HOA THAM
DANG TAT
QUAN THANH
PHAN DINH PHUNG
Jardin botanique
ARR. DE BA DINH
Maison sur pilotis de Hô Chi Minh 18
17 Mausolée Hô Chi Minh
HOANG VAN THU
Citadelle impériale de Thang Long 21
Marché Dong Xuan 2
VIEUX QUARTIER
HANG NGANG
NGO NGOC HA
NGO 15
Musée Hô Chi-Minh 16
19 Pagode au Pilier unique
BAC SON
HOANG DIEU
NGUYEN TRI PHUONG
CU DONG
DE
HUNG
HANG GA
THUOC BAC
CHA CA
HANG BO
DOI CAN
LE HONG PHONG
DIEN BIEN PHU
CHU VAN AN
TON THAT THIEP
LY NAM
PHUNG HUNG
THANH
H. NON
H. QUAT
3
KIM MA
Gare routière de Kim Ma
NGUYEN THAI HOC
TRAN PHU
15 Musée des Beaux-Arts
HANG DA
HANG GAI
LY QUOC SU
20 Terrasse panoramique du centre Lotte
700 m
CAT LINH
Temple de la Littérature 1
TG DUY TAN
HANG BONG
Cathédrale Saint-Joseph 6
Cat Linh
CUA NAM
TRANG THI
QUOC TU GIAM
NAM NGU
QUAN SU
7 Musée de la Prison Hoa Lo
GIANG VO
NGO BAI
NGO THONG PHONG
NGO SI LIEN
LY THUONG KIET
ARR. DE DONG DA
TON DUC THANG
Gare ferroviaire de Hanoi
LE DUAN
8 Pagode des Ambassadeurs
TRAN HUNG DAO
QUARTIER FRANÇAIS
YET KIEU
QUANG TRUNG
4
TRAN QUOC
NGUYEN DU
TRAN BINH TRONG
Lac Thien Quang
NGUYEN BINH KHIEM
TRAN NHAN TONG
Parc Lenin
NGUYEN DINH CHIEU
GIAO
THE
TO HIEN
BA TRIEU
DOAN TRAN
LE DAI HANH
Lac Bay Mau
VAN HO III
5
DAI CO VIET
Gare routière Giap Bat
3 km
Pagode Lien Phai 14
Autour de Hanoi
0 km
10
0 mile
10
Phong Chau
29 Temples des rois Hung
Hop Hoa
Bai Bong
Vinh Yen
Viet Tri
Huong Ky
Palais viêt de Thanh Chuong 28
Huong Canh
Aéroport international de Noi Bai
Tu Trung
Quang Oai
Phu Lo
Village ancien de Duong Lâm 27
Fleuve Rouge
Son Tay
Citadelle de Co Loa 24
Yen Vien
Musée d'Ethnographie 25
Pagode Thay 26
Rivière Da
Quoc Oai
Ha Dong
area of central Hanoi map

HANOI

Incontournable

1. Temple de la Littérature

À voir également

2. Marché Dong Xuan
3. Temple Bach Ma
4. Théâtre de marionnettes Thang Long
5. Lac Hoan Kiem
6. Cathédrale Saint-Joseph
7. Musée de la Prison Hoa Lo
8. Pagode des Ambassadeurs
9. Musée des Femmes du Vietnam
10. Hôtel Sofitel Legend Metropole
11. Opéra
12. Temple Hai Ba Trung
13. Musée national d'Histoire vietnamienne
14. Pagode Lien Phai
15. Musée des Beaux-Arts
16. Musée Hô Chi Minh
17. Mausolée de Hô Chi Minh
18. Maison sur pilotis de Hô Chi Minh
19. Pagode au Pilier unique
20. Terrasse panoramique du centre Lotte
21. Citadelle impériale de Thang Long
22. Pagode Kim Lien
23. Lac de l'Ouest
24. Citadelle de Co Loa
25. Musée d'Ethnographie
26. Pagode Thay
27. Village ancien de Duong Lam
28. Palais viêt de Thanh Chuong
29. Temples des rois Hung

Où manger et boire un verre ?

① Hanoi Social Club
② Standing Bar
③ Nê

Où faire du shopping ?

④ 54 Traditions
⑤ Hanoi Moment
⑥ Kenly Silk

1

2

3

4

←

1 The Huc, pont du soleil levant sur le lac Hoan Kiem.

2 Cuisine de rue au marché de Dong Xuan.

3 Tour du Drapeau, cité impériale de Thang Long.

4 Du haut de la tour Lotte.

Les sites touristiques de Hanoi se concentrent dans le Vieux Quartier, le Quartier français et autour de la place Ba Dinh, de sorte qu'il est facile d'explorer musées, temples et marchés à pied.

2 JOURS *à Hanoi*

Jour 1

Matin La journée débute tôt au lac Hoan Kiem *(p. 174)*. Franchissez le pont rouge du Soleil levant, The Huc, pour rejoindre le temple Ngoc Son où les fidèles brûlent de l'encens sur les autels. Faites le tour du lac. Vous croiserez des adeptes du tai-chi et découvrirez quelques monuments. Marchez ensuite jusqu'au Vieux Quartier animé *(p. 188)*, au nord, où vous attendent la Maison commémorative, le temple de Bach Ma et la porte de Quan Chuong. Ne manquez pas Cho Dong Xuan *(p. 172)*, le plus ancien marché et le plus vaste de la ville. Un endroit parfait pour essayer la cuisine de rue de Hanoi.

Après-midi Impossible de ne pas voir le majestueux Hôtel Sofitel Legend Metropole *(p. 177)*, avec sa façade blanchie à la chaux et ses persiennes vertes, ni, juste après l'angle de la rue, l'imposant édifice de l'Opéra. Consacrez ensuite 2 h à la visite du musée national d'Histoire vietnamienne *(p. 178)*, situé à deux pas, puis enchaînez avec celle, poignante, de la prison Hoa Lo *(p. 176)*. S'il vous reste du temps, allez admirer la collection de statues de Bouddha de la pagode des Ambassadeurs, non loin de là.

Soirée Plusieurs fleurons de la restauration locale se trouvent dans le pittoresque Quartier Français, à deux rues au sud du Vieux Quartier.

Jour 2

Matin Commencez par présenter vos respects au plus grand héros du Vietnam, au mausolée Hô Chi Minh *(p. 180)*, sur la place Ba Dinh, avant de visiter la maison sur pilotis où il vécut autrefois. Après un petit tour à la ravissante pagode au Pilier unique *(p. 182)* qui trône au milieu d'un petit étang à lotus, explorez la citadelle impériale de Thang Long *(p. 183)*, capitale durant près de 800 ans.

Après-midi Pénétrez dans l'enceinte de l'édifice le plus ancien et le plus fréquenté de Hanoi, le temple de la Littérature *(p. 170)*, d'une architecture remarquable. De là, vous prendrez un taxi pour vous rendre au musée d'Ethnographie *(p. 186)* qui présente les différents groupes ethniques du Vietnam. Il sera alors temps de découvrir les temples et pagodes ornant les rives de l'immense lac Ho Tay *(p. 184)*.

Soirée Après avoir contemplé le coucher de soleil sur le lac, sautez dans un taxi, direction la tour Lotte et sa plateforme panoramique *(p. 183)*. Là, vous profiterez d'une vue plongeante sur la ville tout en sirotant un verre au bar.

1

TEMPLE DE LA LITTÉRATURE

B3 Quoc Tu Giam (04) 3845 2917
avr.-sept. : t.l.j. 7h30-17h30 ; oct.-mars : t.l.j. 8h-17h

Construit en 1070 pendant le règne de Ly Thanh Tong (1009-1225), le plus ancien et le plus beau complexe architectural de Hanoi, Van Mieu (ou temple de la Littérature), est remarquablement préservé.

Inspiré du modèle du premier temple de Confucius édifié dans la ville chinoise de Qufu, Van Mieu se compose de cinq cours, dont les deux premières abritent des jardins entretenus avec soin. Des murs et des portes ouvragées les séparent, tandis qu'une allée centrale divise le complexe en deux parties égales et symétriques. Dédié au philosophe chinois Confucius, le temple a fait office de centre d'enseignement supérieur. Il accueillit en 1076 la première université du Vietnam où furent éduqués les futurs mandarins durant plus de sept siècles. Détruite en 1947 par les bombardements français, l'université a été reconstruite à l'identique.

2 313

C'est le nombre d'étudiants ayant passé avec succès les difficiles examens, entre 1442 et 1779.

→ Vue générale du temple de la Littérature

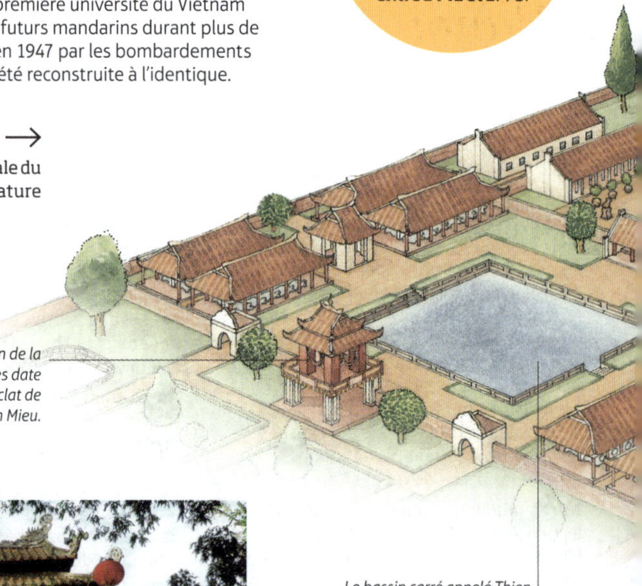

Khue Van Cac, le pavillon de la Constellation des lettres date de 1805. Il reflète l'éclat de l'héritage littéraire de Van Mieu.

Le bassin carré appelé Thien Quang Tinh, le puits de la Clarté céleste, occupe la troisième cour. De part et d'autre, des pavillons protègent 82 stèles, les reliques les plus prisées du complexe.

← La porte Khue Van Cac, coiffée d'un double toit, ou « pavillon de la Constellation des lettres »

↑ L'autel dédié à Confucius, dont la statue est richement vêtue de rouge et d'or

↑ Le Grand Tambour, à l'est du clocher

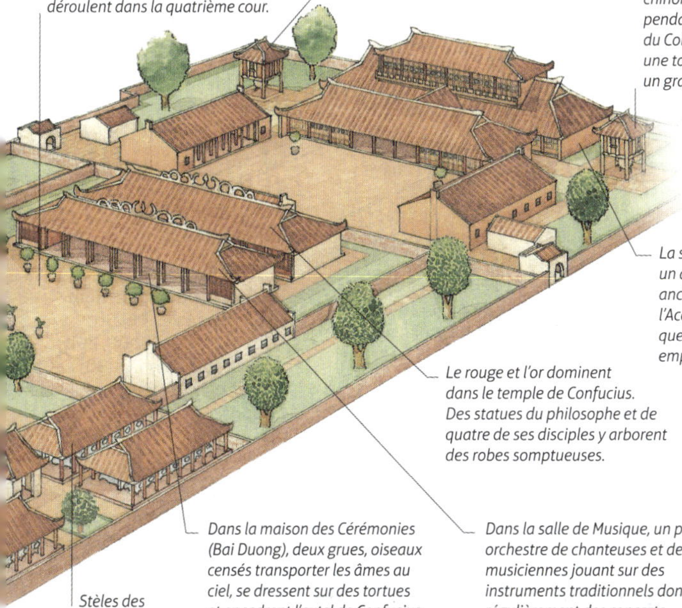

Pendant les fêtes du Têt, des parties d'échecs aux pièces remplacées par des personnes en costume se déroulent dans la quatrième cour.

Un magnifique clocher a été ajouté à la cinquième cour lors de sa restauration.

Conformément à la tradition architecturale chinoise, le clocher a pour pendant, de l'autre côté du Collège national, une tour renfermant un grand tambour.

La salle Thai Hoc abrite un autel dédié à Chu Van An, ancien directeur de l'Académie impériale, ainsi que les portraits de trois empereurs de la dynastie Ly.

Le rouge et l'or dominent dans le temple de Confucius. Des statues du philosophe et de quatre de ses disciples y arborent des robes somptueuses.

Stèles des tortues

Dans la maison des Cérémonies (Bai Duong), deux grues, oiseaux censés transporter les âmes au ciel, se dressent sur des tortues et encadrent l'autel de Confucius, où le souverain et ses mandarins venaient faire des offrandes.

Dans la salle de Musique, un petit orchestre de chanteuses et de musiciennes jouant sur des instruments traditionnels donne régulièrement des concerts près de l'autel de Confucius.

STÈLES DES TORTUES

Dressées chacune sur la carapace d'une tortue, support du monde dans la mythologie extrême-orientale, les 82 hautes stèles du 15e au 18e siècle sont dédiées aux lettrés ayant réussi le concours qui donnait accès aux plus hautes fonctions de l'État. Selon les annales, elles étaient 112 à l'origine.

À VOIR ÉGALEMENT

2 Marché Dong Xuan

C2 croisement de Dong Xuan et Hang Chieu, Vieux Quartier (024) 3792 5080 t.l.j. 6h-18h

À la fin du 19e siècle, l'administration coloniale française édifia une vaste halle à l'endroit où s'était longtemps tenu le marché du pont de l'Est. Ravagé par un incendie en 1994 et reconstruit en 1996, le bâtiment n'a conservé que sa façade d'origine, datant de 1889. Il abrite le plus ancien et le plus important marché couvert de Hanoi, Cho Dong Xuan. Sur 3 étages, ses étals proposent aussi bien des produits alimentaires frais et diverses variétés de riz que des vêtements, des articles ménagers et des produits d'importation bon marché.

Non loin, le pont Long Bien, jadis baptisé pont Paul-Doumer, fut longtemps le seul ouvrage d'art de la ville à franchir le fleuve Rouge. Son importance stratégique en fit l'une des cibles privilégiées de l'US Air Force pendant la guerre du Vietnam. Les bombes n'en sont pas venues à bout, et piétons et cyclistes s'y pressent de part et d'autre d'une voie ferrée.

Le théâtre de marionnettes sur l'eau de Thang Long est la meilleure salle du pays pour assister à un spectacle de *roi nuoc*.

3 Temple Bach Ma

D3 76 Hang Buom, Vieux Quartier du lever au coucher du soleil

Élégant, le petit temple Bach Ma, ou temple du Cheval blanc, est le plus ancien bâtiment du vieux quartier *(p. 188)*. Sa construction remonte au début du 11e siècle, lors de la fondation de Than Long *(p. 174)*, la capitale du premier véritable État viet. Selon la tradition, après la reconquête de la ville sur les Chinois en 1010, les murailles rebâties par l es vainqueurs ne cessaient de s'effondrer jusqu'à ce qu'un cheval blanc magique apparaisse pour indiquer l'endroit où les édifier. Pour exprimer sa gratitude, Ly Thai To commanda la construction d'un sanctuaire en son honneur et Bach Ma devint l'esprit protecteur de la cité. La communauté hoa d'origine chinoise installée dans la rue Hang Buom contribua financièrement à la restauration du temple au 19e siècle.

Un cheval blanc tient toujours la première place à l'intérieur, mais les Hoa en ont fait un lieu de culte de Ma Vien, le général qui rétablit le contrôle de la Chine sur le Vietnam en 43 apr. J.-C. On peut aussi y voir un ancien palanquin sculpté.

4 Théâtre de marionnettes Thang Long

D3 57 B Dinh Tien Hoang, arr. de Hoan Kiem spectacles t.l.j. à 15h, 16h10, 17h20, 18h30, 20h ; séance supp. dim. 9h30 thanglongwater puppet.org

C'est la meilleure salle du Vietnam pour assister à un spectacle de *roi nuoc*, ou marionnettes sur eau. Accompagnée d'un orchestre traditionnel, la compagnie maîtrise parfaitement les effets pyrotechniques tels que pétards, fumigènes et dragons cracheurs de feu.

À la fin du spectacle, le rideau de bambou occultant le fond du plan d'eau se lève pour révéler les manipulateurs immergés jusqu'à la taille. Toutes les places offrent une bonne visibilité, mais mieux vaut être devant pour prendre des photographies.

← Fruits et épices sur un étal du marché Dong Xuan

LES MARIONNETTES SUR EAU

Né dans le delta du fleuve Rouge, le *roi nuoc* compte parmi les expressions les plus authentiques de la culture vietnamienne. Jadis les représentations tiraient parti du décor offert par les rivières, les lacs ou les rizières. Elles se déroulent désormais dans de grands bassins. Dissimulés par un rideau, les manipulateurs dirigent leurs figurines au son d'un orchestre traditionnel.

TRADITION

Le répertoire puise dans le fonds légendaire du monde rural. Dans toutes les histoires, un petit personnage espiègle, Chu Teu, sert de meneur de jeu. Les héros affrontent des méchants emblématiques, comme le propriétaire terrien corrompu. Des animaux domestiques comme le buffle, ou mythologiques comme le dragon, le phénix ou la licorne, y tiennent une grande place. Les marionnettistes sortent de derrière le rideau de fond pour être applaudis à la fin du spectacle.

Le saviez-vous ?

Les marionnettes sur l'eau doivent bientôt souffler leurs 1000 bougies.

↑ Villageois à bord d'un bateau en forme de dragon, une créature mythique qui fait partie des stars du spectacle

Les marionnettes sont taillées dans un bois résistant à l'eau, souvent du sung, une variété de figuier.

Les marionnettes sont peintes de couleurs vives.

↑ Scène classique du théâtre de marionnettes sur l'eau, un faux palmier apporte sa touche bucolique

←

Le pont des Rayons du soleil levant enjambe le lac Hoan Kiem

5

Lac Hoan Kiem

D3 arr. Hoan Kiem
24h/24h

Situé au centre de Hanoi, le charmant plan d'eau entouré de flamboyants occupe une place particulière dans le cœur des habitants. En effet, selon la tradition, une tortue dorée en émergea au début du 15e siècle pour remettre au leader nationaliste Lê Loi une épée magique qui lui permit de chasser les Chinois, alors maîtres du pays et de Than Long. Quand il organisa une parade nautique pour fêter sa victoire sur les soldats des Ming, la tortue apparut à nouveau pour lui reprendre l'arme, d'où le nom du lac, Ho Hoan Kiem, qui signifie « lac de l'Épée restituée ». Le glaive avait rempli sa mission et Lê Loi pouvait se détourner de la guerre pour se consacrer à la paix en fondant la dynastie des Lê postérieurs, sous le nom de Lê Thai To *(p. 46)*.

Depuis le milieu du 19e siècle, Thap Rua, la petite tour de la Tortue, commémore l'événement mythique sur un îlot au centre du lac. **Den Ngoc Son**, le temple de la Montagne de Jade, l'un des bâtiments religieux les plus remarquables de la capitale, se dresse sur une île proche de la rive nord. Gracieux arc de bois peint en rouge, le pont des Rayons du soleil levant (The Huc) permet de le rejoindre. Bâti sous les Nguyen au début du 19e siècle à l'emplacement d'un palais de leurs vieux ennemis, les Trinh, le sanctuaire a conservé l'aspect que lui donnèrent les restaurations effectuées en 1864 par le mandarin Nguyen Van Sieu. Les couleurs prédominantes sont le rouge, l'or, le jaune et le noir, avec des avant-toits relevés et des dragons sculptés. Un bâton d'encre stylisé décore le sommet de son portail. Non loin, un pilier de pierre pointu représente un pinceau à calligraphie. Les caractères sur la stèle signifient « écrire sur le ciel bleu ». L'antichambre du temple renferme la dépouille naturalisée d'une grosse tortue retrouvée dans le lac en 1968. Den Ngoc Son est dédié aux esprits de la terre, à la médecine et à la littérature mais aussi à Tran Hung Dao, vainqueur des Mongols au 13e siècle *(p. 47)*.

À l'est du plan d'eau, la statue en bronze de Ly Thai To, le fondateur de la dynastie Ly et de Than Long, fait elle aussi l'objet d'un culte. Apprécié le matin par les adeptes du tai-chi, les joueurs d'échecs dans la journée et les couples en soirée, le lac Hoan Kiem offre un cadre romantique à une promenade.

FONDATION DE THANG LONG

En 968, Tien Hoang De, le premier maître de la dynastie des Dinh, déplaça sa capitale de Dai Lai, tout près du site de la Hanoi moderne, à Hoa Lu, à 80 km au sud, dans la province de Nin Binh. Il s'éloignait ainsi de la frontière chinoise. Mais cette relocalisation ne dura guère et, 42 ans plus tard, le fondateur de la dynastie Ly, l'empereur Ly Thai To, appréciant peu cet isolement, regagna Dai Lai, au cœur du delta du fleuve Rouge.
En 1010, il infligea une cuisante défaite aux Chinois lors d'une violente bataille et reprit la ville. Selon la légende, au moment où il y fit son entrée, un dragon doré s'élança depuis le sommet de la citadelle avant de disparaître dans les cieux. L'empereur considéra cet événement comme un auspice favorable et rebaptisa alors sa capitale Thang Long, ce qui signifie « Dragon prenant son essor ».

Situé au centre de Hanoi, le lac Hoan Kiem, entouré de flamboyants, occupe une place particulière dans le cœur des habitants.

Il est particulièrement agréable le week-end quand ses allées et ses routes sont fermées à la circulation .

Den Ngoc Son
t.l.j. 7h30-17h30

6

Cathédrale Saint-Joseph

C3 Nha Tho, arr. Hoan Kiem (04) 3828 5967
t.l.j. 5h-11h, 14h-19h30

Les fidèles catholiques se retrouvent pour les offices dans cette église, la plus grande de la ville, appelée Nha Tho Lon en vietnamien. Les autorités coloniales décidèrent de raser l'un des temples les plus fréquentés de Hanoi, la pagode Bao Thien, pour construire cet édifice néogothique plus ambitieux qu'harmonieux, avec sa façade alourdie par deux tours massives. Il fut inauguré en 1886. L'intérieur présente plus d'intérêt avec son autel ouvragé, ses vitraux d'origine française et, sur le mur du fond, un bas-relief peint représentant les Rois mages. La cathédrale est souvent bondée le dimanche et lors des grandes fêtes catholiques comme Noël et Pâques. Certains offices sont célébrés en français. Si le portail principal est fermé, essayez la porte latérale.

À l'est, **Chua Ba Da**, la pagode de la Dame de pierre doit son nom à un rocher dont la forme évoquait une divinité féminine. Une sculpture en bois l'a aujourd'hui remplacée. Fondée au 15e siècle sous le nom de Linh Quang (Lumière sacrée), elle a été reconstruite au 18e. Une venelle conduit à cette oasis de sérénité au cœur du vieux Hanoi. Le temple recèle plusieurs images de Thich Ca, le bouddha Sakyamuni, ainsi que deux grosses cloches anciennes en bronze.

Chua Ba Da
2 Nha Tho, arr. Hoan Kiem du lever au coucher du soleil

Hanoi Social Club
Ce café-bar séduit sa clientèle branchée autant par son cadre au chic rétro et ses concerts de musique acoustique que par la modernité de ses mets internationaux, dont des plats végétariens, assortis d'excellentes bières et de café à l'avenant. Une adresse parfaite pour une soirée réussie.

C3 6 Hoi Vu
(04) 3938 2117

Standing Bar
Offrant une vue ravissante sur le lac Truc Bach, ce bar tenu par des expatriés propose une carte de bières artisanales locales et étrangères parmi les plus variées de la ville. Concert ou comédie presque tous les soirs.

C2 170 Tran Vu
(024) 3266 8057
€€€

Nê
Les habitués plébiscitent ses cocktails savoureux et inventifs, sa décoration raffinée, son ambiance détendue et ses concerts de jazz qui créent l'animation tous les soirs.

C3 3B Tong Duy Tan
(90) 488 6266

← La cathédrale néogothique Saint-Joseph domine une petite place animée

7

Musée de la Prison Hoa Lo

C3 1 Hoa Lo, arr. Hoan Kiem (04) 3824 6358
t.l.j. 8h-17h

En plein centre de la capitale, l'ancienne prison centrale a conservé son portail d'origine. L'administration française la bâtit en 1886. Prévue pour accueillir 450 détenus, elle finit par en renfermer près de 2000 dans les années 1930, en majorité des prisonniers politiques. Pendant la guerre du Vietnam, la prison Hoa Lo acquit une certaine notoriété en servant de lieu d'incarcération des pilotes américains, qui la surnommèrent ironiquement le Hilton de Hanoi. En 1997, une grande partie du complexe pénitentiaire a cédé la place aux Hanoi Towers. Seul un espace a été conservé pour aménager un musée. L'exposition traite des mauvais traitements infligés aux militants nationalistes pendant la période coloniale. Parmi les objets présentés se trouvent fers, fouets et autres instruments de torture. Des cachots ont été préservés ainsi qu'une partie du réseau d'égouts, grâce auquel plus de 100 personnes s'évadèrent en août 1945. Une petite section dédiée aux prisonniers de guerre américains (dont le sénateur John McCain) montre qu'ils étaient bien traités, une version très divergente des témoignages des intéressés. La cour abrite une guillotine.

8

Pagode des Ambassadeurs

C4 73 Quan Su, arr. Hoan Kiem
(04) 3825 2427
t.l.j. 8h-11h, 13h-16h

Cha Quan Su doit son nom à sa proximité avec une maison d'hôtes du 17e siècle qui recevait des ambassadeurs venus de pays bouddhistes. Édifiée au 15e siècle, sa forme actuelle date d'une reconstruction en 1936, puis d'une restauration en 1942.

Siège officiel du bouddhisme Mahayana à Hanoi, elle attire de nombreux fidèles, en particulier lors des célébrations importantes. Elle possède un mobilier harmonieux, notamment des images d'A Di Da ou Amithaba, le bouddha du Passé, de Thich Ca ou Sakyamuni, le bouddha du Présent, et de Di Lac ou Maitreya, le bouddha du Futur. Près de l'entrée, une petite boutique vend des objets rituels.

9

Musée des Femmes du Vietnam

D4 36 Ly Thuong Kiet
t.l.j. 8h-17h
womenmuseum.org.vn

Assez méconnu, le musée Bao Tang Phu s'intéresse à la place des femmes dans le Vietnam d'hier et d'aujourd'hui. Remarquable par sa muséographie et son organisation, il présente sur quatre niveaux des expositions et des photographies fascinantes et bien documentées, en vietnamien, français et anglais. Un charmant café a élu domicile dans la cour.

Le musée a choisi trois thèmes pour évoquer la femme vietnamienne : la famille, l'histoire et la mode. Il donne ainsi un éclairage en profondeur sur la culture et l'histoire du pays.

Vous découvrirez l'implication et le rôle de la gente féminine lors des conflits contre les Français et les Américains, et les exploits des nombreuses héroïnes contemporaines. Les rites et autres objets symboliques de chaque étape de la vie ainsi que des costumes traditionnels féminins propres aux 54 groupes ethniques du Vietnam sont aussi exposés.

↑ L'entrée pimpante de la pagode des Ambassadeurs

54 Traditions
Étoffes, bijoux en argent, créations artisanales, antiquités des Montagnards du Nord et programme des activités culturelles, vous y trouverez tout.
C2 30 Hang Bun

Hanoi Moment
Cette caverne d'Ali Baba se veut la vitrine de l'artisanat vietnamien avec, entre autres, des sacs en bambou, des vases en corne, des boîtes en laque et des horloges en papier.
C3 101 Hang Gai

Kenly Silk
Une institution pour les amateurs de foulards en soie et de l'emblématique *ao dai* taillé sur mesure.
C3 108 Hang Gai
€€€

La somptueuse salle de l'Opéra, de style européen

Le saviez-vous ?

Le chantier de l'Opéra a coûté 2 millions de francs en 1901, soit 120 millions d'euros actuels.

10

Hôtel Sofitel Legend Métropole

D3 15 Ngo Quyen, arr. Hoan Kiem 24h/24 sofitel-legend-metropole-hanoi.com

Ouvert en 1901 sous le nom de Grand Métropole Palace, le plus prestigieux et le plus ancien des hôtels de luxe de Hanoi possède un style Belle Époque, avec une profusion d'éléments en fer forgé et de décorations Art Nouveau.

Haut lieu de la vie sociale et intellectuelle de la capitale de l'Indochine française, il a accueilli des têtes couronnées et des célébrités du monde de la littérature, du spectacle et de la politique, dont Somerset Maugham (1874-1965), Charlie Chaplin (1889-1977), Graham Greene (1904-1991), Michael Caine, Joan Baez, Jacques Chirac (1932-2019) ou Vladimir Poutine. Après des années de déclin entre 1954 et 1986, sous le régime austère du socialisme d'État, il a retrouvé splendeur et confort. Son paisible jardin est agréable pour prendre un verre.

À quelques pas au nord, l'ancienne résidence du gouverneur du Tonkin, construite en 1919 dans le style néoclassique, abrite désormais la **maison des Hôtes du gouvernement**.

Maison des Hôtes du gouvernement
10 Ngo Quyen, arr. Hoan Kiem au public

11

Opéra

D4 1 Trang Tien, arr. Hoan Kiem lors des spectacles hanoiopera house.org.vn

Construit entre 1901 et 1911, le premier opéra d'Extrême-Orient de style européen, baptisé Nha Hat Long (la maison du Grand Chant), évoque, en plus sobre, l'Opéra de Paris dessiné par Charles Garnier. Après avoir servi de lieu de parade à la bourgeoisie coloniale, il entra dans l'histoire révolutionnaire du pays le 16 août 1945, quand le Comité des citoyens annonça de son balcon la libération de la ville. Après la partition du Vietnam en 1954, il souffrit d'un manque d'entretien chronique et, pendant des années, sa programmation se limita à des spectacles comme *Le Détachement rouge de femmes*, un classique du répertoire de ballet de la Chine maoïste, ou à des concerts de musiciens venus d'URSS. Mais au milieu des années 1980, même ces maigres échanges culturels cessèrent.

En 1994, les autorités ont décidé de rénover cette institution emblématique. Les travaux ont duré trois ans et coûté 14 millions de dollars. Aujourd'hui, l'édifice a retrouvé ses miroirs dorés et le faste de ses escaliers d'apparat. La salle de 600 places, équipée du matériel de sonorisation et d'éclairage dernier cri, accueille des opérettes vietnamiennes, des ballets et de grandes coproductions internationales. L'Orchestre symphonique de Hanoi y a son siège.

> **L'hôtel Métropole, le plus prestigieux de Hanoi, a été construit dans le style Belle Époque avec une profusion d'éléments en fer forgé et de décorations Art Nouveau.**

Le saviez-vous ?

L'armée des sœurs Trung qui a combattu les Chinois en l'an 40 manquait d'entraînement et de ravitaillement.

⓬

Temple Hai Ba Trung

D5 Dong Nhan, arr. Hai Ba Trung seul. lors des fêtes

Dans un quartier du sud de la ville, le temple des Deux Sœurs Trung est l'un des plus importants du Vietnam. Il se dresse sur la rive occidentale du lac Huong Vien. Deux hautes colonnes blanches encadrent son large portail. Couronnées par des fleurs de lotus stylisées, elles portent des inscriptions de bon augure en caractères chinois. Fondé par l'empereur Ly Anh Ton en 1142, Den Hai Ba Trung honore les sœurs Trung, premières héroïnes des luttes d'indépendance du peuple viet. Il renfermerait leurs dépouilles pétrifiées, retrouvées au bord de la rivière où elles se seraient suicidées *(voir ci-dessous)*.

Le temple est fermé au public, mais les dévots s'y pressent par centaines pour la fête annuelle *(p. 43)*. Les effigies des sœurs sont lavées avec de l'eau puisée dans le fleuve Rouge avant d'être revêtues de robes.

⓭

Musée national d'Histoire vietnamienne

D4 1 Pham Ngu Lao, arr. Hoan Kiem t.l.j. 8h-12h, 13h30-17h ; visit. guidée sur rés. seul. 1er lun. du mois baotanglichsu.vn

LES SŒURS TRUNG

Pour assurer leur contrôle sur le Vietnam à partir de 111 av. J.-C., les empereurs chinois envoyèrent des émissaires occuper les postes les plus élevés, mais laissèrent en place les seigneurs féodaux locaux. Selon la tradition, le gouverneur Chiao Chi décida, en 39 apr. J.-C., d'affirmer son autorité en assassinant l'un d'eux, le mari de Trung Trac. Avec l'aide de sa sœur Trung Nhi, celle-ci obtint l'assistance des aristocrates menacés et réussit à chasser les occupants. Les deux femmes fondèrent alors leur propre royaume à Me Linh, dans le delta du fleuve Rouge. Mais les Chinois revinrent en force en 43. Pour leur échapper, les sœurs Trung se jetèrent dans la rivière Hat. Leurs restes pétrifiés auraient été repêchés, puis apportés dans le village de Dong Nhan, aujourd'hui Hai ba Trung.

En dessinant le bâtiment de l'École française d'Extrême-Orient en 1925, Ernest Hébrard répondait à une démarche architecturale propre à l'Indochine, associant des éléments européens, khmers et vietnamiens. Autour d'une pagode octogonale, le bâtiment ocre ax volets vert foncé est orné de colonnades, de corniches et de balustrades fantaisistes. D'une sobre élégance asiatique, l'édifice a été restauré et abrite désormais le musée national d'Histoire vietna-mienne (Bao Tang Lich Su). La collection illustre le passé du pays depuis la préhistoire, et comprend des pièces provenant des plus anciennes civilisations connues : la culture de Dong Son dans le delta du fleuve Rouge, celle de Sa Huynh sur la côte centrale et celle d'Oc Eo dans le delta du Mékong. De la bataille de Bach Dang en 1288 *(p. 46)* subsistent certains des pieux de bois

↑ L'élégante façade du musée national d'Histoire vietnamienne

qui servirent à couler la flotte mongole. L'étage de la rotonde renferme une splendide collection de sculptures du royaume du Champa. Meubles, céramiques et objets incrustés de nacre évoquent le faste qui règnait à la Cour des empereurs vietnamiens. Une annexe du musée se trouve de l'autre côté de la rue et abrite l'ancien musée de la Révolution vietnamienne.

14

Pagode Lien Phai

C5 Ngo Chua Lien Phai, arr. Hai Ba Trung (04) 3590 6442 t.l.j. 7h-11h, 13h30-17h30

Nichée dans les ruelles animées de la route principale, la pagode Lien Phai se dresse au milieu d'un joli jardin paisible et offre un aperçu de la vie quotidienne en ville. Appelée aussi « la pagode de la Secte du lotus », c'est l'un des rares vestiges des seigneurs Trinh *(p. 184)* visibles à Hanoi. D'après l'inscription de la stèle centrale, le seigneur Trinh Thap avait un palais dans les environs. Un jour, ses ouvriers déterrèrent un rocher en forme de racine de lotus. Leur maître interpréta ce signe comme un message de Bouddha l'invitant à se faire moine. Il fit bâtir en 1726 un temple à l'endroit où la pierre avait été mise au jour, et y passa la fin de sa vie. Des exemples de sa calligraphie sont accrochés près de l'autel principal. Le bâtiment le plus imposant, Dieu Quang, la tour de la Lumière miraculeuse, possède 10 étages. La secte du Lotus fondée par Trinh Thap suit la doctrine de la Terre pure, très populaire en Chine et au Japon : le dévot s'efforce d'échapper aux réincarnations en psalmodiant le nom du bouddha Amithaba et en se libérant de tout désir. Il accède alors au nirvana, paradis de la béatitude.

Le temple Hai Ba Trung est l'un des plus importants du Vietnam. Il est dédié aux sœurs Trung, premières héroïnes historiques.

SECRET D'INITIÉ
Marché aux fleurs de Quang Ba

Le plus grand marché aux fleurs de Hanoi, rue Au Co, ouvre tous les jours de 2 h jusqu'après le lever du soleil. Il est plus pittoresque que jamais durant le Têt Nguyen Dan *(p. 42)*.

↑ Statue du *bodhisattva* exposée au musée des Beaux-Arts *(médaillon)*

15

Musée des Beaux-Arts

B3 66 Nguyen Thai Hoc, arr. Ba Dinh t.l.j 8h30-17h vnfam.vn

Installé dans un ancien pensionnat de jeunes filles de l'époque coloniale, le musée des Beaux-Arts (Bao Tang My Thuat) propose une intéressante exposition chronologique d'architecture, de peintures, de sculptures et autres formes d'art. Elle débute par un bel ensemble de bronzes du Dong Son. Les sculptures en bois ou en pierre et les laques offrent un riche aperçu de l'art vietnamien, notamment une image de Quan Am, le *bodhisattva* de la compassion, représenté sous sa forme aux 1000 bras.

Le 1er étage accorde une large place aux peintures sur laque, dont certaines figurent parmi les plus intéressantes du pays. Consacré à la période moderne, le reste de la collection comporte des aquarelles et des peintures à l'huile. La section d'arts populaires abrite, notamment, des costumes traditionnels, des gravures sur bois de Dong Ho et des sculptures des hauts plateaux du Centre. On peut acheter des copies d'antiquité à la boutique du musée.

16

Musée Hô Chi Minh

B3 19 Ngoc Ha, arr. Ba Dinh lun., ven. 8h-minuit ; mar.-jeu. et sam.-dim. 8h-16h30 baotanghochiminh.vn

Inauguré en 1990 pour le centenaire de la naissance du libérateur du Vietnam *(ci-contre)*, ce musée cofinancé par l'ex-Union soviétique retrace le parcours du grand chef politique.
Un mélange éclectique de souvenirs et de photographies en noir et blanc illustre la jeunesse du révolutionnaire et la longue période d'exil qu'il passa en Europe et en Chine. Parmi les pièces exposées, on trouve également des installations illustrant des concepts tels que la liberté et le progrès social. Plutôt partisane, l'exposition se révèle néanmoins originale, instructive et bien présentée.

17

Mausolée de Hô Chi Minh

B2 Place Ba Dinh, arr. Ba Dinh mar.-jeu., sam.-dim. 8h-11h 2 mois/an, en général oct.-nov. pour entretenir l'embaumement

Sur le côté ouest de la place Ba Dinh se dresse la dernière demeure d'Hô Chi Minh, imposant édifice gris construit dans la pierre des montagnes de Marbre *(p. 156)* près de Da Nang. Le monument ne possède rien de la légèreté de la fleur de lotus que les architectes prétendent avoir souhaité évoquer.

Modeste mais fier de donner l'image d'un homme austère, voire d'un ascète, Hô Chi Minh avait demandé par testament à être incinéré. Il voulait que ses cendres soient dispersées dans le Nord, dans le Centre et dans le Sud du pays, en symbole de l'unité nationale à laquelle il avait consacré sa vie.

Dans le même esprit, il s'était opposé à la construction d'un musée à sa mémoire dans son hameau natal de Kim Lien *(p. 163)*. Mais après sa mort en 1969, les membres du Politburo vietnamien ont, semble-t-il, modifié son testament final et supprimé sa demande de crémation. Au lieu de cela, et avec l'aide de spécialistes soviétiques, il a été embaumé et installé en 1975, au cœur de ce monumental mausolée, inspiré de celui de Lénine à Moscou.

Les règles de visite sont strictes : il faut porter une tenue correcte, laisser en consigne sacs, appareils photo et couvre-chefs, ne pas mettre les mains dans les poches, rester silencieux. À l'intérieur, règne une atmosphère de recueillement respectueux. Ho Chi Minh, vêtu d'une tenue simple, est allongé mains croisées sur des couvertures foncées dans d'un sarcophage en verre. Venir se recueillir devant lui est une forme de pèlerinage pour de nombreux Vietnamiens, en provenance du Nord notamment ; de longues files se forment avant l'ouverture, en particulier le dimanche. La relève de la garde a lieu périodiquement et en grande pompe à l'extérieur du mausolée.

HÔ CHI MINH

Le leader de la lutte pour l'indépendance du Vietnam, Nguyen Sinh Cung, l'« Oncle Hô », est né en 1890 dans le village de Hoang Tru, près de Vinh. Après ses études à Hué, il quitte le Vietnam en 1911 et s'installe à Paris en 1917. Il a participé à la fondation du parti communiste français, travaillé pour le Komintern à Moscou et milité en Chine.

LE CHAMPION DE L'INDÉPENDANCE

De retour au pays en 1941, il prend le nom de Hô Chi Minh (« Celui qui éclaire ») et crée le Front pour l'indépendance du Vietnam, ou Viêt-minh. En 1945, il devient président du gouvernement provisoire, puis de la République démocratique du Viêt Nam (au nord) et entreprend un combat interminable et acharné contre la France. La guerre totale éclate en 1946. Le Viêt-minh, avec Hô Chi Minh à sa tête, s'engage dans une lutte qui va durer 8 ans. Hô Chi Minh passe des heures à peaufiner sa stratégie militaire et recourt à des tactiques de résistance souterraine et de guérilla pour chasser les Français. Même s'il est mort avant la réunification, l'indépendance du pays passe pour son exploit le plus marquant.

→ Sous forme de statues ou de portraits, Hô Chi Minh est omniprésent dans le pays.

↑ Aimable et discret, « Oncle Hô » faisait l'unanimité auprès des enfants et des adultes

L'ÉCOLE QUOC HOC DE HUÉ

Cette prestigieuse « école nationale », la plus ancienne du pays, compta Hô Chi Minh parmi ses élèves, mais aussi le futur général Vo Nguyen Giap et Pham Van Dong, qui deviendra Premier ministre.

La terrasse panoramique de la tour Lotte : acrophobes, s'abstenir !

18

Maison sur pilotis de Hô Chi Minh

B2 1 Bach Thao, Presidential Palace, arr. Ba Dinh lun. 7h30-11h ; mar.-jeu., sam.-dim. 7h30-11h30, 14h-16h

Quand il devient président de la République démocratique du Viêt Nam en 1954, Hô Chi Minh juge l'ancien palais du gouverneur de l'Indochine trop pompeux pour lui. Il se fait bâtir dans le parc une maison en bois plus modeste. S'inspirant des habitations sur pilotis, il conçoit l'élégant pavillon Nha Bac Ho, la « maison de l'Oncle Hô ». Tables et chaises au milieu des plantes, près des pilotis, servent à ses réunions avec le Bureau politique.

Le saviez-vous ?

Jugeant qu'elles n'étaient pas traditionnelles, Oncle Hô a supprimé les toilettes de sa maison sur pilotis

Un escalier à l'arrière conduit aux deux pièces spartiates où il vivait : un bureau et une chambre, conservés tous deux en l'état. Le bureau abrite une vieille machine à écrire et une bibliothèque remplie de livres en de nombreuses langues. Dans la chambre, les seules concessions au confort consistent en un lit, un réveil électrique, un téléphone et un poste de radio. Hô Chi Minh habita la maison de 1958 à 1969, se chargeant lui-même d'arroser son jardin et de nourrir les poissons du bassin.

Près de la résidence présidentielle, les **Jardins botaniques** abritent deux lacs, ainsi qu'une exposition permanente de sculptures.

Jardins botaniques
Hoang Hoa Tham
t.l.j. 7h30-22h

19

Pagode au Pilier unique

B3 8 Chua Mot, arr. Ba Dinh t.l.j. 8h-17h

Autre grand emblème de la ville, avec la tour du Drapeau, la pagode au Pilier unique (Chua Mot Cot), s'élève au milieu d'un bassin où poussent des lotus, situé tout près du musée Hô Chi Minh.

Selon la légende, l'empereur Ly Thai Thong commanda sa construction en 1049 à la suite d'un rêve. Désespéré de ne pas avoir de descendant mâle, il vit une nuit dans son sommeil Quan Am, assise sur un lotus, qui lui tendait un garçon. Peu après, Ly Thai Thong prit une nouvelle épouse, qui lui donna un fils. Pour exprimer sa gratitude, il fit construire ce petit temple dont la forme évoque la fleur sur laquelle était apparue la déesse de la compassion. Il représente la pureté, à l'image d'un lotus en fleur dans une mare boueuse. Le pilier est en pierre et mesure 1,25 m de diamètre.

Endommagée au fil des siècles, la pagode au Pilier unique a été remaniée à de nombreuses occasions. Elle se dressait à l'origine sur un poteau en bois, remplacé par un pilier en béton après sa démolition par les Français au moment où ils quittèrent la ville en 1954. Il en existe une copie à Hô Chi Minh-Ville.

20

Terrasse panoramique du centre Lotte

A3 54 Lieu Giai, arr. Ba Dinh t.l.j. 9h-23h lottecenter.com.vn

Les plus belles vues de Hanoi vous attendent à la plateforme panoramique, perchée au 65e étage du centre Lotte, à 272 m de hauteur. La *sky walk* a été la première aménagée en Asie du Sud-Est et reste la seule de la ville. Le prix d'accès est à l'image de son sol de verre surplombant le vide : vertigineux. Mais vous ne le regretterez pas, car le panorama à 360° permet de mesurer combien le Vieux Quartier semble petit comparé à cette métropole tentaculaire. La tour héberge des boutiques, des bureaux et un hôtel.

21

Citadelle imériale de Thang Long

C3 9 Hoang Dieu, arr. Ba Dinh mar.-dim. 8h-17h hoangthanh thanglong.vn

Pendant des siècles, seuls les souverains du pays ont pu pénétrer dans la citadelle impériale de Hanoi. Mais en 2010, elle a été classée au Patrimoine mondial par l'Unesco et a ouvert ses portes au public. Bien qu'une grande partie du site ait été détruite par les Français à la fin du 19e siècle, les édifices conservés valent le détour.

À l'extrémité sud de cet immense complexe, jouxtant le musée d'Histoire militaire du Vietnam, s'élève la tour du Drapeau (Cot Co). Au nord, la porte Doan Mon est sans doute la structure la plus impressionnante qui subsiste de la citadelle. Ses murs imposants sont percés de cinq arcades et soutiennent un pavillon à double toit, visibles une fois que l'on a franchi l'entrée principale. Après la porte, des fouilles ont révélé un réseau de canalisations sophistiqué, sans doute utilisé autrefois pour l'irrigation. Il ne reste rien du palais Kinh Tien, qui tenait lieu de résidence impériale, hormis de superbes balustrades sculptées de dragons.

Au cœur du complexe, un bâtiment colonial trapu nommé D67 abritait un centre de commandement des forces du Nord pendant la guerre du Vietnam. Son mobilier est resté en l'état. La table de conférence est entourée des sièges réservés aux dignitaires tels que le général Giap, cerveau de nombreuses victoires vietnamiennes. Un abri antibombes a aussi été conservé.

Au nord du bâtiment D67 se trouvent deux autres édifices intéressants, Hau Lau et Cua Bac, la porte nord. Par ailleurs, du côté ouest de la rue Hoang Dieu, un vaste chantier de fouilles donne une idée de l'échelle monumentale de la citadelle.

→ La splendide porte Doan Mon et sa zone de fouilles protégé par un sol de verre

SECRET D'INITIÉ

Parc Lénine

Le parc Thong Nhat, ou parc Lénine en raison de la statue du révolutionnaire russe, se situe tout à côté du Cirque national de Hanoi. Cyclistes, fans de skateboard ou de foot et promeneurs : tous viennent se détendre au milieu des arbres et des fleurs. Des bateaux en forme de cygne permettent d'explorer le lac et de profiter de sa fraîcheur.

22

Pagode Kim Lien

B1 Ho Tay, arr. Tu Liem du lever au coucher du soleil

Cette très jolie pagode justifie l'effort de se rendre sur la rive nord du lac de l'Ouest. D'après la légende, Tu Hoa, la fille de l'empereur Ly Than Tong (r. 1128-1138), s'installa dans le village de Nghi Tam pour apprendre à ses habitantes à élever les vers à soie et à tisser leur fil. Au 17e siècle, un temple bouddhique fut bâti par les villageois sur les fondations de son palais. Le seigneur Trinh Sam ordonna sa restauration en 1771, la nommant alors pagode du Lotus d'or (Chua Kim Lien) en l'honneur de la princesse. Un imposant portail à la toiture sophistiquée marque l'entrée de l'enceinte. À l'intérieur, trois pavillons sont disposés en trois lignes supposées reproduire le caractère chinois *san*, correspondant au chiffre trois.

23

Lac de l'Ouest

B1

Au nord du mausolée de Hô Chi Minh, une grande digue isole le fleuve Rouge de deux lacs. Le plus vaste, le lac de l'Ouest (Ho Tay) abrite le siège du club nautique de Hanoi. Palais et pavillons des seigneurs Trinh ont disparu, remplacés par des hôtels de luxe et les villas de la nouvelle élite du Vietnam. Tout autour, restaurants haut de gamme, boutiques et bars chic se sont installés. En revanche, plusieurs temples subsistent. Les deux plus intéressants bordent la chaussée qui le sépare de l'autre plan d'eau, le lac de la Soie blanche (Truch Bach). Il devrait son nom à la demeure où des concubines en disgrâce passaient jadis le temps à tisser. L'empereur Ly Thai To (r. 1010-1028) aurait fréquenté le **temple Quan Thanh**. Reconstruit en 1893, il est dédié au gardien du Nord (Tran Vo), une divinité taoïste dont une grande statue en bronze domine l'autel.

La fondation de la **pagode Chua Tran Quoc**, pagode de la Défense du pays, remonterait au règne du seigneur Ly Nam De (544-548). Bâtie à l'origine sur la berge du fleuve Rouge, elle dut être déplacée au 17e siècle après un glissement de terrain, et restaurée en 1815.

Pagode Chua Tran Quoc

Île Kim Ngu, chaussée Thanh Nien du lever au coucher du soleil

Temple Quan Thanh

Croisement de la chaussée Thanh Nien et la rue Quan Thanh du lever au coucher du soleil

Autrefois, Ho Tay était le domaine des seigneurs Trinh, de leurs grands palais et pavillons construits le long de ses rives, où s'élevaient aussi des temples bouddhistes.

↑ La pagode Chua Tran Quoc et son jardin se réfléchissant à la surface du lac de l'Ouest, au crépuscule

24

Citadelle de Co Loa

B5 16 km N de Hanoi, arr. Dong Anh t.l.j. 8h-17h

C'est la première capitale connue d'un royaume viet indépendant. Depuis longtemps, les écrits liés à sa création et à sa chute reposent sur la tradition orale et ils sont invérifiables.

Des lions stylisés gardent l'entrée du temple d'An Duong, où une fête rend hommage chaque année au roi légendaire. Une procession accompagne son effigie, portée en palanquin du sanctuaire jusqu'au *dinh* (maison commune) local. Pour promouvoir tourisme et traditions, la célébration inclut parties d'échecs avec des « pièces » humaines, combats de coqs, chants et danses. Le dernier jour, An Duong regagne ses foyers.

25

Musée d'Ethnographie

B5 60 Nguyen Van Huyen, arr. Cau Giay mar.-dim. 8h30-17h30

À l'ouest du centre-ville, le musée d'Ethnographie (Bao Tang Dan Toc Hoc) possède une collection d'objets illustrant la diversité ethnique d'un pays qui compte 54 peuples distincts en plus du groupe dominant des Viets, ou Kinh. On y voit des costumes traditionnels, des tissages, des instruments de musique, des outils, du matériel de pêche.

Dans le vaste parc ont été réunis des exemples de l'architecture des minorités des hauts plateaux du Centre comme des habitations, des maisons communes ou des sépultures. La reconstitution d'une maison typique des Thaïs noirs est remarquable. Par ailleurs, le musée dispose d'un centre de recherche ethnographique sur ces différents peuples.

26

Pagode Thay

B5 32 km O de Hanoi, Province de Ha Tay du lever au coucher du soleil

Consacrée à Thich Ca, le bouddha historique, la pagode du Maître se dresse dans un cadre idyllique au bord d'un plan d'eau. Elle doit son nom à Tu Dao Hanh, un moine du 12e siècle, excellent marionnettiste. Le sanctuaire abrite plus de 100 statues religieuses, dont deux immenses effigies de génies protecteurs, en argile et en papier mâché – ces géants pèsent plus d'1 t chacun.

Le palais viêt occupe une colline boisée et ombragée, et il est facile d'y passer une demie journée à se promener en l'explorant dans ses moindres recoins pour dénicher ses trésors.

À l'intérieur, à gauche de l'autel principal, se dresse une statue du Maître, et à droite, une autre de l'empereur Ly Thanh Tong (r. 1128-1138), sous le règne duquel ce séduisant lieu de culte a été établi. Lors de la fête annuelle du temple ont lieu des spectacles de marionnettes sur eau *(p. 173)*.

27

Village ancien de Duong Lâm

A5 60 km NO de Hanoi 70 de Dinh Thom au N de Hanoi

À 1 h de route à peine de Hanoi, ce village vieux de 1 200 ans donne un bel aperçu de la vie rurale au Vietnam

←

La pagode Thay ancrée sur un lac pittoresque, et la statue du Gardien rouge *(médaillon)*

sans qavoir à s'aventurer trop loin des sentiers battus.

Vous y découvrirez des maisons traditionnelles – les plus vieilles ont 400 ans –, dotées de cours et d'arcades en pierre, de pittoresques ruelles et des étangs, un puits, une église catholique française centenaire, plusieurs pagodes, ainsi qu'une maison commune ornée de sculptures où les villageois se retrouvent pour se livrer à toutes sortes d'activités culturelles. Des temples rendent hommage à deux grands rois des environs, Phung Hung (761-802) et Ngo Quyen (896-944), tous deux originaires de Duong Lâm.

Bon nombre des bâtiments en latérite de couleur rouille hébergent désormais des restaurants et des maisons d'hôtes, tandis que des étals de rue vendent des souvenirs. Pour autant, Duong Lâm ne se résume pas à une attraction touristique. Il a su rester authentique et fidèle aux traditions ancestrales.

Niché en pleine campagne, le village est entouré de paysages ravissants. Afin de les apprécier à leur juste valeur, rien de tel que de louer un vélo pour rejoindre les rizières inondées d'un vert vif et admirer le reflet des lointaines montagnes dans l'eau.

28

Palais viêt de Thanh Chuong

B4 32 km N de Hanoi, Hien Ninh, arr. Soc Son 7 ou 58 vers KCM Bac Thang Long, puis bus 64 jusqu'à Xom Nui 9h-17h thanhchuong vietpalace.com

En 2001, Thanh Chuong, l'un des chefs de file de l'art contemporain au Vietnam, a jugé cet endroit parfait pour y exposer sa riche collection d'œuvres. Depuis, le complexe a pris un tel essor qu'il est parfois considéré comme une installation artistique.

Le Palais viêt réunit 15 maisons anciennes de différents styles architecturaux et provenant des quatre coins du pays. Le domaine occupe une colline boisée et ombragée. Vous passerez aisément une demi-journée à l'explorer dans ses moindres recoins. Ici, les pagodes surgissent au-dessus de la canopée, des patios dallés de pierre entourent des étangs couverts de lotus et des statues en tout genre jouent à cache-cache. À l'intérieur, quelque 2000 objets historiques et culturels sont présentés : assiettes, bols, vases, statues et œuvres d'art qui couvrent l'histoire du Vietnam jusqu'à l'époque contemporaine.

Autant de témoignages qui illustrent la diversité de la culture, de l'architecture et de l'art vietnamiens. Le palais de Thanh Chuong se trouve à 10 km au nord de l'aéroport international Noï Bai de Hanoi. Il est donc idéalement situé pour une dernière excursion avant le départ.

→

La tour du Dieu de la montagne, dans les jardins du Palais viêt de Thanh Chuong

29

Temples des rois Hung

A4 100 km NO de Hanoi, arr. Phong Chau, Province de Phu Tho. Musée : (021) 386 0026 t.l.j. 8h-1h30, 13h-16h

Les Vietnamiens considèrent ces temples, situés sur le mont Nghia Linh, comme les tout premiers vestiges de leur civilisation. Ils occupent un site que les souverains du royaume de Vang Lang avaient dédié au culte entre le 7e et le 3e siècle av. J.-C. Même s'ils sont plus récents, ces sanctuaires font l'objet d'une grande vénération. Un escalier en pierre abrupt grimpe jusqu'à Den Ha, le plus bas sur la pente, puis Den Hung et enfin Den Thuong, proche du sommet. Les alentours sont parsemés de pagodes, de bassins couverts de lotus et de petits temples. Bougies et bâtons d'encens brûlent devant le plus important, Lang Hung, situé en dessous de Den Thuong, et qui est censé symboliser le tombeau du premier roi Hung.

Le point culminant du mont Nghia Linh ménage un beau panorama. Au pied de la montagne, un petit musée présente tambours en bronze de la culture de Dong Son, poteries et têtes de flèches. La fête annuelle des rois Hung en avril est une fête nationale qui attire les foules.

PETITE BALADE
LE VIEUX QUARTIER

Longueur 1 km **Durée** 15 min

Vivant et coloré, le plus ancien quartier marchand de Hanoi a commencé à prendre sa forme actuelle au 13e siècle, quand des artisans se sont établis sur la rive du fleuve Rouge pour répondre aux besoins de la Cour. Ils se sont ensuite regroupés par activités. Au 15e siècle, l'existence de 36 corporations occupant chacune une rue a été officialisée et le quartier a pris le nom de « quartier des 36 rues ». Aujourd'hui, vous pouvez profiter du charme du vieux quartier en vous promenant dans les ruelles étroites, où se trouvent des centaines de petites échoppes, de restaurants et d'anciennes maisons tubes.

Le saviez-vous ?

Même s'il est souvent surnommé « 36 rues », le Vieux Quartier en compte beaucoup plus.

Quan Chuong, *la porte du Commandant du régiment, était l'une des 16 portes qui fermaient le quartier. Aucune autre n'a subsisté.*

Le plus grand marché couvert de la ville, le ***marché Dong Xuan****, occupe une halle à deux étages. Ses éventaires proposent un très large choix de produits* (p. 172).

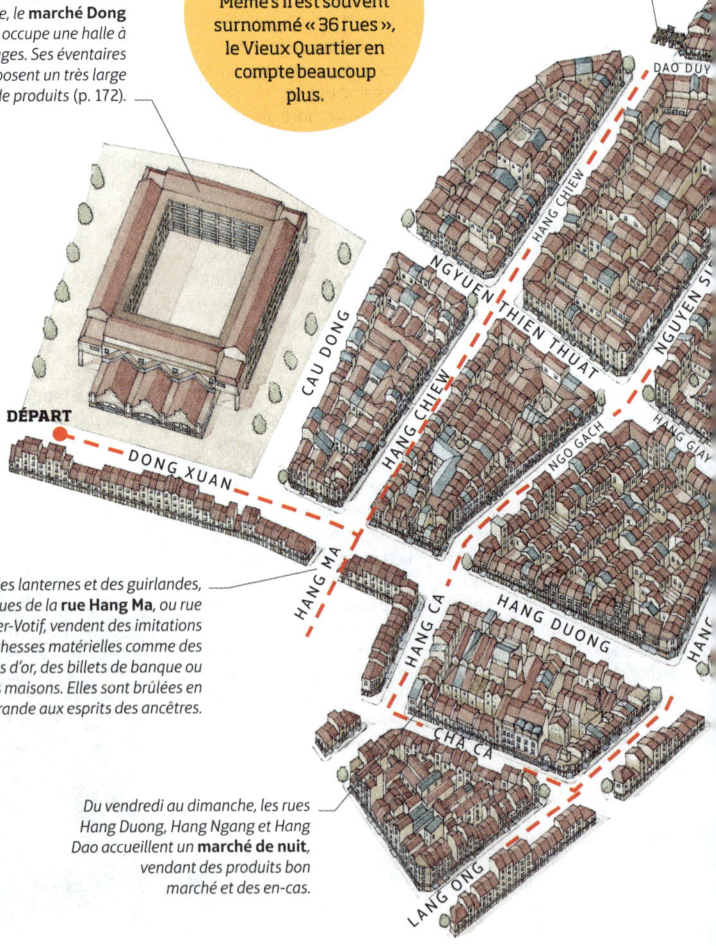

Outre des lanternes et des guirlandes, les boutiques de la ***rue Hang Ma****, ou rue du Papier-Votif, vendent des imitations de richesses matérielles comme des lingots d'or, des billets de banque ou des maisons. Elles sont brûlées en offrande aux esprits des ancêtres.*

Du vendredi au dimanche, les rues Hang Duong, Hang Ngang et Hang Dao accueillent un ***marché de nuit****, vendant des produits bon marché et des en-cas.*

←
Une cuisine dans le musée de la Maison du patrimoine

Carte de situation
Voir le plan p. 166

0 mètre 100
0 yard 100
N

Les commerces de l'ancienne rue des Voiliers, ou **rue Hang Buom**, *regorgent de friandises vietnamiennes, de diverses variétés de cafés fraîchement moulus et d'alcools importés, principalement du vin, du whisky et du cognac.*

Cette maison-tube superbement restaurée était autrefois la demeure d'une riche famille chinoise. Elle abrite maintenant le **musée de la Maison du patrimoine**, *qui offre un aperçu du mode de vie des commerçants du Vieux Quartier au 19e siècle.*

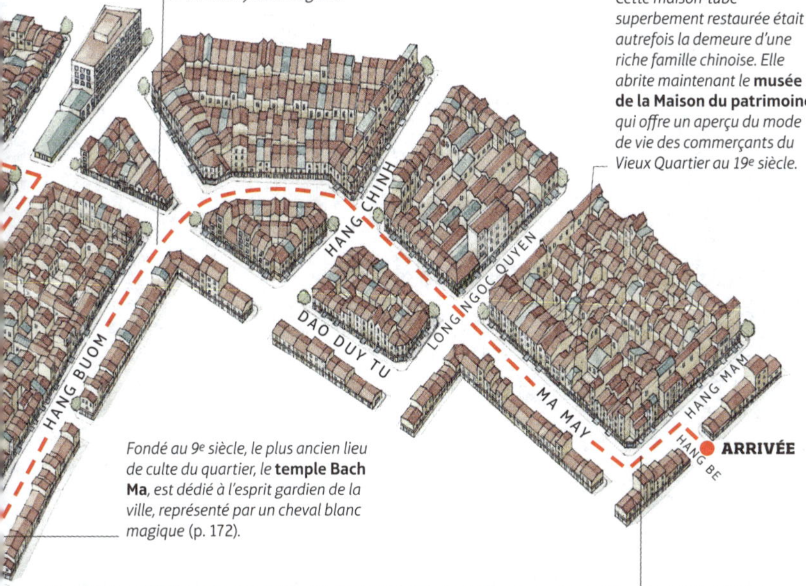

Fondé au 9e siècle, le plus ancien lieu de culte du quartier, le **temple Bach Ma**, *est dédié à l'esprit gardien de la ville, représenté par un cheval blanc magique* (p. 172).

La **rue Hang Mam**, *ou rue du Poisson-en-saumure, accueille maintenant des marbriers souvent spécialisés dans les stèles funéraires.*

←
Graveur au travail dans un atelier de la rue Hang Mam

Jonques parmi les îles et les îlots hérissant la baie d'Along

LE VIETNAM DU NORD

Le nord du Vietnam est habité depuis des milliers d'années. Pourtant, jusqu'à l'occupation française, il n'existait que peu d'écrits sur son passé. Les Français y établissent une station de montagne à Sapa dans les années 1920, mais leur présence ne dure pas, les indépendantistes s'employant, entre 1945 et 1952, à libérer les provinces septentrionales du joug colonial. À l'extrême ouest, près de la frontière du Laos, la vallée de Diên Biên Phu est le théâtre d'un épisode historique majeur : la victoire finale du Viêt-minh contre l'occupant, en 1954.

Durant les années 1970, les relations entre le Vietnam et la Chine se détériorent, après l'invasion vietnamienne du Cambodge, dont le régime génocidaire de Pol Pot est soutenu par la Chine. En 1979, 200 000 soldats chinois envahissent la région, détruisant des centaines de localités frontalières d'où ils sont ensuite chassés. Il ne reste plus guère de stigmates de cette guerre, hormis des champs de mines non identifiés le long de la frontière. La plupart des régions, a fortiori celles visitées par les touristes, ne présentent aucun danger, mais dans les endroits les plus reculés, mieux vaut éviter de s'éloigner des sentiers balisés.

LE VIETNAM DU NORD

Incontournables

1 Baie d'Along
2 Pagode des Parfums

À voir également

3 Parc national de Cuc Phuong
4 Along
5 baie de Bai Tu Long
6 Île de Cat Ba
7 Ninh Binh
8 Sites de pèlerinage du Yên Tu
9 Haiphong
10 Hoa Binh
11 Vallée de Mai Chau
12 Moc Chau
13 Son La
14 Diên Biên Phu
15 Sapa
16 Bac Ha
17 Parc national de Ba Be
18 Cao Bang
19 Géoparc du plateau karstique de Dong Van

Napo
Debao
Pingguo
Jingxi
Tiandeng
Dông Van
Yen Minh
19
Meo Vac
GÉOPARC DU PLATEAU KARSTIQUE DE DONG VAN
Gam
Bao Lac
Hang Pac Bo
Ha Quang
CAO BANG
Than Ban Gioc
Ma Phuc
Daxin
CHINE
Nguyen Binh
18
CAO BANG
Bang
Fusui
Nang
Ba Be
Dong Khe
PARC NATIONAL DE BA BE
17
Na Phac
Chongzuo
Longzhou
BAC KAN
That Khe
Shangsi
Beijang
TUYEN QUANG
Bac Kan
LANG SON
Binh Gia
Lang Son
Tuyen Quang
Van Quan
THAI NGUYEN
Na Duong
Du
Thai Nguyen
Chi Lang
Dong Mo
Dinh Lap
Mong Cai
BAC GIANG
QUANG NINH
Phu Tho
VINH PHUC
Aéroport international de Noi Bai
Bac Giang
Chu
Dam Ha
Viet Tri
Tien Yen
SITES DE PÈLERINAGE DU YÊN TU
Bac Ninh
BAIE DE BAI TU LONG
PHU THO
Vinh Yen
Da River
HANOI
Chua Con Son
8
Yên Tu 1 060 m
Cai Rong
5
BAC NINH
Hanoi
Hai Duong
HAI DUONG
ALONG
4
Cam Pha
Île Co To
HOA BINH
Ha Dong
HAIPHONG
9
Île Quan Lan
HA TAY
HUNG YEN
Réservoir de Song Da
10
Aéroport international de Cat Bi
6
1
BAIE D'ALONG
PAGODE DES PARFUMS
Hung Yen
HAI PHONG
ÎLE DE CAT BA
Muong Khen
11
2
VALLÉE DU MAI CHAU
HOA BINH
HA NAM
THAI BINH
Phu Ly
Thai Binh
PARC NATIONAL DE CUC PHUONG
3
Pagode du Bai Dinh
Nam Dinh
7
NINH BINH
Endangered Primate Rescue Center
NINH BINH
NAM DINH
Ngoc Lac
Tam Diep
Citadelle de Hô
Phat Diem
THANH HOA
Golfe du Tonkin
Thong Xuan
Aéroport de Tho Xuan
Thanh Hoa
Nhu Xuan
Sam Son
Quang Loi
Yieu
Quy Chau
Tinh Gia
Thai Hoa
VIETNAM DU NORD
Tan Ky
Dien Chau
Do Luong
Cua Lo
Vinh
DE HOI AN À VINH
p. 128

1

2

3

→

1 Rivage aux formations karstiques, Ninh Binh.

2 Le bouddha du temple de Bai Dinh.

3 Femme de l'ethnie des Thai Blancs dans les rizières de la vallée de Mai Chau.

Cette excursion dans le Nord vous entraîne loin des sentiers battus, à la découverte d'endroits fabuleux et de cultures diverses. Libre à vous de la faire seul ou de passer par un prestataire basé à Hanoi, mais géré par des Montagnards.

2 SEMAINES *dans le Vietnam du Nord*

Jour 1 : Pagode des Parfums

De bon matin, partez de Hanoi pour My Duc, où des femmes transportent les visiteurs sur des barques en bois au mont de l'Empreinte parfumée, en amont de la ville. Là, grimpez au sommet pour admirer la pagode des Parfums *(p. 204)*, dont les 30 sanctuaires forment un centre bouddhiste impressionnant. Certains se nichent sur des versants boisés, d'autres dans la roche, et à l'intérieur, le peu de lumière se reflète sur les statues dorées à travers des volutes de fumée d'encens. Passez-y la journée, déjeunez dans un restaurant végétarien, puis mettez le cap au sud pour arriver à Ninh Bin *(p. 208)* à l'heure du dîner.

Jour 2 : Ninh Bin

Au programme : croisière en bateau jusqu'aux grottes inondées de Tan Coc, parmi de superbes paysages où les majestueux reliefs karstiques jaillissent au-dessus d'un océan de rizières d'un vert vif. Une véritable baie d'Along terrestre. Après avoir déjeuné à Ninh Binh, prenez un taxi pour visiter les superbes sites des alentours, dont Hoa Lu, la capitale, en grande partie restaurée, de la dynastie des Dinh (10e siècle) où d'imposants édifices impériaux entourent les bords d'un lac pittoresque. Le plus vaste ensemble religieux du Vietnam, celui de Bai Dinh, se trouve non loin de là. Vous y verrez une immense pagode et une multitude de statues de bouddhas, dont une de 100 t en bronze.

Jour 3 : Parc national de Cuc Phuong

Le plus ancien parc national vietnamien, Cuc Phuong *(p. 205)*, doit son classement à la diversité de sa faune et de sa flore. Une journée vous permet de parcourir quelques-uns des sentiers de randonnée les plus courts à travers une jungle sauvage, émaillée de ravissantes cascades. Vous y verrez des jardins botaniques ainsi que le Endangered Primate Rescue Center *(p. 205)* où vous rencontrerez, entre autres, des entelles et des loris. Vous passerez la nuit chez l'habitant dans l'un des villages Muong voisins.

Jour 4 : Vallée de Mai Chau

Dans la fertile vallée de Mai Chau *(p. 210)*, vous pourrez apprécier l'hospitalité des Thai Blancs dans une maison traditionnelle sur pilotis. Vous passerez la journée à explorer à pied ou à vélo jungle, rizières, théiers et hameaux. Si l'envie vous prend de vous éloigner des sentiers fréquentés, parcourez à pied la réserve naturelle de Pu Luong. Le dîner chez vos hôtes sera suivi d'un spectacle de danse et de musique traditionnelles, l'occasion aussi de goûter au puissant breuvage local, le *ruou can*. →

1 Théiers dans la vallée de Moc Chau.

2 Mémorial au cimetière militaire de Diên Biên Phu.

3 Femme de l'ethnie des Hmong Noirs en tenue traditionnelle.

4 Plage de l'île de Co To, dans la baie de Bai Tu Long.

Jour 5 : de Moc Chau à Diên Biên Phu

Deux étapes jalonnent le long trajet qui mène de Mai Chau à Diên Biên Phu. Faites halte pour le déjeuner au bourg de Moc Chau *(p. 210)*, situé au cœur des plantations de thé. Profitez-en pour découvrir les hameaux et les rizières en terrasses qui sculptent les versants des collines alentour. Seconde étape moins bucolique : Son La *(p. 210)*. Là, vous visiterez l'ancienne prison transformée en musée qui vous éclairera sur les horreurs perpétrées par le régime colonial français et sur les Montagnards vivant dans la région. Reprenez ensuite la route de Diên Biên Phu *(p. 211)*, que vous atteindrez au coucher du soleil. C'est là, non loin de la frontière du Laos, que s'est déroulée la bataille décisive de la guerre d'Indochine en 1954, avec la victoire écrasante du Viêt-minh contre les Français.

Jour 6 : Diên Biên Phu

Le musée présente l'histoire de la bataille. Rendez-vous ensuite dans la vallée pour voir les monuments aux morts et les carcasses de tanks calcinés qui gisent sur le principal champ de bataille, percé de tunnels du Viêt-minh.

Jour 7, 8, et 9 : Sapa

Sapa *(p. 212)* mérite que l'on prenne le temps de la visiter. L'été, c'est une destination très prisée en raison de la fraîcheur de son climat, de son air pur et de ses paysages. Station de montagne la mieux équipée du pays, elle se distingue aussi par son architecture coloniale et sa population composée de différentes ethnies montagnardes. Plusieurs sentiers de randonnée desservent les alentours. Une balade mène jusqu'au mont Ham Rong où l'on peut voir des danses traditionnelles. Les plus sportifs se lanceront à l'assaut du mont Fansipan (3 140 m), point culminant du Vietnam ; les autres peuvent prendre le téléphérique. À vélo ou à pied dans les vallées, vous irez jusqu'aux villages Hmong de Cat Cat et de Sin Chai, ou à celui de Ta Phin où vivent des Dao Rouges. Et ne manquez pas Thac Bac, somptueuse chute d'eau de 100 m de hauteur, accessible par la route, au nord-ouest de la ville.

4

Jour 10 : de Hanoi à Uong Bi

Sautez dans le car reliant Sapa à Hanoi (5 h), puis prenez celui à destination d'Uong Bi (3 h), où se dresse la montagne sacrée d'Yên Tu *(p. 208)*. Faites un petit tour en ville, dînez sur place et, si vous avez du temps devant vous, rendez-vous à Chua Va Bang, un temple imposant situé à la sortie nord de la ville.

Jour 11 : Sites de pèlerinage du Yên Tu

Levez-vous tôt pour rejoindre ces sites qui figurent parmi les plus anciens et les plus importants du Vietnam. Considéré comme sacré depuis près de 2 000 ans, le mont Yên Tu compte plus de 800 édifices religieux, construits pour la plupart à partir du 13e siècle, et éparpillés sur ses versants verdoyants. Pour accéder à la pagode d'Hoa Yen perchée à mi-pente, vous devrez gravir des milliers de marches ou prendre un téléphérique. Au sommet, à 1 060 m d'altitude, la splendide pagode de Bronze date du 15e siècle.

Jour 12, 13, et 14 : Baie de Bai Tu Long

Vous dénicherez un petit coin de paradis en prenant le car de Nam Mau à Cai Rong (3 à 4 h), point de départ pour les excursions dans le petit parc national peu fréquenté de Bai Tu Long, dans la baie du même nom *(p. 206)*. Là, le ferry pour l'île de Co To (2 h de traversée) vous mènera dans ce parc marin aux eaux cristallines constellées de formations karstiques et aux plages dorées.
À Co To, séjournez en bord de mer dans la localité principale ou dans une station balnéaire plus isolée. Durant deux jours, vous parcourrez à vélo cette petite île, festonnée de jolies criques et de plages fantastiques. Les nombreuses collines offrent une vue splendide ; sur l'une d'elles se dresse un phare. Si paresser sur la plage ne vous tente pas, faites de la plongée pour découvrir les récifs de corail rouges et verts disséminés autour de Co To.

◁ Le faisan argenté de l'Annam
Reconnaissable à ses caroncules faciales et ses pattes d'un rouge vif mettant en valeur son plumage argenté, ce faisan de grande taille se rencontre surtout dans les montagnes de Truong Son et de Hoang Lien Son. Il ne vole que sur de courtes distances et ne souffre pas de la captivité.

Les orchidées ▷
Une multitude de variétés d'orchidées, souvent endémiques, prolifère au Vietnam. Botanistes et passionnés de la « reine des fleurs » en découvrent régulièrement de nouvelles. Elles semblent se plaire particulièrement dans le Nord, et il y en a toujours une en fleurs sur le mont Fansipan, point culminant du pays. À Sapa, la colline de Ham Rong abrite un jardin fabuleux, riche de nombreux spécimens en pots. Hanoi accueille à chaque printemps une foire aux orchidées.

LE VIETNAM DU NORD POUR SA FLORE ET SA FAUNE

C'est au Vietnam du Nord que se rencontrent les écosystèmes tropicaux du Sud-Est asiatique et ceux tempérés de l'Asie continentale. Le résultat donne une diversité extraordinaire de faune et de flore. Les multiples formations karstiques fournissent des habitats à des milliers d'espèces.

◁ Le tigre d'Indochine
Symbole de puissance, ce majestueux félin, jadis partout présent dans la région et qui terrorisait les villageois, fait désormais partie des espèces menacées. Sa population ne cesse de décliner, notamment parce que la médecine traditionnelle utilise ses os et son pénis qui seraient aphrodisiaques. Aujourd'hui, il n'en reste plus qu'une cinquantaine au Vietnam, cantonnée dans les forêts d'arbres à feuillage persistant.

△ Le douc à pattes rousses

Ce primate arboricole, en voie de disparition, est aussi appelé «singe costumé» en raison du pelage rouge orangé de ses jambes et blanc de ses avant-bras. Sa face jaunâtre est encadrée par une barbe blanche, et sa longue queue blanche contribue à son équilibre. Comme la plupart des simiens, il est très sociable et vit en groupe pouvant compter 50 individus. Pour en apercevoir, allez à la réserve naturelle de Van Long, au sud de Hanoi.

ESPÈCES MENACÉES

L'Union internationale pour la conservation de la nature (www.iucn.org) recense plus de 40 espèces en danger critique d'extinction au Vietnam. La disparition des habitats et le braconnage en sont les causes principales. L'État tente d'y remédier en créant des parcs nationaux, en adhérant à la Convention sur le commerce international des espèces menacées et en menant des campagnes de sensibilisation sur la valeur de la faune et de la flore. Les visiteurs participent à ces efforts en évitant d'acheter de l'ivoire, des écailles de tortue, des cornes ou du corail, et de manger dans les lieux qui servent de la viande d'animal sauvage.

◁ Les papillons

Au printemps et en été, des nuées de papillons de diverses variétés – il y a plus de 500 sous-espèces – envahissent les forêts, notamment dans les parcs nationaux de Cuc Phuong et de Ba Be. À Cuc Phuong, un festival du papillon se tient même en avril, époque où la réserve reçoit de nombreuses colonies.

△ La salangane linchi

Cet oiseau vit dans les grottes calcaires du Nord. Pour le rencontrer, postez-vous à l'entrée d'une caverne au crépuscule, lorsqu'il regagne son nid après une journée de chasse aux insectes. Au même moment, les chauves-souris, très nombreuses, sortent par centaines. Un chassé-croisé étonnant.

Village flottant au pied des pitons calcaires de la baie d'Along ↑

❶

BAIE D'ALONG

D2 164 km E de Hanoi ; 60 km NE de Haiphong de Hanoi à Along du quai Tuan Chan Tourist, 8 km O de Along

Classée par l'Unesco, la baie d'Along ménage un paysage marin d'une beauté exceptionnelle. Naviguer parmi ses îlots aux formes évocatrices, ses grottes spectaculaires et ses criques est inoubliable.

À en croire la légende locale, la baie est l'œuvre d'un dragon – Along signifie « descente du dragon » – qui aurait plongé dans le golfe du Tonkin et érigé les multiples îlots et pitons rocheux en battant de la queue afin de dresser une barrière contre les envahisseurs. La version plus scientifique explique que cette topographie karstique magnifique est le fruit de milliers d'années d'une érosion sélective. La baie compte plus de 2000 pinacles de calcaire et de dolomite disséminés sur ses 1 500 km², soit la plus forte concentration du globe. Il faut au moins une journée complète pour explorer les îles et les grottes. Celles-ci abritent souvent des sanctuaires religieux et des éclairages mettent en valeur stalactites et stalagmites. Pléthore de tours organisés basés à Hanoi proposent des excursions d'un à plusieurs jours. Les sites les plus connus se concentrent surtout dans l'ouest de la baie. Si vous aspirez à une certaine tranquillité, louez un bateau à Cat Ba *(p. 207)* et les services d'un guide expérimenté, puis mettez le cap vers les parties moins visitées, mais tout aussi fabuleuses, de cette splendide baie.

①

Hang Dau Go

Étape sur le trajet pour l'île Cat Ba, Dau Go (l'île des Merveilles comme la surnommèrent les Français au 19e siècle), renferme l'une des cavités les plus belles et les plus connues de la baie d'Along, la grotte des Bouts de bois. Elle abrite des concrétions éclairées de façon féerique par des projecteurs de couleur verte et bleue. Cette caverne immense possède trois chambres auxquelles on accède par 90 marches. Son nom lui vient de la fin du 13e siècle, lorsque le général Tran Hung Dao l'utilisa pour cacher des pieux armés de fer. Une fois plantés dans le lit du Bach Dang, ceux-ci permirent à l'officier de couler une flotte mongole venue conquérir le pays.

②

Hang Thien Cung

Toujours sur Dau Go (l'île des Merveilles), la grotte du Palais céleste fait partie du même système de grottes que Hang Dau Go.

Découverte au milieu des années 1990, elle est équipée de projecteurs roses, verts et bleus qui illuminent doucement les stalactites scintillantes pendant du haut plafond.

LA FORMATION DU KARST

Dans la région du golfe du Tonkin, en mer dans la baie d'Along et sur terre à Tam Coc, des aiguilles de calcaire dressent des parois presque verticales. Elles ont pour origine un dépôt de sédiments fossilisés sur le plancher océanique. Soulevé et fracturé par des mouvements de la croûte terrestre, il s'est retrouvé exposé à la dissolution provoquée par des pluies acides. Les eaux de ruissellement ont alors creusé de profondes tranchées, de vastes cavernes et des gouffres, sculptant dans les rochers d'étranges reliefs.

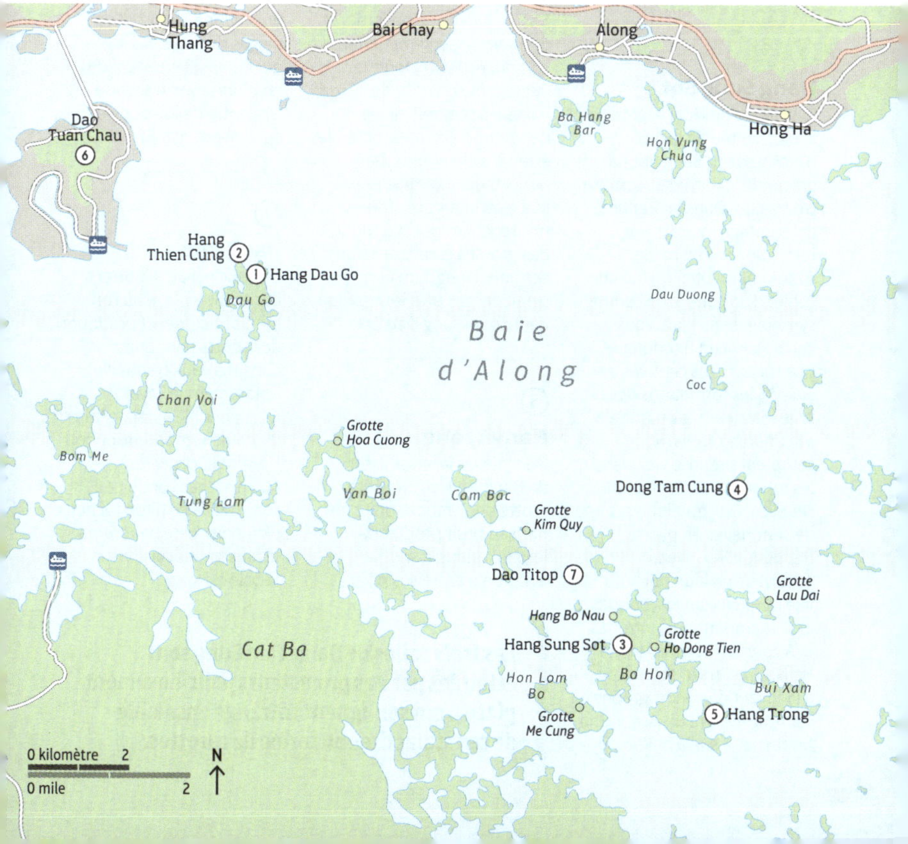

↑ Pleins feux sur les stalactites de Hang Sung Sot

NOTRE CONSEIL
Croisières
Les itinéraires font escales dans une île avec plusieurs grottes et dans l'un des villages flottants de pêcheurs. Le meilleur moment pour naviguer dans la baie est le mois de novembre, souvent ensoleillé et moins couru que les mois de mai à août.

③

Hang Sung Sot

Sur l'île de Bo Hon, la grotte la plus visitée de la baie d'Along, Hang Sung Sot (la grotte de la Surprise), compte trois salles. Dans la première, un éclairage rose attire l'attention sur un rocher évoquant un phallus, qui fait l'objet d'un culte local comme symbole de fertilité. Vous y verrez aussi un bouddha et une tortue. Plus captivantes encore, les formations de la salle intérieure, surnommée « le Château serein », semblent prendre vie quand les reflets de la mer jouent sur elles. On croirait un groupe de sentinelles en pleine discussion. Au niveau supérieur, on a un point de vue fabuleux sur les jonques et les sampans en contrebas.

À courte distance, Hang Bo Nau, la grotte du Pélican, a la faveur des photographes, car l'entrée livre un panorama fantastique sur la baie.

④

Dong Tam Cung

Fissure karstique béante découverte seulement dans les années 1990, Dong Tam Cung tient son nom de « Trois Palais » à ses trois salles hérissées de formes minérales étranges et souples. Des projecteurs judicieusement placés éclairent ces forêts mystérieuses qui évoquent des grosses carottes. Selon certains, Dong Tam Cung serait encore plus impressionnante que Hang Dau Go.

⑤

Hang Trong

Non loin de là, au sud-est de Hang Bo Nau, la petite grotte du Tambour doit son nom au bruit produit par le vent, quand il souffle avec force entre ses piliers de calcite, semblable à celui émis par des percussions.

⑥

Dao Tuan Chau

Cette grande île au sud-ouest de Bai Chay est reliée au continent par une route. C'est aussi le point de départ de nombreuses excursions dans la baie. On y trouve une marina, deux belles plages de sable blanc et quelques villas datant de la colonisation française. Un centre de loisirs s'y est également installé.

⑦

Dao Titop

Le principal attrait de cet îlot est une plage où l'on peut se baigner et pratiquer des sports nautiques dans ses eaux tranquilles, notamment le kayak. Il est possible aussi de faire du parachute ascensionnel. Un sentier d'environ 400 marches conduit au sommet de ce piton rocheux, d'où s'ouvre -le panorama le plus spectaculaire sur la baie d'Along.

> **Les trois salles de Dong Tam Cung sont éclairées par des projecteurs judicieusement placés, qui soulignent l'étrange ensemble de ces stalactites en forme de carottes.**

Croisière en jonque, le moyen idéal pour admirer les beautés naturelles de la baie d'Along

Le saviez-vous ?

Quan Am, la déesse de la miséricorde, est l'un des *bodhisattvas* les plus vénérés au Vietnam.

2

PAGODE DES PARFUMS

C2 · 65 km SO de Hanoi sur la rte 21, fbg de My Duc · du centre-ville de Hanoi et Ninh Binh jusqu'à My Duc, où des sampans transportent les visiteurs vers la pagode · t.l.j.

Au sein d'un splendide paysage karstique et luxuriant, le centre de pèlerinage bouddhique de la pagode des Parfums (Chua Huong), accroché au flanc de Nui Huong Tich, la montagne de l'Empreinte parfumée, domine la rivière Suoi Yen.

Cet ensemble compte environ 30 sanctuaires bouddhistes. Chaque année lors de la fête de la pagode *(p. 43)*, de nombreux pèlerins viennent prier Quan Am, la déesse de la miséricorde, de bien vouloir leur accorder santé, absolution, et, aux couples stériles, la joie d'avoir un enfant.

Joyaux sacrés

Les pèlerins sont tenus de marquer une première halte à Den Trinh, le temple de la Présentation, avant de grimper à la pagode Huong Tich (de l'Empreinte parfumée). L'ascension, assez sportive, prend au moins 1 h. L'inscription gravée près de l'entrée « la plus belle caverne sous le ciel méridional » donne le ton. Ensuite, il faut encore descendre 120 marches pour parvenir à ce fascinant sanctuaire niché dans les entrailles de la montagne. Dédié à Quan Am, il renferme dans ses moindres recoins des autels, des statues dorées de Bouddha et de la déesse drapés dans la fumée de l'encens.

Bâtie au 18e siècle, Thien Tru, ou pagode de la Cuisine céleste, s'étage sur trois niveaux, à flanc de montagne. Un élégant clocher coiffé d'une triple toiture la précède. À l'intérieur, une image de Quan Am orne l'autel principal.

Giai Oan, la pagode de l'Absolution, attire les pèlerins en quête de purification et de justice. Quant à Tien Son, elle héberge dans une grotte quatre statues rubis.

↑ La pagode des Parfums, construite sur les versants karstiques de Nui Huong Tich

AU FIL DE L'EAU VERS CHUA HUONG

Une flotte de barques conduites par des femmes transporte les visiteurs de My Duc jusqu'à la magnifique pagode des Parfums, en remontant la rivière Suoi Yen, qui sinue entre des falaises. Cette balade d'1 h 30 vous entraîne parmi les rizières, dans un silence que seul trouble le bruit des rames. Le sentier grimpant au sommet de la montagne est abrupt par endroits. Comptez 2 h au moins pour faire l'aller-retour à pied ; sinon, prenez le télésiège (payant).

À VOIR ÉGALEMENT

3

Parc national de Cuc Phuong

B2 Nho Quan, 45 km O de Ninh Binh ; 140 km SO de Hanoi Minibus de Ninh Binh 8h-17h30 sur demande auprès des autorités du parc cucphuong nationalpark.com

Créé en 1962, le plus ancien parc national du Vietnam, d'une superficie de 223 km², est principalement couvert d'une forêt tropicale primaire. La faune y compte près de 100 espèces de mammifères, une quarantaine de reptiles et plus de 300 sortes d'oiseaux. Le parc est également célèbre pour la diversité de sa flore, qui compte des arbres vieux de 1 000 ans ainsi que des plantes médicinales.

L'un des atouts de cette réserve est son **Endangered Primate Rescue Center**, qui soigne les animaux blessés par des chasseurs, anime des programmes de préservation des primates, et prépare les individus d'espèces menacées à un retour à la vie sauvage. Il abrite de nombreux langurs, gibbons et entelles, et offre une occasion rare de voir ces animaux de près.

Cuc Phuong propose d'excellents circuits de trekking et d'autres curiosités telles que des cascades et un jardin botanique. Les villages muong des environs peuvent héberger les visiteurs .

Endangered Primate Rescue Center
t.l.j. eprc.asia

Cascade de Ben Hieu, dans le parc national de Cuc Phuong, et l'un de ses habitants, un superbe douc *(médaillon)* ↓

4

Along

C2 164 km E de Hanoi sur la rte 18 ; 60 km NE de Haiphong sur la rte 18 de Hanoi et Haiphong de Haiphong Halong Bay Tourism (086) 831 1283

Née officiellement en 1994 de la réunion de deux localités distinctes, Bai Chay et Hon Gai, Along s'étend de chaque côté du détroit de Cua Luc relié par un pont suspendu.

À l'ouest du bras de mer, Bai Chay est une station balnéaire en plein essor, qui compte de nombreux hôtels, restaurants et agences de voyages. Sans grand intérêt, ce quartier fournit cependant des hébergements agréables. À l'est, la partie plus ancienne, Hon Gai dispose de quelques hôtels et restaurants. La vie n'y tourne pas autour du tourisme ; la prospérité découle de l'industrie, notamment de l'exploitation des immenses mines de charbon à ciel ouvert, qui dominent la côte.

Derrière les quais noircis par la poussière s'élève l'un des lieux les plus intéressants de la ville, Nui Bai Tho, la montagne du Poème. Elle tourne vers la mer une falaise haute de 106 m gravée de l'inscription érodée qui lui vaut son nom. Cette inscription aurait pour origine une poésie composée par l'empereur Lê Thanh Tong en 1468. La pagode Long Tien, le sanctuaire le plus coloré d'Along, se dresse sur le versant nord de la colline.

5

Baie de Bai Tu Long

D2 60 km E de Along de Along de Along et Cai Rong

Moins populaire et fréquentée que la baie d'Along, la baie de Bai Tu Long, ou baie des Bébés-Dragons, recouvre un plateau continental hérissé de reliefs karstiques. Pitons rocheux et îlots y composent des paysages tout aussi magnifiques. De grandes îles et de belles plages aux eaux limpides offrent un cadre plus préservé.

Les infrastructures touristiques manquant à l'appel, les visiteurs préfèrent souvent participer à une excursion au départ de Hanoi et dormir sur le bateau. Il est également possible de rallier Bai Tu Long en voiture depuis Hon Gai, via Cam Pha et Cua Ong. Les mines de charbon que vous longerez en chemin sont très impressionnantes. Des bateaux de location permettent d'explorer les confins de la baie.

La plus développée et la plus grande des îles, Van Don, est accessible par la route et en bateau depuis le port industriel de Cua Ong. Sur sa côte sud-ouest, Van Don est bordée de plages et de mangroves qui invitent au *farniente* et à la promenade. La plupart des hébergements de la baie se trouvent dans la ville principale, le joli port de

1958 Restaurant
Ce restaurant gastronomique en front de mer privilégie les recettes du Nord à base de produits de la mer, sans oublier pour autant ses clients végétariens. Un cadre chic et chaleureux, une addition d'une étonnante légèreté.
D2 Île Tuan Chau, baie d'Along halong paradisesuites.com
€€€

Wander Station
Les amateurs de café ont un faible pour cet endroit chic et niché dans la verdure, dont le patron parle anglais et n'a pas son pareil pour torréfier le café sur place et le préparer. La cuisine vietnamienne est savoureuse et comprend quelques plats à base de bœuf.
C2 32 Van Lang, Along (093) 351 8690
€€€

←
Ville et baie d'Along vues de Nui Bai Tho, la montagne du Poème

Croisière parmi les îlots rocheux dans la baie de Bai Tu Long

pêche de Cai Rong. La plus éloignée des trois îles au sud de Van Don, Quan Lan, possède une splendide plage de sable blanc: Bai Dien. C'est l'un des rares endroits, au-delà de Cai Rong, où l'on peut de se loger.

Depuis Cai Rong, une traversée de 5 h permet de rejoindre Co To. Avec sa petite plage et son village où l'on trouve une pension sans prétention, cette île est un havre de paix.

Le parc national de Bai Tu Long, à 20 km de Cai Rong, s'étend sur l'île de Ba Mun et ses environs. Il protège des écosystèmes marins fascinants et des animaux et plantes rares.

6

Île de Cat Ba

C2 45 km E de Haiphong ; 22 km S d'Along Hydroptère de Haiphong, bateaux de location à Along et Bai Chay catbavietnam.com

La plus grande île d'un archipel qui en compte plus de 350, à l'est de Haiphong, séduit par son relatif isolement et ses beautés naturelles.Toutefois, la ville de Cat Ba est de plus en plus polluée et surpeuplée, car la plupart des bateaux y accostent. Mais c'est le seul endroit où l'on peut dénicher un logement confortable. Le grand intérêt de l'île est son **parc national**, créé en 1986 afin de protéger ses divers habitats, qui s'étend sur la moitié de sa superficie. Réputé pour ses paysages, il recèle cascades, lacs, collines boisées, épaisses mangroves et récifs coralliens. Sa flore, d'une étonnante diversité, compte plus de 800 espèces, parmi lesquelles 160 plantes médicinales. Les forêts abritent une faune riche de sangliers, de cerfs, de macaques et un grand nombre d'espèces d'oiseaux et de reptiles. Un programme international veille sur le langur, un primate endémique de Cat Ba, dont il ne reste aujourd'hui que 50 individus.

Le parc possède peu d'équipements, mais on peut y camper à condition d'apporter son matériel. Les randonneurs apprécieront ses sentiers. Le plus court grimpe jusqu'au sommet du mont Ngu Lam, haut de 200 m, où une tour d'observation ménage une vue magnifique. Un trek plus long (4 à 6 h) conduit à travers la forêt jusqu'au vaste lac Ech, le lac aux Grenouilles, puis au hameau de Viet Hai d'où l'on peut louer un bateau pour rentrer à la ville de Cat Ba. De là, on peut aussi affréter une embarcation pour visiter la baie d'Along *(p. 200)*, ou la plus petite et moins connue baie de Lan Ha, au nord-est. Ses petites plages privées sont accessibles moyennant une somme modique.

Parc national de Cat Ba

20 km NO de la ville de Cat Ba du lever au coucher du soleil

Réputé pour ses paysages et sa flore d'une étonnante diversité, le parc national de Cat Ba recèle cascades, lacs, collines boisées et épaisses mangroves.

7

Ninh Binh

C2 95 km S de Hanoi sur la rte 1 Reunification Express entre Hanoi et HCMV Hanoi Dinh Tien Hoang Rd dulichninhbinh.com.vn

La petite ville de Ninh Binh est un point de chute idéal pour découvrir le sud du delta du fleuve Rouge. Si elle n'offre pas d'intérêt particulier, les sites des alentours en ont fait une destination touristique.

À 12 km au nord-ouest, c'est à Hoa Lu que l'empereur Tien Hoang De, le fondateur de la dynastie Dinh, établit sa capitale en 968. Il y fait bâtir une citadelle et un palais dont il ne reste que des ruines impressionnantes. Un peu plus loin, un autre temple est consacré à Lê Dai Hanh (r. 980-1009), fondateur de la dynastie des Lê antérieurs. L'histoire leur attribue le remplacement de la monnaie chinoise par des pièces vietnamiennes.

Au nord-ouest de Hoa Lu (12 km), se situe la pagode Bai Dinh, le plus vaste complexe de temples du pays. Il renferme les statues de 500 arhats (bouddhas éveillés), et un bouddha en bronze de 100 t. Au sud-ouest de Hoa Lu, dans la province de Thanh Hoa, la citadelle de Hô a été fondée par la dynastie Hô au début du 15e siècle. Inscrite au Patrimoine mondial par l'Unesco en 2011, il n'en subsiste que quatre portes massives en pierre, orientées vers les quatre points cardinaux.

À 10 km au sud-ouest de Ninh Binh, le site de Tam Coc (« Les Trois Grottes ») est souvent présenté comme « la baie d'Along terrestre ». Les reliefs karstiques dominent ici des rizières et les méandres de la rivière Ngo Dong. La promenade en bateau dure environ 3 h et passe par les trois longues cavités. La grotte de Jade est un sanctuaire bouddhique en partie taillé dans le rocher. Trang An, à 7 km à l'ouest de Ninh Binh, également inscrite au Patrimoine mondial de l'Unesco, s'explore, comme Tam Coc, en bateau.

À 21 km au nord-ouest de Ninh Binh, le charmant village de pêcheurs de Kenh Ga, mérite aussi le détour. Sur une petite île entouré de formations karstiques, il abrite des fermes piscicoles et des élevages de canards. Trois heures sont nécessaires pour visiter Kenh Ga en sampan, puis se rendre à la grotte de Van Trinh en admirant un paysage rural paisible.

À 1,5 km à l'est de Tran Me s'étendent les marais de la **réserve naturelle de Van Long**, qui protège une colonie de langurs de Delacour, primates menacés d'extinction.

À une trentaine de kilomètres au sud-est de Ninh Binh, la **cathédrale de Phat Diem** est l'une des plus connues du pays. Alexandre de Rhodes, le père jésuite français qui a développé le système d'écriture romanisé de la nation, a prêché ici en 1627. C'est toutefois Tran Luc, un prêtre local, qui entreprit sa construction en 1875. Achevé en 1898, le bâtiment combine des éléments gothiques et un style sino-vietnamien qui le rend unique.

Le saviez-vous ?

Les paysages de Ninh Binh ont servi de décor au film *Kong Skull Island* (2017), où apparaît à nouveau King Kong.

Réserve naturelle de Van Long

arr. Gia Vien, Province de Ninh Binh
t.l.j. sur r.-v.

Cathédrale de Phat Diem

(0229) 386 2058 t.l.j.

8

Sites de pèlerinage du Yên Tu

C2 130 km NE de Hanoi ; 14 km N de Uong Bi de Hanoi, Along, et de Haiphong jusqu'à Uong Bi

Plus haut sommet de la chaîne de Dâng Triêu, le mont Yên Tu culmine à 1 060 m d'altitude. Il doit son nom et son statut de montagne sacrée à Yên Ky Sinh, un moine qui y atteignit le nirvana il y a environ 2 000 ans.

→ Les temples de la pagode Bai Dinh, enfouis dans la verdure

Son prestige augmenta encore au 13e siècle, quand l'empereur Tran Nhan Tong (r. 1278-1293) s'y retira pour mener une vie de bonze. Les quelque 800 édifices religieux attribués au souverain et à ses successeurs existent toujours.

Depuis des siècles, des milliers de pèlerins effectuent à pied la pénible ascension jusqu'au sommet du Yên Tu. Aujourd'hui, un téléphérique facilite une partie du trajet et conduit jusqu'à la pagode Hoa Yên située à mi-pente. De là, un autre téléphérique permet de rejoindre le lieu de culte le plus important : Chua Dong, la pagode de Bronze. Ce petit temple du 15e siècle, en forme de fleur de lotus et réalisé en bronze, est le centre spirituel de la secte bouddhique de la Forêt de bambous. Il a été superbement restauré.

À quelque 5 km au nord de Sao Dao, sur la route 18, se trouvent deux importants lieux de pèlerinage. Chua Con Son, l'un des plus jolis temples du Nord, se détache du versant occidental du massif. Il est dédiée à Nguyen Van Trai. Ce poète guerrier aida l'empereur Lê Loi à chasser les Chinois du Vietnam au 15e siècle. Ce lieu de culte est très actif, et moines et nonnes psalmodient des soutras presque en permanence.

Non loin se dresse le petit temple Den Kiep Bac. Tous les ans au cours du huitième mois lunaire, il sert de cadre à une fête en l'honneur du héros national déifié Tran Hung Dao, le général de la dynastie Tran qui s'illustra à la bataille du Bach Dang au 13e siècle.

PANORAMA
Yên Tu

Le meilleur point de vue du Yên Tu se trouve près du sommet, juste au-dessus de la pagode Chua Dong. En arrivant très tôt, vous pourrez contempler les pagodes et les temples à travers un océan de nuages.

9

Haiphong

C2 100 km E de Hanoi sur la rte 5 de HCMV et Da Nang de Hanoi de Hanoi et Along de l'île de Cat Ba 18 Minh Khai haiphongtourism.gov.vn

La troisième ville du pays après Hô Chi Minh-Ville et Hanoi est aussi le plus grand port du Nord. En 1946, des milliers de civils y meurent bombardés par la marine française. Cet évènement va marquer le début de la guerre d'Indochine. Son importance stratégique lui vaudra aussi de subir les attaques de l'aviation américaine. La cité s'est rétablie des dommages causés par les guerres pour devenir une métropole industrielle spécialisée dans la cimenterie, le raffinage du pétrole et le transport du charbon.

Malgré son atmosphère décontractée et ses infrastructures, Haiphong attire peu de visiteurs. Les bâtiments les plus remarquables du centre sont les monuments datant de l'époque coloniale, dont la cathédrale du 19e siècle au bord de la rivière Tam Bac, l'opéra sur la rue Quang Trung et le **musée de Haiphong**. Au sud du centre, la pagode Du Hang borde la rue Chua Hang. Fondée au 17e siècle, elle a connu plusieurs remaniements et abrite de nombreuses statues. Sur Nguyen Cong Tru, Dinh Hang Kenh est une belle maison commune de 1781.

Musée de Haiphong
11 Dien Tien Hoang
mar., jeu. 8h-11h30 ; mer., dim. 7h30-21h30

10

Hoa Binh

C2 74 km SO de Hanoi Hanoi 395 An Duong Vuong (0218) 385 4374

Dans une région à forte population muong, cette petite ville moderne porte un nom qui signifie « La Paix ». Ironie de l'histoire, sa situation stratégique près de la vallée de la rivière Noire (Song Da) lui valut d'être l'enjeu de nombreux combats pendant la guerre d'Indochine. Le **musée de Hoa Binh** possède quelques reliques des guerres de libération.

Ses restaurants en font une bonne étape lors d'une excursion à Moc Chau ou dans la vallée de Mai Chau depuis Hanoi. À quelques kilomètres au nord-ouest se trouve le réservoir de Song Da. Des tour-opérateurs locaux organisent des excursions en bateau vers les villages des minorités et vers le réservoir.

Musée de Hoa Binh
6 An Duong Vuong
(0218) 385 2177
t.l.j. 7h-11h, 13h30-16h30

11

Vallée de Mai Chau

B2 140 km SO de Hanoi ; 70 km SE de Moc Chau sur la rte 6 de Hanoi et Son La

Au pied de la cordillère de Truong Son, les rizières et les groupes de maisons sur pilotis donnent un grand charme à cette vallée fertile. Dans les villages comme Ban Lac et Ban Van, peuplés surtout de Thaïs blancs, des familles proposent un hébergement chez l'habitant. Le logement en chambre commune est rustique, mais permet de s'immerger dans la vie quotidienne. Certaines maisons d'hôtes organisent des spectacles de musique et de danse folkloriques.

Le saviez-vous ?

Les Thai blancs et les Thai noirs forment le principal groupe ethnique de la région de Mai Chau.

Le soir venu, les visiteurs peuvent déguster du *ruou can*, un alcool de riz bu en commun avec une paille de roseau.

Les sentiers qui parcourent les rizières et les villages offrent de belles randonnées.

12

Moc Chau

B2 200 km SO de Hanoi ; 121 km SE de Son La sur la rte 6 de Hanoi et Son La

Moc Chau est le plus grand marché de ce plateau, réputé pour ses plantations de thé et son industrie laitière en plein essor. Ses entreprises approvisionnent tous les jours Hanoi en lait frais, yaourts crémeux et sucreries. Moc Chau ne se prête pas plus que Mai Chau à une longue étape. On ne s'y arrête que pour prendre une boisson entre Hanoi et Son La. Dans les environs on pourra découvrir des hameaux de Thaïs et de Hmong *(p. 215)*, des minorités ethniques aux rythmes de vie traditionnelle.

13

Son La

B1 320 km NO de Hanoi sur la rte 6 ; 150 km E de Diên Biên Phu sur la rte 6 de Hanoi et Diên Biên Phu

La dynamique petite capitale de la province de Son La s'étend de chaque côté de la rivière Nam La. Elle a porté un temps le surnom de « Sibérie du Vietnam » à cause de la **prison de Son La**, bâtie sur une colline boisée du centre-ville. Les Français l'édifièrent en 1908 quand les Hmong de la région se révoltèrent contre les conditions imposées par les autorités coloniales qu'ils fournissaient en opium. Le pénitencier servit ensuite à l'incarcération de militants du Front pour l'indépendance du Vietnam *(p. 48)*. Malgré la dureté des conditions de détention, il fit office de centre de formation idéologique. Des responsables politiques tels Truong Chinh et Lê Duan, deux futurs secrétaires du parti communiste, purent y diffuser leurs théories marxistes et nationalistes.

← Village cerné par les plantations de thé dans les collines de Moc Chau

Les raids aériens ont détruit une partie des cellules, mais les cachots se visitent. Une exposition présente divers documents et des photographies. Dans les anciens locaux administratifs, un musée abrite des costumes traditionnels et des objets usuels de diverses minorités ethniques de la région.

Sur la rive orientale de la rivière, le marché constitue une attraction plus gaie. Les visiteurs pourront y trouver des produits de l'artisanat et des tissages des Thaïs noirs et blancs. De petits stands vendent des spécialités culinaires locales, dont la viande de chèvre *(thit de)* et le *tiet canh*, du sang coagulé garni d'échalotes et d'éclats de cacahuètes.

À 5 km au sud de la ville, il suffit de s'acquitter d'un modeste droit d'entrée pour se baigner dans les sources chaudes de Suoi Nuoc Nong. La route qui mène à Diên Biên Phu traverse de beaux paysages ponctués de hameaux et de maisons isolées.

Prison de Son La
Dai Khao Ca
(0212) 385 2859
t.l.j. 7h30-11h, 13h30-16h30

14

Diên Biên Phu

A1 470 km NO de Hanoi ; 150 km O de Son La Hanoi de Hanoi, Son La et Lai Chau

Dans une vallée fertile près de la frontière du Laos, la petite ville de Diên Biên Phu est entrée dans l'Histoire après la victoire décisive *(p. 48)*. En 1954, alors que les Français avaient infiltré la région, le Viêt-minh récupérait chacune des positions ennemies. À la fin, le général de Castries, commandant des forces françaises, et ses troupes furent capturés. Un tiers des prisonniers survécut à la détention.

La vallée faisait partie de la province de Lai Chau, dont une partie a disparu sous le lac créé par le barrage de Son La, le plus grand barrage hydro-électrique du Vietnam.

Lors de la formation de la province, la construction de nouveaux bâtiments a pris un tel essor qu'elle empiète désormais sur le site principal de la bataille, sur la rive orientale de la Nam La, où gisent toujours des épaves rouillées de blindés. Non loin se dresse un monument aux morts français. Le **musée de Diên Biên Phu** illustre le déroulement des combats et présente armes, chars, uniformes et effets personnels de soldats. En face, le cimetière des martyrs de Diên Biên Phu renferme les tombes des Viêt-minh tombés pendant l'assaut. Au nord, sur la colline A1, gisent les ruines d'un bunker. Au sommet, se trouvent un monument aux héros vietnamiens et un tunnel utilisé par le Viêt-minh pour atteindre le camp français. Plus au nord, l'un des plus grands monuments du pays – un bronze de 120 t – a été installé lors du 50e anniversaire de la victoire.

Musée de Diên Biên Phu
1 Muong Thanh
t.l.j. 7h30-11h, 13h30-17h

→ « Gloire aux vainqueurs ! » monument de la victoire de Diên Biên Phu

15

Sapa

B1 380 km NO de Hanoi de Hanoi à Lao Cai Lao Cai 2 Fansipan sapa-tourism.com

En 1912, après l'inauguration de la ligne de chemin de fer qui traverse la région entre Haiphong et le Yunnan, l'armée française construit un sanatorium et une station météorologique sur un balcon montagneux situé à 1 650 m d'altitude, sur le flanc oriental de la chaîne de Hoang Lien Son, près du Fansipan, le point culminant du Vietnam. La fraîcheur du climat et la beauté de ces « Alpes tonkinoises » séduisent les hauts fonctionnaires coloniaux, et Sapa devient en 1922 une station de villégiature où l'élite locale menait dans les hôtels et les villas une vie confortable. La Seconde Guerre mondiale et l'invasion japonaise de 1941 mettent un terme à ces privilèges.

Victimes de démolition ou de décrépitude, peu de bâtiments de cette époque ont survécu aux trois décennies marquées par la guerre d'Indochine, puis par celle du Vietnam (p. 48-50). La ville subit en outre des raids aériens pendant le conflit sino-vietnamien de 1979.

Revenue à la vie depuis que les réformes économiques entamées dans les années 1990 ont rouvert le pays au tourisme, elle possède à nouveau de nombreux hôtels. Leurs prix augmentent beaucoup l'été, lorsqu'affluent les citadins. Implantée sur plusieurs niveaux reliés par des ruelles pentues et des volées de marches escarpées, Sapa accueille plusieurs peuples des collines, ainsi que la minorité Kinh et une foule grandissante de visiteurs, qui viennent pour les vues époustouflantes et l'air frais de la montagne. Les Hmong noirs, vêtus d'indigo, représentent la première minorité ethnique parmi les peuples des collines, suivis par les Daos rouges. Les jeunes femmes se parent de leurs plus beaux atours : tuniques et vestes brodées, lourds bijoux d'argent et coiffes élaborées.

Sur la place du centre-ville se dresse une petite église de 1930 très fréquentée les jours de fête. Le marché, autrefois principale attraction de la ville, suscite moins d'intérêt depuis qu'il a été déplacé vers la gare routière. Cependant, c'est toujours un endroit très animé où l'on vend des produits frais. Au-dessus, deux magasins vendent de l'artisanat Hmong noir et Dao rouge.

Topas Ecolodge

Cet hôtel écologique perché en altitude dans le parc national Hoang Lien vous accueille dans des chalets modernes en pierre du pays. Le calme, les paysages fabuleux et la piscine à débordement vous feront vite oublier l'absence d'Internet.

B1 24 Muong Hoa, Thanh Kim, Sapa topasecolodge.com

€€€

→ Spectaculaires rizières en terrasses sur les hauts plateaux de Sapa

Les environs se prêtent à de splendides randonnées, qui longent des hameaux ouverts à tous. Les minorités ethniques y donnent parfois des spectacles de danse traditionnelle. Au sud-est de la ville, la colline Ham Rong (« de la Gueule du dragon ») est l'occasion d'une agréable promenade à travers des rocailles fleuries. Son sommet ménage un somptueux panorama sur les trois vallées.

À 40 km au nord-est, Lao Cai se présente comme la « porte de Sapa ». La route pour l'atteindre traverse de superbes paysages, mais cette ville-frontière est surtout une étape pour aller en Chine, ou rejoindre de Sapa ou Bac Ha. On y trouve quelques hôtels et restaurants.

Désormais protégé par une réserve naturelle, le mont Fansipan (3 140 m), point culminant du Vietnam, s'élève à environ 8 km de Sapa. La dense végétation tropicale qui couvre la base de la montagne cède la place en altitude à une forêt tempérée. Même si le terrain est difficile et le temps moyen, la montée au sommet a toujours été prisée des randonneurs. La construction d'un téléphérique reliant Sapa et le sommet du Fansipan facilite l'accès au pic, mais a également attiré les plaintes des défenseurs de l'environnement furieux de l'impact du projet sur les anciens terrains vierges.

Le charmant village hmong noir de Cat Cat s'élève à 3 km de Sapa. Les visiteurs descendent le plus souvent à pied le sentier pentu, mais prennent un moto-taxi pour remonter en ville. Les Hmong vivent dans des maisons en argile, clayonnage, bambou et chaume, entourées de cuves de liquide de couleur indigo, utilisé pour teindre leurs vêtements. À 4 km de Cat Cat, Sin Chai est un autre village hmong, tandis que le village dao rouge de Ta Phin se situe à environ 10 km au nord de Sapa. Pour s'y rendre, le chemin emprunte une vallée peu profonde, ponctuée de rizières en terrasses et traverse les ruines d'un monastère français de 1942.

À environ 15 km au nord-ouest de Sapa, sur la route du col de Tram Ton, la cascade d'Argent (Thac Bac) dévale la paroi rocheuse d'une hauteur de 100 m. Cette chute d'eau attire de nombreux visiteurs. Des vendeuses viets, hmong noires et dao rouges y vendent de délicieux fruits.

↑ Assemblée de femmes Hmong fleurs, dans leurs tenues colorées, à Bac Ma

---

16

Bac Ha

B1 · 330 km NO Hanoi ; 69 km E de Lao Cai
de Lao Cai et Sapa
bachatourist.com

En semaine, il règne une atmosphère paisible dans ce village situé à 900 m d'altitude, au sein du massif de la rivière Chay. Mais il s'anime le dimanche matin, quand les membres des tribus montagnardes – Dao, Tay, Thaïs et, surtout, Hmong fleurs – affluent de toute la région pour la grande foire. Tenant en longe de petits chevaux chargés de bois de chauffage, ils viennent vendre, entre autres, des aromates, des fruits, des légumes, des orchidées sauvages, du gibier, des animaux d'élevage et de splendides objets brodés. Le marché permet à ces ethnies vivant dans des régions très isolées de se procurer des biens de première nécessité ou de « luxe », comme des articles de toilette, des bâtonnets d'encens, des objets servant au culte, ou encore des aiguilles, du fil et des tissus à broder.

Un autre marché se tient le samedi dans le village de Can Cau, à 20 km au nord de Bac Ha. Extrêmement coloré et vivant, il réunit dans un amphithéâtre de rizières en terrasses les membres de diverses minorités ethniques, notamment des Hmong fleurs. La route pour l'atteindre traverse des paysages spectaculaires.

Parmi les spécialités de la région, on trouve l'alcool de maïs distillé dans le hameau hmong fleur de Ban Pho. Situé à 4 km à l'ouest de Bac Ha, il offre un joli but de promenade avec ses maisons entourées de vergers.

NOTRE CONSEIL
Marché de Bac Ha
Pour profiter du marché dominical de Bac Ha et apprécier son ambiance, devancez le plus gros de la foule en partant de Sapa à 5 h du matin ou de Lao Cai à 6 h 30.

17

Parc national de Ba Be

C1 240 km N de Hanoi ; 60 km N de Bac Kan Town (0209) 387 1180

Situé dans une superbe région isolée, ce parc abrite le plus grand plan d'eau douce du pays, le lac Ba Be. Sa forme a inspiré son nom qui signifie « trois baies ». Des bateliers proposent des excursions d'une journée sur le lac.

D'une superficie de 100 km², la réserve naturelle protège une zone hérissée de reliefs karstiques, avec chutes d'eau et grottes. La dense forêt tropicale est peuplée d'une faune abondante comprenant, entre autres, le langur de François et le rhinopithèque du Tonkin, un primate en voie de disparition.

À son extrémité nord-ouest coule la spectaculaire cascade de Dau Dang, haute de 53 m. À environ 12 km en amont sur la rivière Nang, Hang Puong est une grotte traverse une colline de part en part. Des minorités ethniques habitent les montagnes des environs. Au sud du lac, Pa Ngoi est un charmant village tay aux maisons sur pilotis. Il est possible d'y loger chez l'habitant.

18

Cao Bang

C1 270 km N de Hanoi sur la rte 3 Hanoi et Lang Son

Hors des sentiers battus, dans les hautes montagnes proches de la frontière chinoise, la petite ville de Cao Bang sert de point de ralliement aux minorités ethniques des environs – des Tay, des Dao et des Nung, entre autres.

Pour les Vietnamiens, cette région est chargée d'histoire, en raison de ses liens avec la dynastie Mac du 16e siècle, et parce que c'est là qu'Hô Chi Minh *(p. 181)* lança en 1941 sa campagne de libération.

À 60 km au nord-ouest de la ville, Hang Pac Bo, la grotte de la Roue à eau, servit de camp de base au leader pour diriger les premiers maquis du Viêt-minh. Il y séjourna jusqu'en 1945, année où il déclara l'indépendance du pays. Le petit musée installé dans la grotte mérite une visite. À 90 km au nord-est de Cao Bang, Thac Ban Gioc, la plus grande chute d'eau du pays, haute de 60 m environ, coule aux confins de la Chine. De ce fait, cette région n'est accessible qu'avec un permis de la police de Cao Bang.

↑ Bassins naturels couleur jade de la majestueuse chute Thac Ban Gioc

19

Géoparc du plateau karstique de Dông Van

B1 342 km N de Hanoi Ha Giang

À l'extrémité nord du pays, la province de Ha Giang compte des paysages inoubliables dans le Géoparc du plateau karstique de Dong Van – le premier du genre reconnu par l'Unesco au Vietnam.

Couvrant plus de 2 500 km², ces superbes pics de calcaire s'élèvent en moyenne à 1 500 m. Les vues splendides commencent à la porte du Paradis, au-dessus de la ville de Tam Son. Les visiteurs ont besoin d'un permis de séjour – à demander à Ha Giang –, et d'un 4x4 ou d'une moto pour circuler sur les routes de montagne. L'itinéraire se poursuit de Yen Minh à Dông Van, le plus septentrional des villages vietnamiens, et jusqu'à Meo Vac par le col de Ma Phi Leng, offrant des vues spectaculaires sur la rivière Nho Que. De Meo Vac, il est possible de regagner le sud vers Cao Bang ou le lac Ba Be par le village de Bao Loc.

LES HMONG DU VIETNAM DU NORD

Les Hmong, ou Méo, forment l'une des minorités ethniques les plus importantes du Vietnam. Nomades à l'origine, ils ont migré de Chine au début du 19e siècle pour se fixer dans les montagnes du Nord. Connus pour leur esprit d'indépendance - *hmong* signifie « libre » dans leur langue -, ils ont toujours résisté à l'assimilation, restant attachés à leurs coutumes.

LE VILLAGE HMONG

Le village hmong, ou *giao*, est une petite communauté d'habitations en bois, à toit de chaume, reposant sur le sol et non sur pilotis. Leur construction obéit à des rites anciens, et les maisons doivent occuper un terrain béni par des ancêtres.

LES ÉVENTAIRES DE TEXTILES

Les stands des Hmong comptent parmi les valeurs sûres des marchés des montagnes du Nord. Leurs travaux de broderie et de couture ont beaucoup de succès auprès des visiteurs. Ce sont généralement de superbes souvenirs à rapporter chez soi ou à offrir.

↑ Village Hmong niché dans les rizières

LES PRINCIPAUX GROUPES HMONG

Les Hmong fleurs
Leurs costumes sont très lumineux, à motifs et incrustés de perles. Le dimanche, ils affluent au marché de Bac Ha pour vendre des produits frais et faire des provisions.

Les Hmong noirs
Leurs vêtements sont teints à l'indigo. Ils vivent en majorité autour de Sapa. Les hommes portent une culotte ample, une tunique courte et une calotte ; les femmes, une robe et des jambières. Leurs cheveux sont recouverts de coiffes ouvertes.

Les Hmong rouges
Connues pour leurs coiffures bouffantes, les femmes collectent tous les cheveux qu'elles perdent naturellement et les tissent autour d'une coiffe en les mêlant à leurs tresses *(à droite)*.

Les motifs brodés sur les sacs et les tabliers indiquent la situation familiale et le rang social.

Les mères portent leurs bébés dans des paniers en osier (Gui).

L'indigo est utilisé par les Hmong noirs pour colorer leurs vêtements.

Des bandes de couleurs vives et brodées parent les tuniques des femmes.

Femmes Hmong vendant de l'encens au marché de Bac Ha ↑

Le temple d'Angkor Vat au coucher du soleil

EXCURSION À ANGKOR

Illustre capitale du grand Empire khmer, Angkor est, sans conteste, l'une des plus extraordinaires merveilles du globe, et un site d'une immense importance archéologique. Enfouis dans la jungle des plaines du nord-ouest du Cambodge écrasées par la chaleur, ses temples anciens entraînent les visiteurs dans l'univers mystérieux et enchanteur de leur splendeur d'antan. Angkor est demeuré durant six siècles, de l'an 802 à 1432, le siège politique et religieux d'un empire qui s'étendait de la mer de Chine méridionale jusqu'aux abords du golfe du Bengale. Si les maisons et les palais en bois n'ont pas résisté à l'usure du temps, la métropole a néanmoins conservé une fabuleuse collection de temples en pierre, érigés par une succession de rois divins ayant chacun un style bien à lui. L'ensemble occupe aujourd'hui 200 km^2 et réunit entre deux *baray*, ou réservoirs, quelque 70 temples, tombeaux et autres vénérables ruines, dont le spectaculaire Angkor Vat, plus grand complexe religieux unitaire du monde.

EXCURSION À ANGKOR

Incontournables

1 Ankgor Vat
2 Angkor Thom

À voir également

3 Phnom Bakheng
4 Preah Khan
5 Prasat Neak Pean
6 Ta Prohm
7 Prasat Kravan
8 Banteay Srei
9 Groupe de Roluos
10 Siem Riep

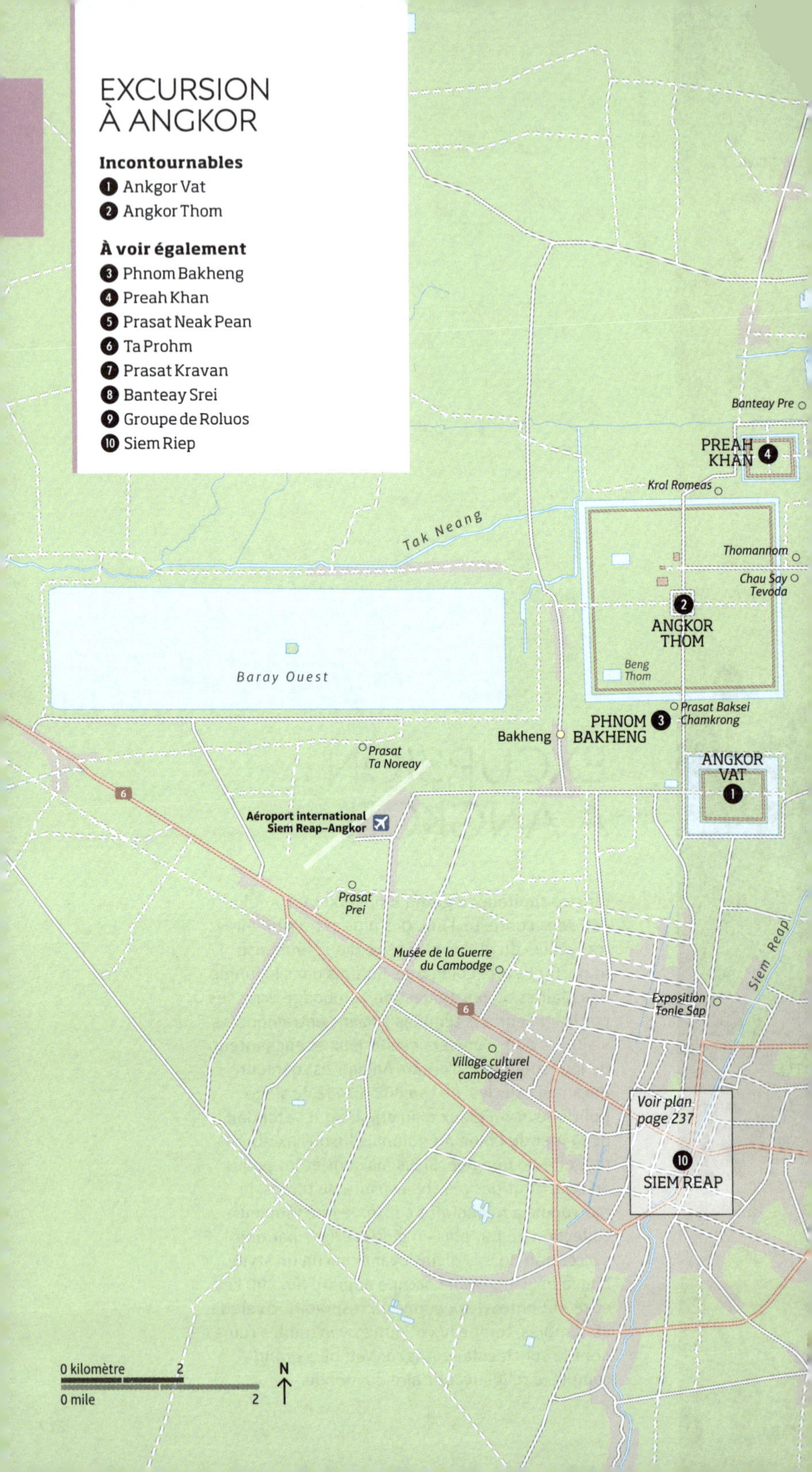

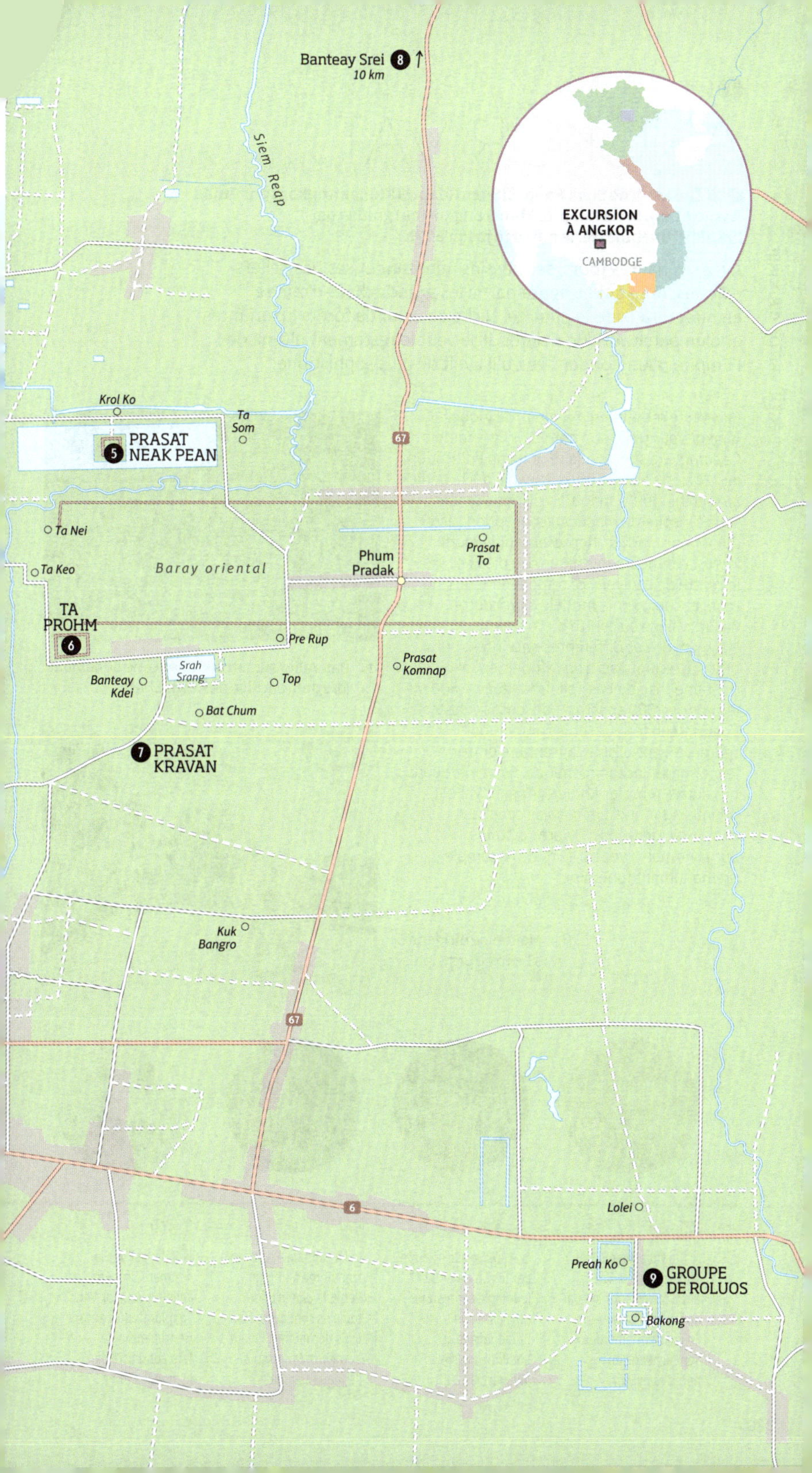
Banteay Srei 8
10 km
Siem Reap
EXCURSION
À ANGKOR
CAMBODGE
Krol Ko
Ta
Som
5 PRASAT
NEAK PEAN
67
Ta Nei
Prasat
To
Phum
Pradak
Ta Keo
Baray oriental
TA
PROHM
6
Pre Rup
Prasat
Komnap
Srah
Srang
Banteay
Kdei
Top
Bat Chum
7 PRASAT
KRAVAN
Kuk
Bangro
67
6
Lolei
Preah Ko
9 GROUPE
DE ROLUOS
Bakong

1

ANGKOR VAT

C3 6 km N de Siem Reap Siem Reap Khmer Angkor Tour Guide Association, Siem Reap khmerangkortourguide.com 5h30-18h ; billetterie ouverte jusqu'à 17h

Avec ses hautes tours, ses bassins miroitant et ses bas-reliefs épiques, Angkor Vat figure parmi les grands chefs-d'œuvre architecturaux de la planète. Niché au cœur de forêts luxuriantes et d'un patchwork de rizières, il se veut le testament ultime de l'Empire d'Angkor dans ce qu'il avait de plus sophistiqué.

Plus vaste monument religieux du globe, Angkor Vat mérite son nom de « Cité-Temple ». Ce complexe spectaculaire doit son édification au 12e siècle au roi Suryavarman II qui le dédie au dieu hindou Vishnou. La disposition des lieux s'inspire du *mandala* (conception sacrée du cosmos hindou). Représentant le mont Meru, la demeure mythique des dieux et le centre de l'univers, ce temple doté de cinq tours et copié sur le modèle d'un bouton de lotus siège au centre du complexe. Les murs de ses différentes enceintes sont ornés de sculptures d'un raffinement exquis, dont une frise de bas-reliefs longue de 600 m et près de 2000 apsaras (danseuses célestes). L'enceinte extérieure et les douves qui l'entoure symbolisent la frontière entre le monde et l'océan cosmique. Se démarquant des autres temples khmers, Angkor Vat est orienté vers l'ouest et le soleil couchant, c'est-à-dire le trépas. D'après certains, Suryavarman II voulait faire de ce temple un monument funéraire.

↑ Bas-reliefs illustrant une scène de combat lors de la bataille de Kurukshetra

→ Moines se dirigeant vers l'entrée principale

Chronologie

1130-1150

▲ Suryavarman II fait édifier Angkor Vat, alors connu sous le nom de Varah Vishnou-lok. Ce chantier ambitieux sera achevé peu après sa mort

1181-1218

▲ Après le sac perpétré par les Cham en 1177, le temple est restauré, puis passe de l'hindouisme au bouddhisme sous Jayavarman VII

1431

▲ La capitale étant transférée à Phnom Penh, la plupart des temples sont désertés, mais des moines vivent à Angkor Vat jusqu'à l'époque coloniale

1860

▲ S'il n'est pas le premier Européen à visiter Angkor Vat, l'explorateur français Henri Mouhot le fera connaître dans le monde entier

☆☆☆

POINT PHOTO

Angkor Vat

Pour immortaliser le temple se reflétant dans le bassin, allez-y un peu avant 18 h, heure de la fermeture, quand une lumière dorée illumine les cinq tours. Accroupissez-vous à côté du bassin, à gauche de la chaussée, et cadrez.

Les cinq tours d'Angkor Vat miroitent à la surface de l'un des immenses bassins qui précèdent le temple ↑

Découvrir le temple

Malgré sa taille imposante, Angkor Vat affiche un souci pour chaque détail. S'il faut du recul pour apprécier l'équilibre de ses proportions, de plus près – notamment depuis la chaussée qui y mène –, on mesure la complexité stupéfiante de ses bas-reliefs et de ses statues, ainsi que le talent de leurs auteurs. La dimension sacrée du temple se dévoile à mesure que l'on franchit ses murs d'enceinte concentriques.

Le troisième mur d'enceinte se longe dans le sens inverse des aiguilles d'une montre. Ses longues galeries sont parées de frises de bas-reliefs illustrant l'épopée hindoue du *Mahabharata*.

Au-delà, le visiteur traverse une sorte de cloître ombragé qui occupe la deuxième enceinte, avant d'atteindre le cœur même du complexe dont les murs sont couverts d'exquises sculptures d'*apsaras*.

Dominant l'ensemble, le sanctuaire central se tient en haut d'une volée de marches très raides, qui symbolise la difficulté d'accéder au royaume des dieux. Des images de Bouddha vous accueillent aux quatre entrées, le bouddhisme ayant remplacé l'hindouisme à Angkor Vat.

↑ Bas-reliefs représentant des apsaras sur un mur de la deuxième enceinte

→ Les trois enceintes d'Angkor Vat

↑ Ascension périlleuse jusqu'au sanctuaire central d'Angkor Vat

EN GROUPE OU EN SOLO ?

Il existe plusieurs modes de locomotion pour circuler d'un temple à l'autre. Nombre de personnes optent pour une visite organisée en minibus, tandis que d'autres préfèrent la liberté d'une découverte en solo. Pour ce faire, louez une moto-taxi ou un tuk-tuk pour la journée ; le conducteur vous servira aussi de guide. On peut aussi se balader à pied parmi les principaux temples, mais cela suppose de trouver à Siem Reap un moyen pour vous rendre sur place. Sinon, vous pouvez louer un vélo à Siem Reap… par chance, le terrain est assez plat.

Le saviez-vous ?

Des *pass* valables 1, 3 ou 7 jours donnent accès à tous les sites du complexe.

2

ANGKOR THOM

C6 2 km N de Angkor Vat ; 8 km N de Siem Reap
Khmer Angkor Tour Guide Association (063)-964-347
t.l.j. 5h-18h

Remarquable par son ampleur et son ingéniosité architecturale, la « grande ville royale » a été fondée par le roi Jayavarman VII à la fin du 12e siècle. Elle possède une enceinte fortifiée haute de 8 m, protégée par des douves larges de 100 m. À l'intérieur ne subsistent que les ruines de temples, dont le Bayon, le grand sanctuaire central aux visages sereins tournés vers les quatre points cardinaux *(p. 228)*.

①

Porte sud

C'est la mieux conservée des cinq portes menant à Angkor Thom. L'accès se fait par une chaussée flanquée de 154 statues : les divinités à gauche et les démons à droite. Chacune porte un serpent géant. Entourée d'éléphants à trois têtes représentant Erawan, la monture légendaire du dieu hindou Indra, la porte de 23 m de haut est surmontée d'une triple tour. Les quatre visages sculptés dans la pierre regardent chacun en direction d'un point cardinal.

②

Le Baphuon

Après 50 années de travaux de restauration, le Baphuon a ouvert au public en 2011. Considéré comme l'un des plus grands temples d'Angkor, il a été construit par le roi Udayadityavarman II au 11e siècle, avant la fondation d'Angkor Thom. Sa forme pyramidale impressionnante représente le Mont Meru, la

↑ Le temple-montagne du Baphuon, soigneusement restauré

BLUFFANT BAPHUON

Des architectes français commencent la restauration du Baphuon en 1959. Ils démontent le temple pour consolider la base, puis le remonter, une technique appelée : anastylose. Mais les plans répertoriant les 300 000 éléments de la structure sont détruits par les Khmers rouges durant la guerre civile. Le chantier reprend en 1996 et sera achevé 16 ans plus tard. L'architecte Pascal Royère l'a défini comme « le plus grand puzzle en 3D de la planète ».

← Divinités en file indienne le long de la chaussée menant à la porte Sud

demeure mythique des dieux hindous. Une tour centrale à quatre entrées se dressait autrefois à son sommet, mais elle s'est effondrée depuis longtemps. Une chaussée longue de 200 m mène au temple. D'élégants bas-reliefs ornent ses quatre portes et illustrent des épisodes des épopées indiennes du *Mahabharata* et du *Ramayana*. À l'intérieur, un grand bouddha couché, datant sans doute du 15e siècle, s'étend sur la face ouest du temple-montagne.

Une chaussée longue de 200 m mène au Baphuon. Ses quatre portes sont ornées de bas-reliefs illustrant des scènes des épopées indiennes.

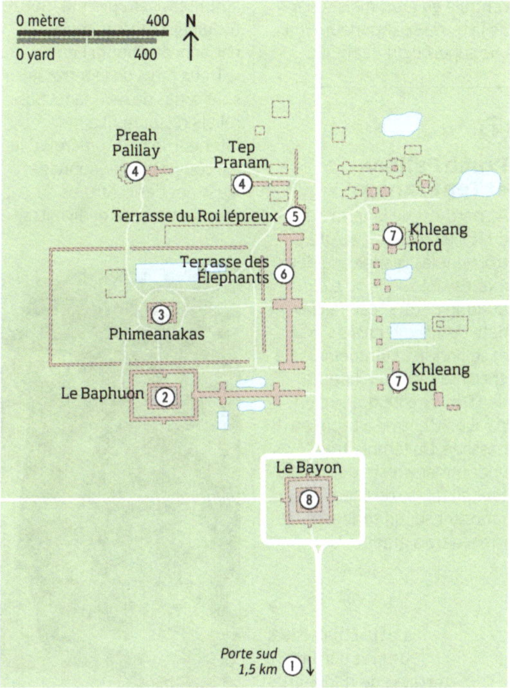

③

Phimeanakas

Construit au 10e siècle par Rajendravarman II et agrandi par Jayavarman VII, le Palais céleste se trouve à l'intérieur de l'enceinte de l'ancienne résidence royale. Fermée par un mur de latérite de 5 m de haut, sa superficie est de 15 ha. Rien ne subsiste des édifices d'habitation en bois. Selon la légende rapportée par un émissaire chinois du 13e siècle, seul le souverain pouvait pénétrer dans le sanctuaire, décrit comme une « tour d'or » où vivait un serpent sacré. La créature prenait tous les soirs la forme d'une femme, avec qui l'empereur avait pour obligation de s'accoupler afin de préserver son royaume.

Quatre escaliers gardés par des lions assis s'élèvent au centre de chaque côté du temple-montagne. Aux angles des trois gradins leur répondent des statues d'éléphants. Il ne subsiste pratiquement rien de la tour centrale en grès, mais l'on a de la terrasse supérieure une vue superbe du Baphuon.

④

Preah Palilay et Tep Pranam

Au nord-est de la terrasse du Roi lépreux *(ci-après)*, se trouvent les vestiges de deux intéressants lieux de culte bouddhiques. Preah Palilay date du 13e ou du 14e siècle et se dresse à l'intérieur d'une enceinte carrée en latérite de 50 m de côté dotée d'un pavillon d'entrée à triple passage. Du temple très endommagé reste une haute tour en forme de cheminée, reposant sur un soubassement à trois gradins. Une chaussée longue de 33 m conduit à l'est à une terrasse cruciforme bordée de beaux *naga* formant des balustrades. Lors de sa construction au 16e siècle, Tep Pranam, situé un peu plus loin à l'est, était sans doute dédié à l'école Mahayana. C'est aujourd'hui un sanctuaire Theravada. Son fleuron est une grande image de « Bouddha prenant la terre à témoin », assis la main droite tournée vers le sol.

⑤

Terrasse du Roi lépreux

Cette petite plateforme remonte à la fin du 12e siècle. Elle doit son nom à une statue sans tête dont on a longtemps cru qu'elle représentait Jayavarman VII. Le roi, selon la légende, souffrait en effet de la lèpre. Il s'agirait en réalité d'une représentation de Yama, le seigneur de la Mort selon les mythes hindouistes. La sculpture est en fait une réplique, les autorités ayant préféré mettre l'original à l'abri au musée national de Phnom Penh.

Deux murs de la terrasse sont ornés de ravissants bas-reliefs restaurés. Le mur intérieur, le plus remarquable, est couvert de personnages illustrant des créatures du monde souterrain : divinités, rois, *naga* (animaux à corps de serpent) à cinq, sept et neuf capuchons, *devada*, apsaras et d'étranges créatures marines.

La fonction exacte du site, qui semble être une extension de la terrasse des Éléphants, reste un sujet d'interrogation.

→ Les pachydermes de grès bordant la terrasse des Éléphants

↑ La porte monumentale menant à Preah Palilay

Il accueillait peut-être les réceptions royales ou bien servait de lieu de crémation.

⑥

Terrasse des Éléphants

Construite par Jayavarman VII, cette terrasse de 300 m de long s'étend du Baphuon à la terrasse du Roi lépreux. Elle doit son nom aux sculptures d'éléphants presque grandeur nature défilant avec leurs cornacs. La terrasse comporte trois plateformes principales et deux plus petites. Proches du Palais royal, elles accueillaient la Cour lors des défilés militaires et autres parades. Les autres sculptures représentent tigres, lions, serpents, oies sacrées ainsi que Garuda, la monture du dieu Vishnou. Pour une vue imprenable sur le complexe, montez en haut de l'escalier central de la terrasse.

⑦

Khleang nord et Khleang sud

À l'est de la grande allée qui passe devant la terrasse des Éléphants, ces deux édifices possèdent des ressemblances profondes malgré des dates de construction différentes. Le premier, édifié à la fin du 9e siècle, remonte au règne du roi Jayavarman V, et le second à celui de Sûryavarman Ier (r. 1002-1050). Leurs principales caractéristiques architecturales sont leurs linteaux en grès et leurs élégantes fenêtres à balustres.
Leurs fonctions demeurent inconnues. Le terme moderne « *khleang* » désigne un entrepôt, mais ce mot est considéré comme trompeur.

LA DANSE DES APSARAS

Les similitudes entre les attitudes de ces danseuses divines sculptées sur bon nombre de temples d'Angkor et les spectacles proposés aux visiteurs témoignent de la pérennité de cette tradition. Si elle a décliné à l'époque coloniale et subi l'hostilité des Khmers rouges, elle connaît une seconde jeunesse. L'Université royale des Beaux-Arts de Phnom Penh forme des danseuses, et l'Apsara Theatre de Siem Reap propose des chorégraphies tous les soirs.

Le saviez-vous ?

Le nom de Bayon vient de la déformation de « banian » (figuier sacré) lors de la restauration du site.

↑ Moines bouddhistes et visiteurs explorant le Bayon

☆☆☆

(8)

LE BAYON

C2 Angkor Thom t.l.j. 5h-18h

Au cœur d'Angkor Thom, le Bayon est l'un des plus précieux joyaux de la cité. Il symbolise la « civilisation perdue » d'Angkor. Ce temple-montagne emblématique en forme de pyramide se dresse sur trois niveaux et réunit 54 tours ornées de plus de 200 visages de pierre énormes et énigmatiques.

Un mur ponctué de huit bastions cruciformes placés à intervalles réguliers entoure le sanctuaire central du Bayon et sa forêt de tours. Cette enceinte était jadis une galerie ombragée, comme celle d'Angkor Vat. Le toit s'est effondré depuis longtemps, mais les bas-reliefs demeurent. Bien que les visages géants des tours intérieures captent l'attention des visiteurs, ce sont ces sculptures qui font du Bayon un site à part. Contrairement à celles d'Angkor Vat, pour la plupart d'inspiration religieuse, elles représentent surtout la vie quotidienne à Angkor et des légendes du folklore local. Outre cette épopée gravée dans la pierre, d'autres frises courent le long du mur d'enceinte intérieur précédant le saint des saints et ses tours monumentales, dont chacune porte le visage d'Avalokiteśvara. Illustration du mythique mont Meru, la structure centrale bâtie sur une plateforme circulaire s'élève à 43 m de hauteur. La statue du bouddha qui, autrefois, occupait le sanctuaire a été détruite quand le Bayon a été converti en temple hindou. Restaurée, elle est exposée dans un petit pavillon d'Angkor.

Illustration du mythique mont Meru, la structure centrale est bâtie sur une plateforme circulaire.

↑ Les masques de pierre d'Avalokiteśvara sculptés sur les tours du Bayon

LE BODHISATTVA DE LA COMPASSION

D'après les archéologues, les visages souriants du Bayon représentent Avalokiteśvara, le *bodhisattva* de la compassion qui, en dehors du Cambodge, prend souvent la forme d'un personnage pourvu d'un millier de bras. Ces figures évoquent aussi Jayavarman VII, le roi qui fit bâtir le temple (p. 224). Ce n'est certainement pas une coïncidence, le concept de royauté en Asie du Sud-Est associant souvent le souverain à une divinité.

Chronologie

12e siècle

△ Début de la construction du Bayon, qui deviendra la pièce maîtresse d'Angkor Thom, la nouvelle et somptueuse capitale du roi Jayavarman VII.

13e siècle

△ Le roi hindou Jayavarman VIII s'empare du trône. Le temple est modifié et la statue du bouddha est détruite.

15e siècle

△ Souverain du puissant royaume d'Ayutthaya, Borommarachathirat II ordonne le sac d'Angkor Thom. Le Bayon est abandonné à la jungle.

20e siècle

△ En 1959, l'École française d'Extrême Orient commence la restauration du temple. Les travaux ne sont achevés qu'en 2011, sous l'égide du Japon.

Des sourires inaltérables

Le Bayon est le dernier grand temple d'État construit à Angkor, avant que l'empire entame un inexorable déclin sur plusieurs siècles. Il se démarque des autres édifices religieux, car il est le seul bâti à l'origine pour célébrer le culte du bouddhisme mahayana.

L'un des plus illustres souverains d'Angkor, Jayavarman VII, réussit à se débarrasser de ses rivaux voisins et consolide son empire. Il rompt alors avec les traditions de ses prédécesseurs hindous et impose le bouddhisme mahayana. Quand vient le temps pour lui de marquer la cité de son empreinte, il ordonne la construction du temple voué à ce culte, le Bayon. Après sa mort, l'hindouisme reprend ses droits et entraîne la modification de bon nombre de ses sculptures. Plus tard, le temple se convertira à nouveau au bouddhisme, mais theravada cette fois. Malgré ces revirements, nul n'est parvenu à effacer les visages d'Avalokiteśvara, grand *bodhisattva* du Mahayana.

↑ *Devata* féminin, une divinité de l'hindouisme

NOTRE CONSEIL
Visite à l'aube

Pour éviter la foule, rendez-vous au Bayon en début de matinée, pendant que les autres immortalisent le soleil levant sur Angkor Vat et avant l'arrivée des cars de vacanciers.

→ Le vaste ensemble religieux du Bayon

↑ Un roi khmer monté sur son éléphant et conduisant son armée à la bataille

↑ L'enceinte intérieure du Bayon aux premières lueurs de l'aube

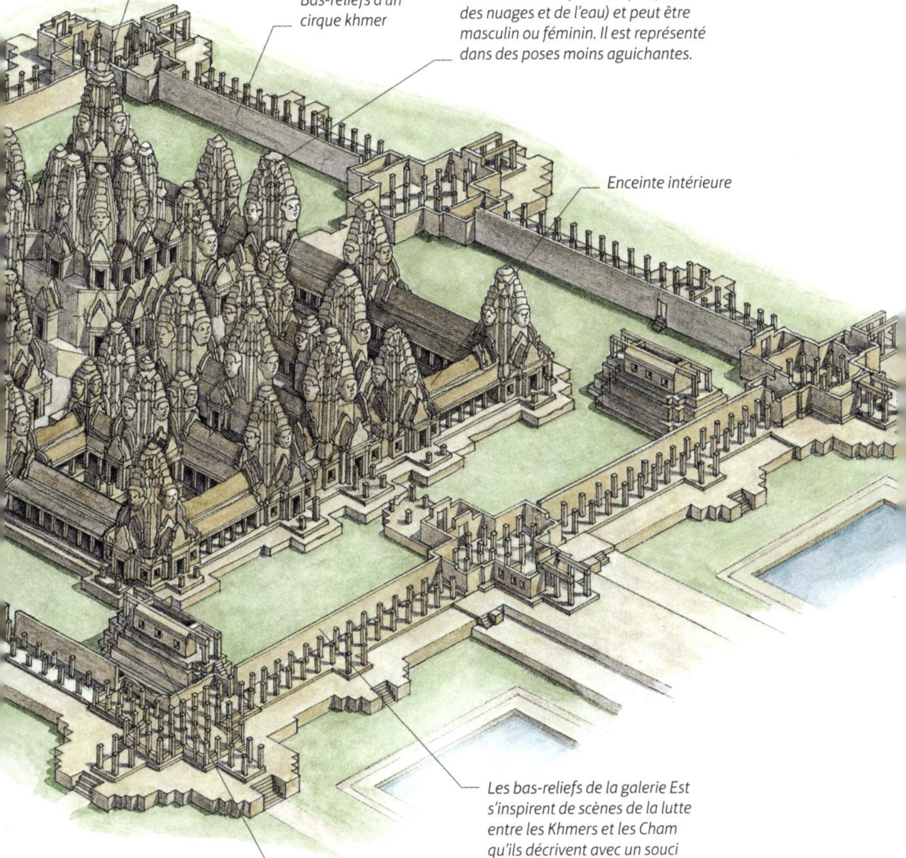

L'ARCHITECTURE D'ANGKOR

Les historiens d'art datent les cinq principaux styles architecturaux d'Angkor, à compter de l'établissement par Jayavarman II de sa capitale près de Roluos, au début du 9e siècle. Le plus ancien, le style de Preah Ko, s'inscrit dans les traditions pré-angkoriennes de Sambor Prei Kuk (600-650), à l'est d'Angkor, et de Kompong Preah (706-800), dont les vestiges de Prasat Ak Yum, près du *baray* occidental, sont de bons exemples. L'architecture khmère a atteint son apogée avec la construction d'Angkor Vat, puis déclina.

Doyen des temples du groupe de Roluos (p. 236), Preah Ko date de l'an 879. Ses tours originales et ses sculptures élégantes influenceront le style de ses successeurs dans la région.

À l'inverse des temples ultérieurs, typiquement bâtis en pierre, Preah Ko associe le grès et la brique. Ses tours étaient enduites de plâtre dans leur intégralité, mais il n'en reste que peu de traces aujourd'hui.

Achevé en 907, Phnom Bakheng illustre à la perfection le style Bakheng. Ce temple, construit sur le versant d'une colline, collectionne les terrasses et les escaliers taillés à même la roche. Ses cinq tours au sommet respectent la disposition classique en quinconce.

Chronologie

Preah Ko (875-890)

▲ Les temples de l'époque de Preah Ko gardent un plan assez simple, avec une ou plusieurs tours de brique sur un socle de latérite. Ils sont les premiers à abriter des « bibliothèques », qui servaient peut-être à protéger un feu sacré, à l'intérieur d'enceintes concentriques dont l'entrée est commandée par un *gopura*, un pavillon de forme pyramidale.

De Bakheng à Pre Rup (890-965)

▲ Phnom Bakheng *(p. 234)*, Phnom Krom et Phnom Bok possèdent déjà l'organisation classique du temple-montagne inspiré du mont Meru : quatre tours disposées en quinconce autour du sanctuaire principal, placé sur une plate-forme au sommet du temple. Le style de Pre Rup évolue pendant le règne de Rajendravarman II (r. 944-968). Les tours deviennent plus hautes, avec des gradins plus nombreux accentuant les pentes.

Le saviez-vous ?

Les tours placées en quinconce représentent les cinq pics du mont Meru.

↑ Vue aérienne d'Angkor Vat, montrant l'agencement symbolique du complexe

La tour centrale d'Angkor Vat constitue le point culminant, tant physique que spirituel, du site, mais aussi de l'Empire khmer.

Les tours du Bayon sont ornées de visages représentant le bodhisattva Avalokiteśvara qui ressemble au souverain Jayavarman VII.

Banteay Srei, édifié entre 967 et 1000, est connu pour son raffinement, comme en témoigne la délicatesse de ses linteaux de pierre sculptés.

De Banteay Srei au Baphuon (965-1080)

▲ Le style auquel Banteay Srei *(p. 236)* a donné son nom est caractérisé par l'importance et la finesse des sculptures, notamment de *devada* et de sensuelles *apsaras* (danseuses). Au 11e siècle, les sculpteurs du Baphuon donnent encore plus de réalisme à leurs œuvres et développent les séquences narratives. Le temple prend davantage d'ampleur et est doté de galeries voûtées.

Angkor Vat (1080-1175)

▲ Avec Angkor Vat *(p. 220)*, le plus majestueux des temples-montagnes, l'art khmer atteint son apogée. Cette magnifique réussite architecturale abrite aussi les plus beaux récits réalisés en bas-reliefs. Le décor des linteaux témoigne d'un raffinement qui ne sera plus égalé.

Le Bayon (1175-1240)

▲ L'esthétique du Bayon *(p. 229)*, le dernier des grands temples construits à Angkor, offre une synthèse des styles précédents, mais révèle aussi un déclin de la qualité d'exécution. La latérite est privilégiée aux dépens du grès. Les sculptures associent les imageries hindouistes et bouddhistes.

À VOIR ÉGALEMENT

3 Phnom Bakheng

F7 Au S d'Angkor Thom du lever au coucher du soleil

Lorsqu'il établit sa capitale sur le site, Yasovarman Ier (r. 889-910) fait élever l'un des tout premiers temples-montagnes *(p. 232)*, typiques de l'architecture religieuse khmère. Ses vestiges dominent la plaine depuis une colline haute de 67 m. Dédié à Shiva, le sanctuaire en forme de pyramide à cinq gradins comportait à l'origine 108 tours. Beaucoup ont disparu, mais des lions assis gardent toujours l'escalier. Sur la terrasse supérieure, quatre tours d'angle entourent le temple principal en ruine, qui a conservé de beaux portails sculptés et les représentations d'*apsaras* et de *makara*, une créature marine mythique. Sur le versant oriental de la colline, des marches de pierre mènent au sommet. L'ascension est assez facile et prend environ 20 min. On découvre alors un panorama éblouissant sur Angkor et le *Baray* occidental. À la lumière du soleil couchant, des milliers de touristes s'y bousculent, il est donc préférable de s'y rendre le matin.

4 Preah Khan

F7 2 km NE d'Angkor Thom du lever au coucher du soleil

Fermé par un mur de latérite long de 3 km, l'ensemble de Preah Khan s'étend sur une superficie de 57 ha. Il comprenait un monastère, une université religieuse et un *baray*, à la fois vaste bassin rituel et réservoir pour l'irrigation. Jayavarman VII (r. 1181-1218) y aurait un temps établi sa capitale pendant la restauration d'Angkor Vat, dévasté par le royaume du Champa en 1177. Une stèle gravée indique que le temple occupait le centre d'une ancienne cité baptisée Nagarajayacri. Les hindouistes ont détruit au 13e siècle la majorité des bouddhas qui ornaient l'édifice à l'origine. Ils ont aussi remanié des bas-reliefs pour leur donner l'aspect d'ascètes en prière. Le sanctuaire principal est bâti selon un plan en croix. Ses quatre portes font face aux points cardinaux. Il faut entrer à l'est pour respecter la logique rituelle. Des sculptures d'apsaras décorent la salle des Danseuses. Les habitants de la région continuent de faire des offrandes de fleurs et d'encens à la Dame blanche, une effigie féminine, épouse de Jayavarman VII.

La tour centrale bâtiment du plus remarquable est ornée de quatre visages du *bodhisattva* Lokeçvara. Comme Ta Prohm, Preah Khan subit les assauts d'une végétation luxuriante, et les racines de grands arbres couvrent, voire perforent par endroits, les édifices en latérite et en grès sur lesquels ils poussent. Contrairement à Ta Prohm, le temple a été restauré, et plusieurs arbres ont été abattus afin que les murs puissent être remontés.

← Sculpture d'une belle *apsara*, ou danseuse céleste, à Phnom Bakheng

Comme Ta Prohm, Preah Khan subit les assauts d'une végétation luxuriante, et les racines de grands arbres couvrent et parfois perforent les édifices en latérite.

5 Prasat Neak Pean

F7 4 km NE d'Angkor Thom t.l.j. 5h-18h

Le temple des Serpents enroulés est unique à Angkor. Fondé à la fin du 12e siècle, il est attribué à Jayavarman VII. De culte bouddhique, il occupe le centre du *Baray* oriental, vaste lac artificiel parfois asséché. Sa visite présente surtout de l'intérêt à la saison des pluies, tant l'eau y joue un rôle essentiel. Des gradins entourent une grande piscine au centre de laquelle se trouve une petite île circulaire portant une tour-sanctuaire dédiée au *bodhisattva* Avalokiteśvara.

Le site doit son nom au couple de *naga* entrelacés qui ceinture sa base. À l'est se dresse une sculpture du cheval Balaha, une manifestation d'Avalokiteśvara qui aurait pris cette forme dans le but de sauver des naufragés d'une créature marine.

Le plan d'eau symbolise le lac sacré Anavatapta, dans

Le saviez-vous ?

Veillant sur Ta Prohm, le visage de la Prajnaparamita reprend les traits de la mère du roi.

↑ Les ruines de Ta Prohm, enserrées dans les racines d'un fromager

l'Himalaya, où les quatre grands fleuves de la mythologie hindoue prennent leur source. À chacun correspond une tête sculptée – à l'est d'homme, au sud de cheval, à l'ouest de lion et au nord d'éléphant. Jadis, les dévots venaient demander conseil aux bonzes, puis se purifiaient en se baignant dans l'eau de la tête que le religieux leur avait attribuée.

6

Ta Prohm

F7 1 km E d'Angkor Thom t.l.j. 5h-18h

Le nom du plus évocateur des temples d'Angkor signifie « ancêtre de Brahma ». Pourtant, il s'agissait à l'origine d'un monastère et d'une université bouddhiques construits sous le règne de Jayavarman VII. Une stèle de pierre décrit la puissance conférée à l'établissement religieux. À son apogée, plus de 3 000 villages étaient affectés à son entretien et plus de 80 000 personnes y vivaient, dont 18 grands prêtres et 600 danseuses. L'inscription précise aussi la richesse en pierres précieuses de Ta Prohm et de son fondateur royal : plus de 35 diamants et 40 000 perles.

La restauration a débuté à l'époque coloniale, et l'École française d'Extrême-Orient a décidé de préserver autant que possible l'apparence qu'avait le site au moment de sa mise au jour au début du 20e siècle. Les travaux effectués pour stabiliser les ruines restent donc invisibles. Celles-ci semblent soumises aux effets destructeurs d'immenses racines de fromagers qui s'étreignent les pierres telles de monstrueux tentacules. L'enceinte rectangulaire en latérite coiffe le sommet d'une colline. De grands arbres procurent une ombre rafraîchissante dans les étroits passages reliant des galeries sombres à l'odeur de renfermé. Des images de Bouddha retrouvées parmi les ruines décorent l'entrée principale. À l'intérieur, la salle des Danseuses repose sur des piliers carrés. Ornée de fausses portes, elle doit son nom à ses frises d'apsaras. À l'ouest, le sanctuaire principal est un édifice en pierre également envahi par la végétation.

7

Prasat Kravan

F7 3 km E d'Angkor Vat t.l.j. 5h-18h

Fondé par Harshavarman Ier (r. 915-923), ce petit temple hindou dédié à Vishnou, et dont le nom signifie « sanctuaire du Cardamome », est composé de cinq tours de brique. Il conserve de superbes bas-reliefs illustrant diverses divinités : Vishnou sous sa forme à huit bras ou chevauchant Garuda, sa monture à corps d'aigle. Le linteau en grès de la tour la plus au sud reprend cette image du dieu. La tour la plus au nord abrite un magnifique bas-relief de Lakshmi, son épouse, déesse de la beauté et de la prospérité.

↑ Banteay Srei vu de l'autre côté des douves, et bas-relief raffiné *(médaillon)*

8

Banteay Srei

F6 30 km NE de Siem Reap t.l.j. 5h-17h

L'ensemble de Banteay Srei, aussi appelé « la citadelle des Femmes », se distingue des autres monuments d'Angkor parce qu'il a été fondé par un prêtre en 967. Véritable miniature composée de bâtiments de petite taille, la teinte rosée de ses blocs de grès et la finesse de ses bas-reliefs lui ont valu le surnom de « joyau de l'art khmer ».

À l'intérieur de l'enceinte, formée par trois murs et le vestige d'un fossé, le sanctuaire central contient des autels dédiés à Shiva, le dieu de la destruction et de la régénération. Les linteaux sculptés illustrent des scènes de l'épopée indienne du *Ramayana*. Des niches renferment les sculptures d'autres êtres divins, les déesses portant leurs cheveux noués en chignon et en tresses et de lourds bijoux.

9

Groupe de Roluos

F7 12 km SE de Siem Reap t.l.j. 5h-18h

Ces édifices, les plus anciens d'Angkor, marquent le site de Hariharalaya, la toute première capitale khmère établie par Indravarman Ier (r. 877-889). Trois principaux temples ont survécu.

Fondé par Yasovarman Ier (r. 889-910), **Lolei** occupe le centre d'un *baray*, l'un de ces vastes réservoirs construits à des fins à la fois religieuses et d'irrigation, et aujourd'hui asséché. Quatre hautes tours de brique ont conservé leurs fausses portes et leurs inscriptions. Au sud de Lolei, **Preah Ko**, le bœuf sacré, date du règne d'Indravarman Ier. Dédié à Shiva, c'était le temple funéraire de Jayavarman II et de ses parents. Il est formé d'une plateforme de latérite où se dressent six tours. Non loin, trois statues représentent le taureau Nandi ; elles ont inspiré le nom du site. Des motifs ornent fausses portes, linteaux et colonnes. Ils montrent notamment Garuda, la monture ailée de Vishnou, des *makara* entourent *Kala*, une créature à la large bouche et aux yeux protubérants, maîtresse du Temps.

Au delà, impossible de manquer la masse imposante de **Bakong**. Fondé au 9e siècle par Indravarman Ier et également dédié à Shiva, c'est le premier temple-montagne connu. Un *naga* à sept têtes protège la voie d'accès. Cinq terrasses superposées, ornées d'éléphants de pierre pour les trois premières, symbolisent la chaîne où s'élève le mont Meru, axe du monde hindou et demeure des dieux, figuré par la tour centrale en forme de lotus. Huit tours de brique entourent l'éminence. De la même manière que les autres bâtiments du groupe de Roluos, elles possèdent des décors en grès sculpté.

Raffles Grand Hotel d'Angkor

Installé dans un joyau de l'architecture colonial, cet hôtel de luxe est l'un des fleurons du Cambodge. Ici, l'excellence est la devise.

F7 1 Vithei Charles de Gaulle raffles.com

€€€

Heritage Suites Hotel

Une allure coloniale, une décoration inspirée de la tradition khmère : cet hôtel d'une grande élégance a l'art de conjuguer passé et présent. Vous apprécierez les volumes des pièces, le service impeccable et le calme apaisant.

F7 Village de Slokram heritagesuiteshotel.com

€€€

10 Siem Reap

F7 250 km NO de Phnom Penh Khmer Angkor Tour Guide Association tourismcambodia.com

Chef-lieu de la province située au nord-ouest du Cambodge, Siem Reap doit son succès touristique à son voisinage avec Angkor. Après une journée passée à explorer ces ruines illustres, les visiteurs ont besoin de détente, et la cité y pourvoit. Le centre-ville a conservé son cachet. Bars, commerces et restaurants en font un lieu agréable où se détendre. Le Palais royal, rarement

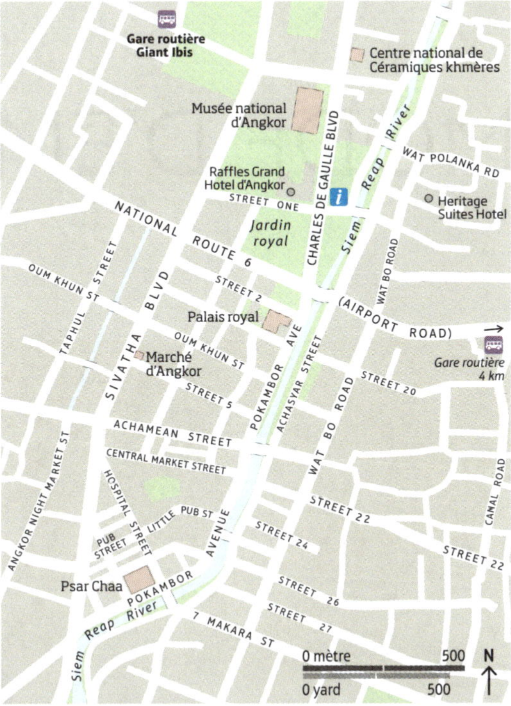

occupé par Sihamoni, le souverain, se trouve non loin du Raffles Grand Hôtel d'Angkor, superbement restauré. Au sud d'une statue de Vishnou marquant le centre de la ville, l'avenue Pokambor suit la rive droite de la rivière Siem Reap jusqu'à Psar Chaa. Ce vieux marché, riche en boutiques d'artisanat, permet d'acheter souvenirs et cadeaux. L'ancien quartier français abrite quelques restaurants typiques. Bordée de maisons sur pilotis peintes en bleu et de norias en bambou, la berge de la rivière invite à la flânerie. Le **musée national d'Angkor**, moderne et climatisé, est une mine d'informations et conserve nombre d'objets d'Angkor Vat.

À 10 km au sud de la ville s'étend le Tonlé Sap, le plus vaste lac d'eau douce d'Asie du Sud-Est, classé Réserve de la biosphère par l'Unesco.

Les principaux monuments d'Angkor, la billetterie et le conservatoire se trouvent à 3 km au nord du Jardin royal. À mi-chemin, le Vat Thmei renferme un *stupa* vitré contenant les ossements de victimes des Khmers rouges.

Musée national d'Angkor
968 Charles De Gaulle
t.l.j. 8h30am18h
angkornationalmuseum.com

↑ Sourire figé dans la pierre au temple d'Angkor Thom

MODE D'EMPLOI

Femme à vélo

AVANT DE PARTIR AU VIETNAM

Il est essentiel de bien préparer votre voyage pour qu'il soit réussi. Parez à toute éventualité en tenant compte des points suivants avant le départ.

EN UN COUP D'ŒIL

MONNAIE

Dong (₫ ou VND) US Dollar ($)

1 € = 26 VND env.

BUDGET MOYEN PAR JOUR

PETIT	MOYEN	ÉLEVÉ
500 000-1 000 000₫ (20 $-40 $)	1 000 000-2 300 000₫ (40 $-100 $)	+ 2 300 000₫ (+ 100 $)

BOUTEILLE D'EAU	CAFÉ	BIÈRE	DÎNER POUR 2
0,30 $	2 $	1 $	15 $

QUELQUES MOTS UTILES

Bonjour	Xin chào (Sin chow)
Merci	Cam o'n (Kahm eun)
S'il vous plaît	Làm o'n (Lam eun)
Au revoir	Tạm biêt (Tarm byeet)
Parlez-vous français ?	Bạn nói tiêng Phap duoc không?
Je ne comprends pas	Tôi không hiêu (Toy khong hieu)

ÉLECTRICITÉ

Le voltage standard est de 220 volts. Les prises de courant sont principalement de type C (normes européennes) mais parfois on trouve des prises américaines nécessitant un adaptateur.

Formalités & Sécurité

Les voyageurs de l'UE, de la Suisse et du Canada ont besoin d'un passeport valide (de 1 mois à 6 mois selon le pays).

Les visiteurs français n'ont pas besoin de visa pour des séjours n'excédant pas 15 jours. Cette dispense ne s'applique pas aux touristes belges, suisses ou canadiens qui doivent fournir un visa à leur arrivée. La réglementation étant susceptible de changer à tout moment, mieux vaut néanmoins se renseigner avant de partir.

Si vous prévoyez d'arriver au Vietnam en avion, sachez que vous pouvez vous procurer un visa en ligne sur le portail national de l'immigration vietnamienne (25 $ / pers). Si vous utilisez un autre moyen de transport, effectuez la demande de visa auprès de l'ambassade du Vietnam présente dans votre pays.

Les voyageurs peuvent obtenir les dernières informations relatives à la sécurité auprès des sites officiels de leur pays respectif.

France W diplomatie.gouv.fr
Belgique W diplomatie.belgium.be
Suisse W eda.admin.ch
Canada W voyage.gc.ca
Portail national de l'immigration vietnamienne W xuatnhapcanh.gov.vn

Douane

En entrant au Vietnam, vous devrez remplir une déclaration de douanes (formulaire jaune). Toute somme en espèces égale ou supérieure à 5 000 $ US (env. 4 500 €) doit être déclarée.

Santé

Aucun vaccin spécifique n'est obligatoire mais assurez-vous d'être à jour dans vos vaccinations habituelles et demandez conseil à votre médecin avant le voyage. Les vaccins contre l'hépatite, le tétanos, la typhoïde sont recommandés en fonction des zones visitées.

Le paludisme est présent au Vietnam en dehors des zones urbaines, aussi prenez vos précautions. Afin de faire face aux frais d'hospitalisation et aux dépenses de santé, parfois très élevés à l'étranger, il est important de disposer d'un contrat d'assistance ou d'une assurance permettant de couvrir tous les frais médicaux et de rapatriement sanitaire.

Hébergement

L'hébergement se fait principalement dans des hôtels qui sont pour la plupart dotés de tout le confort de base (Tv, climatisation, salle de bains). Tous les standings sont proposés du 2 au 5*.

Les hôtels d'État, souvent situés dans d'anciens bâtiments plein de cachet, ont pu bénéficier de rénovations en devenant semi-privé. Quant aux hôtels de charme, appelés « boutique-hôtel », ils sont également bien représentés dans les grandes villes.

Profitez d'une nuit en jonque sur la baie d'Halong, grâce à de véritables jonques-hôtels d'une vingtaine de chambres ou à des petits bateaux privés de 3 ou 4 cabines.

La réservation en ligne est disponible pour la quasi-totalité des hébergements des grandes villes. Pour les hébergements plus excentrés et pour la réalisation d'un voyage avec plusieurs étapes, il est conseillé de passer par une agence de voyages spécialiste de la destination.

Voyageurs aux besoins spécifiques

Les installations pour handicapés se font rares au Vietnam. Les ascenseurs se comptent sur les doigts de la main, les toilettes et les portes des sanitaires ne sont souvent pas adaptées.

Toutefois, bon nombre d'hôtels et de complexes hôteliers sont désormais équipés pour recevoir des hôtes ayant des besoins spécifiques et les agences de voyages peuvent mettre un assistant à votre disposition. Les trains, cars et bus ne sont pas vraiment accessibles. Mieux vaut donc louer un véhicule avec chauffeur. Le recours à des spécialistes comme **Adaptours** permet de minimiser les risques de désagrément.
Adaptours W adaptours.fr/

Argent

La devise officielle est le Dong mais vous pourrez payer en dollars américains presque partout. La plupart des établissements pour touristes acceptent les principales cartes bancaires de crédit et de débit ainsi que les cartes prépayées multidevises. Les petites sommes se règlent en espèces. Vous n'aurez aucun mal à trouver des distributeurs de billets, même dans les localités les plus modestes.

Sinon, les banques pratiquent un taux de change plus avantageux que les bureaux de change. Nous vous conseillons de bien vérifier le taux de change de la monnaie ainsi que les frais proposés par les banques et les bureaux de change.

Langue

De nombreux dialectes sont parlés mais la langue officielle est le vietnamien. L'anglais se pratique couramment dans les villes et les zones touristiques. Le français est encore parlé, plutôt par les anciens mais on assiste à un nouvel élan pour la francophonie.

Jours de fermeture

La plupart des entreprises ferment pendant les jours fériés et notamment pendant la fête nationale, Tet Nguyen Dan, qui dure de 3 à 7 jours dans la majeure partie du pays.

Commerces et marchés vous accueillent en général 7 jours/7, pour la plupart jusqu'à une heure tardive.

De nombreux musées sont fermés les jours fériés et un jour dans la semaine, généralement le lundi.

JOURS FÉRIÉS

1er jan.	Nouvel An
février	Têt (Nouvel an Vietnamien)
avril	Festival des rois Hung
30 avr.	Fête de la Libération
1er mai	Fête du Travail
2 sept.	Fête nationale

TRANSPORTS AU VIETNAM

Que vous comptiez effectuer un court séjour en ville ou partir en randonnée en montagne, voici quelques conseils pour voyager.

EN UN COUP D'ŒIL

PRIX DES TRANSPORTS

Prix des transports estimés entre Hanoi et Hô Chi Minh-Ville

TRAIN
54 $ - 125 $
Par trajet

AUTOCAR
40 $ - 50 $
Par trajet

AVION
49 $ - 150 $
Par trajet

LIMITATIONS DE VITESSE

ROUTES NATIONALES ET SECONDAIRES	ZONES URBAINES
60 km/h	**25** km/h

Voyager en avion

Le Vietnam compte 22 aéroports, dont 9 internationaux. Les 3 principaux sont Ho Chi Minh Ville (sud), Hanoi (nord) et Danang (centre) et sont très bien desservis par les compagnies comme **Air France** (vols directs de Paris vers Hanoi et HCMV), **Emirates Airlines** et **Cathay Pacific**.

Les vols intérieurs sont assez bon marché et permettent de réduire nettement les temps de trajet. **Vietnam Airlines** et **VietJet Air** assurent la plupart des liaisons.

Air France W airfrance.fr
Emirates W emirates.com
Cathay Pacific W cathaypacific.com
Vietnam Airlines W vietnamairlines.com
VietJet Air W vietjetair.com

Voyager en train

Lignes internationales

Les 2 seules lignes internationales relient Hanoi à la Chine. La première dessert Nanning une fois par jour (trajet de 13 heures) ; la seconde, Beijing, via Nanning et Guilin, deux fois par semaine (trajet de 38 heures).

Lignes intérieures

Le réseau de Vietnam Railways couvre tout le Nord, de Lao Cai et Dong Dang à la frontière chinoise à Hanoi. De Hanoi, des lignes desservent Along et Haiphong ; celle du Réunification Express longe la côte est jusqu'à HCMV.

Pour les longs trajets, les trains couchettes (climatisés) sont la meilleure solution, au choix la classe standard (6 par compartiment) ou confortable (4 par compartiment). Des wagons entiers plus confortables et luxueux, situés en queue de train, sont proposés par des compagnies comme Orient Express ou Violet Express. Il est préférable de réserver vos billets à l'avance grâce à des plateformes comme **12GO Asia** qui vous compare les prix de toutes les compagnies.

12Go Asia W 12go.asia/fr

LIAISONS AÉROPORTS / VILLES

Aéroport	Distance jusqu'en ville	Tarif	Transport	Durée
Can Tho (Can Tho)	10 km	200 000 VND	taxi	25 mn
Dalat (Lien Khuong)	30 km	250 000 VND	taxi	45 mn
Danang (Da Nang)	5 km	120 000 VND	taxi	10 mn
Hai Phong (Cat Bi)	5 km	60 000 VND	taxi	20 mn
Hanoi (Noi Bai)	35 km	320 000 VND	taxi	45 mn
Hô Chi Minh Ville (Tan Son Nhat)	6 km	160 000 VND	taxi	20 mn
Hue (Phu Bai)	15 km	250 000 VND	taxi	20 mn
Nha Trang (Cam Ranh)	30 km	400 000 VND	taxi	35 mn
Phu Quoc (Phu Quoc)	10 km	180 000 VND	taxi	10 mn
Vinh (Vinh)	7 km	60 000 VND	taxi	20 mn

PRÉVOIR SON ITINÉRAIRE

Cette carte fournit les temps de trajet approximatifs en voiture entre les principales destinations touristiques.

De Hanoi à Sapa	5 h
De Hanoi à Hô Chi Minh Ville	32 h
De Hanoi à Halong	3 h 30
De Hanoi à Vinh	6 h
De Vinh à Hue	7 h
De Hue à Danang	2 h
De Danang à Nha Trang	10 h
De Nha Trang à Buon Ma Thuot	4 h 30
De Nha Trang à Phan Thiet	4 h
De Phan Thiet à Hô Chi Minh Ville	4 h 30
De Hô Chi Minh Ville à Can Tho	3 h 30
De Hô Chi Minh Ville à Chau Doc	5 h 30

Voyager en bus

Compagnies privées

Les visiteurs privilégient souvent les cars privés, desservant les principaux circuits touristiques, car ils offrent plus de confort. Bon nombre de compagnies proposent des cars équipés de couchettes. Il est possible d'acheter un billet comprenant plusieurs étapes (appelé Open Tour), pour les trajets longue distance comme Hanoi-HCMV. En général, les cars partent du dépôt du prestataire, mais certains peuvent aussi passer vous prendre à votre hôtel.

Les billets sont vendus en ligne par les compagnies, telle **Mai Linh Express** ou des agences de voyages, dont **The Sinh Tourist**.

Mai Linh Express W mailinhexpress.vn/en
The Sinh Tourist W thesinhtourist.vn

Bus & mini bus Locaux

Les bus vietnamiens se sont modernisés pour répondre aux normes internationales et, s'ils coûtent moins cher que les cars privés, ils mettent plus de temps à effectuer leurs circuits, car ils marquent de fréquents arrêts. À privilégier en dehors des principaux itinéraires touristiques.

Naviguer en bateaux

Les services de ferry desservent les îles au large du Vietnam, telles que Phu Quoc (depuis Ha Tien), Bai Tu Long (depuis Cai Rong), Cat Ba (depuis Haiphong) et Con Dao (depuis Vung Tau, ou liaison expresse au départ de Soc Trang). Réservez de préférence via le site **Baolau**. Le mauvais temps entraîne parfois des annulations.

Quelques bateaux de croisière sillonnent le delta du Mékong. Ceux de **Greenlines** relient HCMV à Vung Tau via Can Gio, puis My Tho et Ben Tre, tandis que les vedettes de **Lan Anh Cruise** assurent la liaison entre HCMV et Chau Doc via Can Tho, avant de rallier Phnom Penh (Cambodge). À HCMV, les navettes fluviales de **Saigon Waterbus** font gagner un temps précieux aux heures de pointe.

Baolau W baolau.com/fr/
Greenlines W greenlines-dp.com
Saigon Waterbus W saigonwaterbus.vn

Transports Urbains

Les transports publics urbains se limitent aux bus, taxis, motos-taxis et, à l'occasion, aux navettes fluviales. Dans les grandes villes aux heures de pointe, les embouteillages constituent un problème majeur qui risque de mettre à mal votre sens de la ponctualité. Le cas échéant et si vous voyagez léger, pensez à la solution des motos-taxis.

Bus et minibus locaux

Ces deux moyens de locomotion sont bon marché. Souvent peu confortables et bondés, les bus s'améliorent néanmoins. La plupart des villes disposent désormais de véhicules modernes et climatisés.

Taxis & VTC

En zone urbaine, vous trouverez sans mal des taxis équipés d'un compteur. La compagnie **Mai Linh** dessert tout le pays. Elle propose aussi des motos-taxis et des lignes de car régionales. Les applications mobiles de VTC les plus connues sont disponibles dans les grandes villes.

Mai Linh W mailinh.vn

Moto-Taxi (Xe om)

Plus dangereuse qu'un taxi standard, la moto-taxi permet d'effectuer de courts trajets à un prix défiant toute concurrence. Mettez-vous d'accord sur le montant de la course au préalable. Le tarif de base commence à partir de 15 000 VND.

Cyclo-pousse (xich lo)

Vous verrez surtout ce pousse-pousse à 3 roues, très agréable sur de brèves distances, dans les quartiers touristiques des grandes villes. Négociez le prix de la course (12 000-25 000 VND pour de courts trajets) avant de monter à bord, d'autant que les chauffeurs ont tendance à soutirer davantage aux étrangers.

Métro

Pour l'heure, les futurs réseaux métropolitains de Hanoi et de HCMV sont toujours en cours de construction.

Conduire

Permis de conduire

Conduire au Vietnam suppose d'avoir un permis vietnamien en bonne et due forme. Il est possible d'en obtenir un en présentant son permis de conduire national – à condition d'avoir un visa touristique valable au minimum 3 mois -, mais il faut compter au moins 5 jours et se préparer à quelques tracasseries administratives.

Sécurité routière

Même si vous êtes arrivés à braver les difficultés administratives et obtenir un permis vietnamien, rouler au Vietnam est très dangereux. La circulation est dense et chaotique. Les panneaux sont pratiquement inexistants, les feux rouges se font rares et ceux qui ont le mérite d'exister ont plus valeur de recommandation que d'ordre aux yeux des automobilistes locaux.

Malgré des limites de vitesse assez basses, conduire un deux-roues sur les routes vietnamiennes n'est pas de tout repos. C'est d'ailleurs la première cause d'accidents corporels et de décès des visiteurs étrangers.

Pour les touristes à pied, le principal défi consiste à traverser la rue, imitez l'exemple des piétons vietnamiens, à savoir : laissez la priorité aux véhicules.

Location de voiture

Faute de prendre le volant, la plupart des visiteurs étrangers louent un véhicule avec chauffeur auprès d'une agence de location de voitures, d'une agence de voyages ou de leurs hôtels. Toutefois la réglementation en vigueur au Vietnam est très stricte, les touristes étrangers doivent être accompagnés par un guide officiel en plus du chauffeur. Exception accordée pour les trajets considérés comme des transferts. Le programme du voyage doit être établi en amont et ne peut être modifié au grès de vos envies.

Il est impératif de passer par un acteur officiel du tourisme et de s'assurer que ses assurances, dont celle pour le transport de passagers, sont à jours. Formule plus économique si vous voyagez à plusieurs, car tous les couts liés aux chauffeur et guide (hébergement, nourriture et frais de transport) sont ainsi repartis.

Location de deux-roues

Pour avoir le droit de louer et de piloter une moto de plus de 50 cm^3, vous devez détenir un permis de conduire vietnamien.

Cette contrainte ne s'applique pas aux plus petites cylindrées mais il est fortement déconseillé d'en louer une pour des raisons d'assurance et de sécurité.

Easy Rider

Si vous souhaitez sortir des sentiers battus, la formule de moto-taxi avec un pilote / accompagnateur parlant anglais et prenant en charge l'organisation de vos hébergements et repas, en zone rurale, est une option intéressante. Cette solution est souvent proposée entre Hue et Hoi An.

Il est important de vérifier que le loueur possède bien une assurance pour transporter des touristes et que votre assurance personnelle vous couvrira en cas d'accidents. Comptez au minimum 60-80 $US / jour. Assurez-vous que ce tarif comprend l'ensemble des frais, dont ceux liés au carburant et aux réparations. Insistez pour avoir un casque de qualité.

Location de vélo

Pour découvrir le Vietnam dans toute son authenticité, optez pour la bicyclette. Les fans de la petite reine ont un faible pour l'itinéraire entre Hanoi et HCMV.

Plat et d'autant plus pittoresque à la saison de la récolte du riz (fév.-mars, août-sept. et déc.-janv.), le delta du Mékong se prête idéalement au cyclotourisme, tandis que dans le Sud, l'état des chaussées laisse parfois à désirer. Inconvénient compensé par la beauté du cadre aux abords des innombrables ponts et cours d'eau.

Sur les hauts plateaux du centre, le VTT a le vent en poupe malgré le manque de pistes adaptées. Dans tous les cas, il est préférable de réserver par une agence spécialiste comme **Veloasia** et **SpiceRoads** qui organisent des circuits personnalisés à destination de régions isolées et sauront quelles routes emprunter pour sécuriser au maximum votre voyage.

Pour explorer Dalat et les hauts plateaux du Sud, adressez-vous à **Phat Tire Ventures**.
De plus en plus d'hôtels proposent des locations de vélos pour rayonner aux alentours.

Veloasia W veloasia.com
SpiceRoads W spiceroads.com
Phat Tire Ventures W ptv-vietnam.com

EXCURSIONS ORGANISÉES

À Hanoi ou à HCMV, ce ne sont pas les prestataires qui manquent. Consultez-en plusieurs, dont **Queen Travel** à Hanoi et **Kim Tran Travel** à HCMV, pour obtenir le meilleur prix.

Pour visiter les terres des Montagnards, adressez-vous de préférence à une agence gérée par des Montagnards ayant une agence à Hanoi, comme **Sapa Chau**.

Queen Travel W queentravel.vn
Kim Tran Travel W thekimtourist.com
Sapa Chau W sapaochau.org

LE VIETNAM EN CHIFFRES

- 2e producteur de café au monde
- 8 sites inscrits au Patrimoine mondial de l'UNESCO
- 54 groupes ethniques
- 75 % de bouddhistes
- 1 000 ans d'occupation chinoise
- 1 969 karsts et îlots dans la baie d'Halong
- 3 143 m d'altitude pour Phan Si Pang
- 79 000 ha de poivriers
- 331 210 km^2, la superficie du Vietnam
- 6,5 millions de tonnes de riz exportés
- 42 millions de motos
- 96 millions d'habitants

INFOS PRATIQUES VIETNAM

Avoir quelques informations pratiques se révèle souvent d'une grande aide au Vietnam. Voici quelques conseils et renseignements utiles.

EN UN COUP D'ŒIL

NUMÉROS D'URGENCE

POLICE	URGENCE MEDICALE
113	**115**

POMPIERS
114

FUSEAU HORAIRE
UTC/GMT + 7 heures

EAU DU ROBINET
Ne jamais boire l'eau du robinet et éviter les glaçons. On trouve facilement de l'eau en bouteilles.

POURBOIRES
Le pourboire ne fait pas partie de la culture vietnamienne, il est laissé à votre jugement comme un signe d'appréciation. Néanmoins, ils se généralisent auprès des guides et des chauffeurs qui accompagnent les voyageurs.

Sécurité

Si voyager au Vietnam ne pose pas de problèmes de sécurité particuliers, les règles élémentaires de prudence s'imposent.

Les voleurs à la tire – gare à ceux circulant à moto – et les pickpockets sévissent dans les grandes villes ; aussi, évitez de vous promener avec de grosses sommes ou trop de bijoux sur vous. Conservez votre argent liquide et une copie de votre passeport dans un sac ceinture, et laissez l'original ainsi que vos objets de valeur au coffre de l'hôtel.

Engins explosifs

Les principales régions touristiques ont été nettoyées, mais des débris ou des bombes, mines et obus non explosés subsistent par endroits, comme dans la zone démilitarisée *(p. 160)*. Si vous quittez les circuits balisés et repérez quelque chose de suspect, éloignez-vous prudemment et informez-en les autorités.

Santé

Les hôpitaux locaux sont à même de traiter les affections bénignes. En cas de problèmes graves, rendez-vous à HCMV ou à Hanoi. Médecins et hôpitaux demandent un règlement en liquide. Vous vous ferez ensuite rembourser par votre assurance.

Les pharmacies des grandes villes sont bien achalandées en médicaments. Toutefois, vérifiez la date limite de consommation avant de payer.

Pensez à emporter les médicaments susceptibles de vous être utiles ainsi que votre ordonnance. Sachez néanmoins que tous ne sont pas acceptés à la douane ; renseignez-vous avant le départ.

Les moustiques, porteurs de maladies, se montrent plus voraces à l'aube et au crépuscule. Le répulsif et la moustiquaire s'imposent. Prenez un traitement préventif contre le paludisme, après avis médical, si vous comptez vous aventurer dans la jungle ou le delta du Mékong.

Ne buvez que de l'eau bouillie ou en bouteille, du thé et du café, et ne mangez pas de salade au restaurant ; elle risque d'avoir été lavée à l'eau du robinet. Le Vietnam connaît une résurgence de la grippe aviaire ; évitez tout contact avec des volatiles vivants.

Tabac, alcool et drogues

Il est interdit de fumer dans la plupart des lieux publics fermés. Une loi assez peu respectée. Au volant, le taux d'alcool dans le sang ne doit pas excéder 0,5 g/l.

La détention de drogues illicites, même en petite quantité, est passible d'emprisonnement de longue durée, voire de la peine de mort.

Coutumes locales

Bien que la tolérance prévale au Vietnam, a fortiori en ville, il convient de respecter certaines règles. Une tenue pudique est de mise pour les femmes dans les zones rurales.

Ne touchez pas la tête d'autrui, même d'un enfant et, une fois assis, ne pointez pas le pied vers quelqu'un ou une icône religieuse. Ne prenez pas de photos de manifestations politiques ou à proximité d'installations militaires, et ne critiquez pas le gouvernement.

Dans les lieux sacrés, ayez un comportement respectueux. Shorts et débardeurs sont à proscrire dans les pagodes, temples et autres sites religieux. Si vous voyez des chaussures à l'entrée, déchaussez-vous.

Voyageurs LGBT +

Légale, l'homosexualité est de mieux en mieux acceptée, surtout par les jeunes et dans des villes cosmopolites comme Hanoi et HCMV.

Dans les petites localités et à la campagne, en revanche, les démonstrations d'affection risquent d'être mal vues. Pour plus d'informations W utopia-asia.com

Téléphones, Wi-Fi & Poste

Les téléphones portables internationaux bénéficient d'une bonne couverture au Vietnam – vérifiez auprès de votre opérateur avant de partir. Des cartes SIM locales sont également disponibles dans les magasins de téléphonie auprès des 3 principaux opérateurs : Mobiphone, Vinaphone ou Viettel.

Le Wifi est maintenant omniprésent dans les grandes villes et pratiquement tous les hôtels, restaurants et cafés offrent une connexion gratuite. Certains taxis disposent même du Wifi à bord.

Le service Express Mail de la Poste expédie vos courriers dans un délai de 2 à 4 jours à destination de la plupart des pays occidentaux.

QUE RAMENER DU VIETNAM

- Du poivre des Cîmes, « grand cru » qui pousse à 2000 m d'altitude.
- Du café Robusta pour les amateurs de breuvages corsés
- Une tasse-cafetière typiquement vietnamienne
- Du thé parfumé au lotus
- Des galettes de riz pour cuisiner des nems
- De la bière de Saigon
- Du Nuoc-mâm, sauce de poisson fermenté de Phu Quoc
- Du jus de canne à sucre
- Des épices : badiane, cannelle, citronnelle, clou de girofle, …
- Du baume du tigre, blanc ou rouge à utiliser selon vos maux
- Une bouteille d'alcool de riz, le Ruou trang

APPLIS INCONTOURNABLES

Conseil aux Voyageurs Se tenir au courant en temps réel

Xe currency Convertir en Dong & Dollar

Foody Savoir où manger et réserver

CocCoc Map Se situer et connaître les services en ville

Vietnam Airlines Réserver ses vols intérieurs

Busmap Repérer les transports en commun à HCMV, Hanoi et Da Nang

Ho Chi Minh City Découvrir la ville en marchant

AVANT DE PARTIR À ANGKOR

Il est essentiel de bien préparer votre voyage pour qu'il soit réussi. Parez à toute éventualité en tenant compte des points suivants avant le départ.

EN UN COUP D'ŒIL

MONNAIE

Riel (KHR)

Dollar américain ($)

BUDGET MOYEN PAR JOUR

PETIT	MOYEN	ÉLEVÉ
30 $	60 $	+100 $

BOUTEILLE D'EAU	CAFÉ	BIÈRE	DÎNER POUR 2
0,50 $	1 $	1,5 $	20 $

QUELQUES MOTS UTILES

Bonjour	Joom reapsooa
Au revoir	Joom reapleah
S'il vous plaît	Soom
Merci	Awkoon
Excusez-moi	Suom dtoh
Je ne comprends pas	Khnyom min yul tee

ÉLECTRICITÉ

Le voltage standard est de 220 volts. Les prises de courant sont principalement de type C (normes européennes) mais parfois on trouve des prises américaines nécessitant un adaptateur.

Information touristique

Vous trouverez des renseignements utiles et détaillés pour préparer votre voyage à Angkor sur le site du **Bureau du Tourisme du Cambodge**.
W office-tourisme-cambodge.asia/

Formalités & Sécurité

Les voyageurs en provenance de France, Belgique, Suisse et du Canada ont besoin d'un passeport valide pendant au moins 6 mois après la date d'entrée au Cambodge.

Un visa de tourisme obligatoire et payant (30 $ / pers.) est nécessaire pour l'entrée sur le territoire. Il est délivré pour un maximum 30 jours et peut être obtenu à l'arrivée dans les aéroports cambodgiens, aux frontières terrestres ou par internet sur le site officiel de **Evisa Cambodge** (+ 6 $ / pers. de frais de traitement). Une photo d'identité est requise.

Les voyageurs peuvent obtenir les dernières informations relatives à la sécurité auprès des sites officiels de leur pays respectif.

E-visa W evisa.gov.kh/
France W diplomatie.gouv.fr
Belgique W diplomatie.belgium.be
Suisse W eda.admin.ch
Canada W voyage.gc.ca

Douane

L'application des règles douanières cambodgiennes est généralement assez souple, mais des règles strictes sont appliquées à l'exportation d'antiquités.

Santé

Aucun vaccin spécifique n'est obligatoire mais demandez conseil à votre médecin au moins huit semaines avant le voyage.

Les vaccinations contre l'hépatite, le tétanos, la typhoïde et le ROR sont recommandées.

Le paludisme est présent à Siem Reap et sur le site d'Angkor, il est donc fortement conseillé de prévoir un traitement antipaludique.

Afin de faire face aux frais d'hospitalisation et aux dépenses de santé, parfois très élevés à l'étranger, il est important de disposer d'un contrat d'assistance ou d'une assurance permettant de couvrir tous les frais médicaux et de rapatriement sanitaire.

Hébergement

L'hébergement s'est considérablement amélioré ces dernières années. De nombreux *guest-houses* sont proposés à Siem Reap, à l'origine il s'agissait de chambres chez l'habitant mais de nos jours cela englobe également les petits hôtels familiaux. Durant la haute saison (nov. à mars), les tarifs augmentent, pensez à réserver à l'avance. Pendant la saison des pluies (avr.-oct.), les promotions ne manquent pas.

Les hôtels de luxe ont tendance à afficher leurs tarifs hors taxe, la TVA (10 %) n'étant mentionnée qu'au moment de régler la note globale. La réservation en ligne est désormais disponible pour la quasi-totalité des hébergements à Siem Reap.

Voyageurs aux besoins spécifiques

Le Cambodge n'est guère équipé pour recevoir des visiteurs handicapés. Rares sont les temples, sites touristiques ou bâtiments publics dotés d'un accès pour les fauteuils roulants, et la plupart des petits hôtels n'ont pas d'ascenseur. Rapprochez-vous de prestataires spécialistes pour vous organiser un voyage sur mesure.

Langue

Le khmer est la langue officielle, parlée par près de 90 % de la population. Sous l'influence du tourisme, l'anglais est largement parlé à Siem Reap. Apprendre quelques mots de khmer sera toujours apprécié par la population locale.

Se rendre à Angkor

Le site d'Angkor, célèbre dans le monde entier, fait partie des sites majeurs que l'on visite lors d'un voyage au Cambodge. La découverte des temples est également proposée en extension de séjours en Thaïlande ou au Vietnam car il est très facile de les combiner.

Arriver par avion

Vietnam Airlines, **Air France** et **Cathay Pacific** desservent l'aéroport International de Siem Reap-Angkor au départ de l'Europe.

Des compagnies comme **Cambodia Angkor Air** et **Bangkok Airways** opèrent également plusieurs fois par jour des vols directs depuis Ho Chi Minh ville, Hanoi, Danang, Bangkok et Phuket.

Siem Reap-Angkor International Airport se situe à 6 km du centre-ville. La course en taxi coûte en moyenne 10 $ US et le trajet prend environ 20 minutes. Sinon, vous pouvez aussi prendre un *tuk-tuk*. Ceux de l'aéroport reviennent au même prix qu'un taxi classique, mais il suffit de sortir pour trouver des conducteurs prêts à consentir une remise.

Arriver par voie terrestre

De nombreux visiteurs arrivent au Cambodge par les pays voisins. Les visas sont disponibles à l'arrivée à tous les postes-frontières. Toutefois les visas électroniques ne sont valables que sur certains.

Les villes de Poipet (frontière terrestre avec la Thaïlande) et Bavet (frontière avec le Cambodge) autorisent l'accès avec un E-Visa ;

Par contre Trapeang Kriel (frontière laotienne) ne les autorise pas.

Une liaison ferroviaire existe depuis Bangkok jusqu'à la frontière (Poipet), et de là des bus rejoignent Siem Reap.

Au Cambodge, le transport en car est géré par le secteur privé. Les cars sont modernes climatisés et gérés par des sociétés telles que Mekong Express et Giant Ibis, reliant Ho Chi Minh-Ville à Siem Reap (14h00) et Phnom Pen à Siem Reap en 6h00.

Le trajet en bateau entre Chau Doc, dans le delta du Mékong au Vietnam et Phnom Pen, est une alternative fort plaisante.

Circuler à Angkor

Il n'y a pas de transport en commun organisé dans la ville. Pour se déplacer on utilise des taxis, des vélos, des *tuk-tuks* ou des motos-taxis.

De nombreux *guest-houses* mettent à disposition de leurs hôtes, des vélos permettant de visiter les temples les plus proches.

INFOS PRATIQUES ANGKOR

Voici les informations essentielles dont vous aurez besoin durant votre séjour à Angkor, ainsi que quelques conseils.

EN UN COUP D'ŒIL

NUMÉROS D'URGENCE

URGENCE	POLICE
119	**117**

POMPIERS	POLICE TOURISTIQUE SIEM REAP
118	**012 402 424** **012 969 991**

FUSEAU HORAIRE

UTC/GMT + 7 heures

EAU DU ROBINET

L'eau du robinet n'est pas potable au Cambodge ; utilisez de l'eau en bouteille.

POURBOIRES

Serveur	5 % - 10 %
Bagagiste	1 $
Guide touristique	10 %
Chauffeur de taxi	Pas attendu

Sécurité

Bien que les crimes violents soient rares, les vols de bagages existent. Faites très attention à vos affaires, surtout à bord d'un *tuk-tuk* ou d'une moto. Les pickpockets sont aussi fréquents dans les marchés animés. Signalez tout vol à la police touristique (anglophone) si vous souhaitez faire une réclamation auprès de votre assurance.

Les escroqueries sont courantes et la plupart font appel à la bonne conscience des voyageurs. Il existe un certain nombre de faux orphelinats, créés pour recueillir des dons, tandis que les demandes d'aide pour acheter du riz et de la nourriture pour nourrissons sont généralement organisées avec des commerçants.

Faites très attention lorsque vous vous écartez des sentiers balisés à la campagne – les munitions non explosées sont toujours un sérieux problème au Cambodge.

Santé

La qualité des soins est généralement assez médiocre au Cambodge. Il existe néanmoins de bonnes – mais onéreuses – cliniques à Phnom Penh. Les pharmacies peuvent conseiller pour des petits maux. Les légers désagréments digestifs, dus à une nourriture, un climat différent et une mauvaise hygiène, constituent le souci le plus courant. Le repos et la réhydratation en sont les principaux remèdes. Sans amélioration au bout de quelques jours, demandez conseil à une pharmacie ou à une clinique. Les moustiques sont un véritable fléau au Cambodge, surtout vers la fin de la mousson. Couvrez-vous le soir, utilisez un répulsif et prévoyez un traitement antipaludique.

Tabac, alcool et drogues

Fumer est officiellement interdit dans les lieux publics, comme les bars et les restaurants, même si l'interdiction est en pratique souvent ignorée. L'alcool est largement disponible et socialement acceptable – mais l'alcool maison est donc à éviter. Il n'est pas inhabituel que des touristes se voient proposer des drogues illicites dans les rues. Mais leur possession peut entraîner de longues peines de prison – voire l'extorsion d'argent par des fonctionnaires corrompus.

Coutumes locales

Le *sompiah* (une légère inclination avec les paumes pressées l'une contre l'autre) est le salut traditionnel et sera apprécié par les habitants, même si les poignées de main sont de plus en plus courantes.

Malgré son apparente décontraction dans certaines zones touristiques, la société cambodgienne est plutôt conservatrice et la pudeur est de rigueur. Une tenue vestimentaire discrète – pas d'épaules dénudées ni de jambes nues, tant pour les hommes que les femmes – fera à coup sûr bonne impression. Les éclats de voix et l'agressivité sont à proscrire.

Visite des temples

Les temples cambodgiens acceptent les non-bouddhistes, sous réserve qu'ils se montrent respectueux. Épaules et jambes doivent être couvertes, et il convient de se déchausser avant de pénétrer dans un édifice du complexe religieux. Les moines ne peuvent avoir de contact physique avec une femme ; tenez-en compte au moment de les saluer ou de poser avec eux pour une photo.

Voyageurs LGBT +

Comparé à certains autres pays, le Cambodge est relativement accueillant pour les communautés LGBT, sans restriction légale des relations entre personnes de même sexe et avec une relative acceptation sociale dans les zones urbaines. Les démonstrations d'affection en public sont déplacées pour tous les couples, toutes orientations confondues. Les attitudes dans les zones rurales sont beaucoup plus conservatrices – bien que des démonstrations soient plus susceptibles de provoquer la perplexité qu'une hostilité déclarée.

Argent

Nous vous conseillons de bien vérifier le taux de change de la monnaie ainsi que les frais proposés par les banques et les bureaux de change. Le riel cambodgien et le dollar américain sont acceptés et utilisés de manière interchangeable – on peut vous rendre la monnaie en riel pour des achats en dollars dans des magasins locaux et les petits restaurants.

Les cartes de crédit sont acceptées dans les hôtels et restaurants et les guichets automatiques sont nombreux.

Téléphones, Wi-Fi & Poste

Le Wifi est omniprésent dans les grandes villes. Et pratiquement tous les hôtels, restaurants et cafés offrent une connexion gratuite.

Les téléphones portables internationaux bénéficient d'une bonne couverture – vérifiez auprès de votre opérateur avant de partir. Les cartes SIM locales prépayées sont également disponibles dans les magasins de téléphonie.

Les lettres et cartes postales peuvent prendre jusqu'à deux semaines pour arriver à destination hors Asie.

ANGKOR EN CHIFFRES

- 9e - 14e siècle, période Khmère
- 70 temples, tombes et autres ruines
- 200 immenses visages de pierre au temple du Bayon
- 400 km², superficie de l'ancienne capitale Khmère
- 1907, début des travaux de conservation du site
- 1992, inscription au Patrimoine mondial de l'UNESCO
- 10 millions, nombre de blocs de pierre

APPLIS INCONTOURNABLES

Packr Préparer sa valise et ne rien oublier
Maps.me Se situer et se diriger (GPS hors-ligne)
OANDA Currency Converter Convertir en Riel ou dollar
PassAppy Commander votre taxi ou *tuk tuk*
Cambodian Language Savoir quelques mots en khmer
Hidden Place Découvrir des lieux secrets
Worldtrotter Tout savoir sur Siem Reap
Khmer Rouge History Apprendre l'histoire
Camboticket Réserver billets et activités
Cambodia Airports Avoir des informations sur vos vols

INDEX

Les folios en **gras** renvoient aux entrées principales.

Cartes et plans

VIETNAM

HANOI
Index détaillé

Généralités

Lieux de culte

HÔ CHI MINH-VILLE
Index détaillé

ANGKOR (CAMBODGE)
Index détaillé

NOTES PERSONNELLES

NOTES PERSONNELLES

Le vietnamien fait partie de la branche môn-khmère de la famille des langues austro-asiatiques. À côté du vietnamien classique de la région de Hanoi, il existe plusieurs autres dialectes, notamment ceux des régions du Centre et du Sud. Ils se différencient essentiellement par leur phonétique (ils ont par exemple moins de tons que le vietnamien classique), par leur lexique, et non par leur grammaire.

Pendant des siècles, le chinois *(chu han)* fut la langue administrative et celle des lettrés, pour la simple raison qu'il n'y avait pas de langue vietnamienne écrite.

L'écriture chue nom apparut tardivement. Au 17e siècle, des missionnaires inventèrent le quoc ngu pour transcrire le vietnamien en alphabet latin *(p. 45)*. À l'arrivée des Français, le *quoc ngu* devint l'écriture officielle. Perçue au début comme un instrument de domination coloniale, elle avait néanmoins l'avantage d'être relativement facile à apprendre, ce qui mit fin aux critiques.

LES SIX TONS

Le vietnamien est une langue monosyllabique à six tons avec des syllabes prononcées sur des tons différents. Les tons se reconnaissent à leurs signes diacritiques placés généralement sur les voyelles.

C'est le ton qui détermine le sens d'un mot. Le mot *ma*, par exemple, a six sens différents selon l'accent :

Ma (fantôme)	Ton haut
Mà (mais)	Ton bas descendant
Mã (cheval)	Ton ascendant glottal
Mả (tombe)	Ton descendant ascendant
Má (joue)	Ton ascendant
Ma˙ (jeune plant de riz)	Ton aigu descendant glottal

EN FONCTION DU LIEN DE PARENTÉ

Les termes employés pour s'adresser à une personne sont différents selon le sexe, l'âge, le statut social, le lien de parenté et le degré d'intimité avec cette personne. Les plus courants sont :

Anh (frère aîné) pour s'adresser à un homme jeune.
Chi˙ (sœur aînée), équivalent féminin de **anh**.
Em (frère ou sœur cadet) pour s'adresser à quelqu'un qui est plus jeune que soi.
Ông (grand-père) pour s'adresser à un homme plus âgé – terme formel et respectueux (monsieur).
Bà (grand-mère) pour s'adresser à une femme plus âgée – terme formel et respectueux.
Cô, équivalent de « madame ».

PRONONCIATION

La plupart des consonnes se prononcent comme en français à l'exception de :

d	comme un z (dans le Nord) comme un y (dans le Sud)
đ	comme un d
gi	comme un z (dans le Nord) comme un y (dans le Sud)
kh	K aspiré
ng	comme dans bINGo
ngh	comme dans bINGo
nh	comme gn
r	comme un j
t	comme un t
th	comme un t
tr	tche
x	comme un s

Les voyelles se prononcent de la façon suivante :

a	comme un â
â	comme un o court
ă	eu
e	comme un è (lait)
ê	comme un é (thé)
i	comme un i (iris)
o	comme le o de mort
ô	aul
ơ	eu
u	ou
ư	ei

L'ESSENTIEL

Bonjour	**Xin chào!**
Au revoir	**Tạm biệt!**
Oui/non	**Vâng/không**
Je comprends	**Tôi hiểu**
Je ne comprends pas	**Tôi không hiểu**
Je ne sais pas	**Tôi không biết**
Merci	**Cám ơn!**
Parlez-vous l'anglais ?	**Anh/chị có biết tiếng Anh không?**
Je ne parle pas le vietnamien	**Tôi không biết tiếng Việt**
Désolé/Excusez-moi !	**Xin lỗi!**
Pas du tout	**Không dám**
Entrez, je vous prie !	**Mời anh/chị vào!**

ɪrgence	**Cấp cứu**
police	**Công an**
ambulance	**Xe cấp cứu**
pompiers	**Cứu hỏa**

PHRASES UTILES

Je m'appelle…	**Tên tôi là…**
Quel est votre nom ?	**Tên anh/chị là gì?**
Enchanté de faire votre connaissance	**Rất hân hạnh được gặp anh/chị**
Comment allez-vous ?	**Anh/chị có khỏe không?**
Quelle est votre profession ?	**Anh/chị làm nghề gì?**
Quel âge avez-vous ?	**Anh/chị bao nhiêu tuổi?**
De quelle nationalité êtes-vous ?	**Anh/chị là người nước nào?**
Qu'est-ce que c'est ?	**Dây là cái gì?**
Est-ce qu'il y a… ici ?	**Ở dây có… không?**
Où y a-t-il… ?	**… ở đâu?**
Combien ça coûte ?	**Cái này giá bao nhiêu?**
Quelle heure est-il ?	**Bây giờ là mấy giờ?**
Félicitations	**Chúc mừng**
Où sont les toilettes/ W.-C. ?	**Phòng vệ sinh ở dâu?**
Où est l'ambassade de France ?	**Đại sứ quán Anh ở đâu?**

MOTS UTILES

je	**tôi**
homme	**đàn ông**
femme	**đàn bà**
famille	**gia đình**
parents	**bố mẹ/cha mẹ/ ba má**
père	**bố/cha/ba**
mère	**mẹ/má/mạ**
frère cadet	**em trai**
frère aîné	**anh trai**
sœur cadette	**em gái**
sœur aînée	**chị**
grand/petit	**to/nhỏ**
haut/bas	**cao/thấp**
chaud/froid	**nóng/lạnh**
bon/mauvais	**Tốt/xấu**
jeune/vieux	**trẻ/già**
ancien/nouveau	**cũ/mới**
cher/bon marché	**đắt/rẻ**
ici	**đây**
là	**kia**
quoi ?	**gì?**
qui ?	**ai?**
où ?	**(ở) đâu?**
pourquoi ?	**(tại) sao?**
Comment ?	**thế nào?**
C'est comment ?	

ARGENT

Je veux changer 100 $ en *dong* vietnamiens.	**Tôi muốn đổi 100 đô la Mỹ ra tiền Việt.**
taux de change	**tỷ giá hối đoái**
J'aimerais encaisser ces chèques de voyage.	**Tôi muốn đổi séc du lịch này ra tiền mặt.**
banque	**ngân hàng**
argent/espèces	**tiền/tiền mặt**
carte de crédit	**thẻ tín dụng**
dollars	**đô la**
pounds (sterling)	**bảng**
dong vietnamiens	**đồng (Viêt Nam)**

COMMUNICATIONS

J'aimerais téléphoner.	**Tôi muốn gọi điện thoại**
J'aimerais appeler l'étranger.	**Tôi muốn gọi điện thoại quốc tế**
téléphone portable	**máy điện thọai di động**
renseignements	**chỉ dẫn điện thoại**
cabine de téléphone public	**trạm điện thoại công cộng**
indicatif	**mã (vùng)**
bureau de poste	**bưu điện**
timbre	**tem**
lettre	**thư**
lettre recommandée	**thư bảo đảm**
adresse	**địa chỉ**
rue	**phố**
ville	**thành phố**
village	**làng**

ACHATS

Où puis-je acheter… ?	**Tôi có thể mua … ở đâu?**
Combien est-ce que cela coûte ?	**Cái này giá bao nhiêu?**
Est-ce que je peux essayer ?	**Tôi mặc thử có được không?**
Combien ?	**Bao nhiêu? Mấy?**
cher/bon marché	**đắt/rẻ**
marchander	**mặc cả**

taille **số, cỡ**
couleur **màu**
noir **đen**
blanc **trắng**
bleu **xanh da trời**
vert **xanh lá cây**
rouge **đỏ**
marron **nâu**
jaune **vàng**
gris **xám**
librairie **hiệu sách**
grand magasin **cửa hàng bách hóa**
marché **chợ**
pharmacie **hiệu thuốc**
supermarché **siêu thị**
boutique de souvenirs **cửa hàng lưu niệm**
souvenirs **đồ lưu niệm**
peinture sur laque **tranh sơn mài**
peinture sur soie **tranh lụa**
statuette en bois **bức tượng gỗ**
foulard en soie **khăn lụa**
nappe **khăn trải bàn**
plateau **khay**
vase **lọ hoa**

TOURISME

Agence de voyages **công ty du lịch**
Où se trouve le comptoir des vols internationaux ? **Phòng bán vé máy bay quốc tế ở đâu?**
Vietnam Airlines **Hãng hàng không Việt Nam**
plage **bãi**
baie **vịnh**
minorité ethnique **dân tộc ít người**
festival **lễ hội**
île **hòn đảo**
lac **hồ**
forêt, jungle **rừng**
montagne **núi**
rivière **sông**
temple **đền**
musée **bảo tàng**
pagode **chùa**
campagne **nông thôn**
grotte **hang**

DÉPLACEMENTS

gare ferroviaire **nhà ga**
aéroport **sân bay**
billet d'avion **vé máy bay**
gare routière **bến xe búyt**
billet **vé**
billet aller **vé một lượt**
billet retour **vé khứ hồi**
taxi **tắc xi**
location de voitures **thuê xe ô tô**
voiture **xe ô tô**
train **xe lửa**
avion **máy bay**
moto **xe máy**
vélo **xe đạp**
cyclo-pousse **xích lô**
Combien de temps faut-il pour aller à... ? **Đi ... mất bao lâu?**
Où est la route pour... ? **Anh/chị có biết đường ... không?**
C'est loin ? **Có xa không?**
C'est tout droit. **Đi thẳng.**
tourner **rẽ**
gauche **trái**
droite **phải**
passeport **hộ chiếu**
visa **thi thực**
douane **hải quan**

HÉBERGEMENT

hôtel **khách sạn**
guest-house **nhà khách**
chambre (simple, double) **phòng (đơn, đôi)**
climatisation **máy lạnh**
numéro de passeport **số hộ chiếu**

RESTAURANT

J'aimerais réserver une table pour deux. **Tôi muốn đặt trước một bàn cho hai người.**
serveur **người phục vụ**
Puis-je voir la carte ? **Cho tôi xem thực đơn**
Vous avez des suggestions du jour ? **Hôm nay có món gì đặc biệt không?**
Qu'est-ce que vous prendrez ? **Anh/chị muốn gọi gì?**
Puis-je avoir l'addition s'il vous plaît ? **Anh/chị cho hóa đơn**
Je suis végétarien. **Tôi ăn chay.**
savoureux/délicieux **ngon/ngon tuyệt**
épicé (relevé) **cay**
sucré **ngọt**
aigre **chua**
amer **đắng**
petit déjeuner **bữa ăn sáng**
baguettes **đói đũa**

couteau	**dao**
fourchette	**nĩa**
cuillère	**thìa**
boire	**uống**
manger	**ăn**
avoir faim/soif	**đói/khát**
restaurant	**hiệu ăn, nhà hàng**
cuisine occidentale	**món ăn Âu**
spécialités vietnamiennes	**đặc sản Việt Nam**

NOURRITURE

pomme	**táo**
banane	**chuối**
pousses de bambou	**măng**
pousses de soja	**giá**
bœuf	**thịt bò**
pain	**bánh mì**
beurre	**bơ**
gâteau	**bánh ngọt**
poulet	**(thịt) gà**
noix de coco	**dừa**
crabe	**cua**
dessert	**(món) tráng miệng**
canard	**vịt**
anguille	**lương**
œuf	**trứng**
poisson	**cá**
sauce de poisson	**nước mắm**
grenouille	**ếch**
fruit	**hoa quả, trái cây**
gingembre	**gừng**
glaçon	**đá**
glace	**kem**
citron	**chanh**
citronnelle	**xả**
homard	**tôm hùm**
mandarine	**quít**
mangue	**xoài**
menu	**thực đơn**
lait	**sữa**
champignons	**nấm**
viande (bien cuite, à point, saignante)	**thịt (tái, vừa, chin)**
nouilles	**mì, miến**
soupe aux nouilles et au bœuf/poulet	**phở bò/gà**
oignon	**hành**
papaye	**đu đủ**
pêche	**đào**
poivre	**hạt tiêu**
porc	**thịt lợn, thịt heo**
patate douce	**khoai tây (khoai)**
crevette	**tôm**
ramboutan	**chôm chôm**
riz	**gạo**
riz cuit	**cơm**
riz gluant	**gạo (cơm) nếp**
riz non gluant	**gạo (cơm) tẻ**
salade	**xà lách**
sel	**muối**
escargot	**ốc**
rouleaux de printemps	**nem rán (chả giò)**
entrée	**(món) khai vị**
soupe	**xúp**
sauce de soja	**tương**
bœuf sauté aux champignons	**bò xào mấm**
sucre	**đường**
légumes	**rau**
soupe aux nouilles vietnamienne	**phở**

BOISSONS

thé	**trà, chè**
boissons	**cà phê (cà phê sữa)**
eau	**nước**
jus de fruit	**nước quả, nước trái cây**
eau minérale	**nước khoáng**
lait	**sữa**
boissons non alcoolisées	**nước ngọt**
bière	**bia**
vin	**rượu vang**
verre	**cốc**
bouteille	**chai**

SANTÉ

De quoi souffrez-vous ?	**Anh/chị bị làm sao?**
fièvre	**sốt**
accident (de la route)	**tai nạn (giao thông)**
acupuncture	**châm cứu**
allergie	**dị ứng**
ambulance	**xe cấp cứu**
antibiotiques	**thuốc kháng sinh**
sang	**máu**
tension artérielle (élevée/basse)	**huyết áp (cao/thấp)**
toux	**ho**
diabète	**bệnh đái đường**
diarrhée	**đi ngoài**
pris de vertiges	**chóng mặt, hoa mắt**
médecin	**bác sĩ**
oreille	**tai**
grippe	**cúm**

intoxication alimentaire	**ngộ độc thức ăn**
mal de tête	**đau đầu**
cœur	**tim**
hôpital	**bệnh viện**
hygiène	**vệ sinh**
insomnie	**mất ngủ**
maladie	**bệnh**
injection	**tiêm**
paludisme	**bệnh sốt rét**
médicament	**thuốc**
opérer	**mổ**
pharmacie	**cửa hàng thuốc**
ordonnance médicale	**đơn thuốc**
mal de gorge	**viêm hỏng**
température	**sốt**
vaccin antitétanique	**tiêm phòng uốn ván**
dent	**răng**
mal de dents	**đau răng**
médecine traditionnelle vietnamienne	**thuốc Nam**

LE TEMPS ET LES SAISONS

minute	**phút**
heure	**giờ**
jour	**ngày**
semaine	**tuần**
mois	**tháng**
année	**năm**
lundi	**(ngày) thứ hai**
mardi	**(ngày) thứ ba**
mercredi	**(ngày) thứ tư**
jeudi	**(ngày) thứ năm**
vendredi	**(ngày) thứ sáu**
samedi	**(ngày) thứ bảy**
dimanche	**Chủ nhật**
saison	**mùa**
printemps	**mùa xuân**
été	**mùa hè/mùa hạ**
automne	**mùa thu**
hiver	**mùa đông**
saison sèche	**mùa khô**
saison des pluies	**mùa mưa**
pluie (il pleut)	**mưa (trời mưa)**
vent	**gió**
ensoleillé	**nắng**
temps	**thời tiết**
chaud/froid	**ấm/lạnh**
calendrier lunaire	**Âm lịch**
calendrier solaire	**Dương lịch**
nouvel an vietnamien	**Tết Nguyên đán**
Quelle heure est-il ?	**Bây giờ là mấy giờ?**
8 h 30	**tám giờ rưỡi**
8 h 45	**tám giờ bốn mười lăm phút/chín giờ kém mười lăm (phút)**
10 h 15	**mười giờ mười lăm phút**
12 h 00	**mười hai giờ**
matin	**buổi sang**
midi	**buổi trưa**
après-midi	**buổi chiều**
soir	**buổi tối**
nuit	**đêm**

NOMBRES

1	**một**
2	**hai**
3	**ba**
4	**bốn**
5	**năm**
6	**sáu**
7	**bảy**
8	**tám**
9	**chín**
10	**mười**
11	**mười một**
12	**mười hai**
15	**mười lăm**
20	**hai mươi**
21	**hai mươi mốt**
24	**hai mươi bốn/ hai mươi tư**
25	**hai mươi lăm**
30	**ba mươi**
40	**bốn mươi**
50	**năm mươi**
100	**một trăm**
101	**một trăm linh (lẻ) một**
105	**một trăm linh (lẻ) năm**
200	**hai trăm**
300	**ba trăm**
1 000	**một nghìn/ một ngàn**
10 000	**mười nghìn/ mười ngàn**
1 000 000	**một triệu**

REMERCIEMENTS

L'éditeur tient à remercier les particuliers, les organismes et les agences de photo suivants qui l'ont autorisé à reproduire leurs clichés.

t = en haut ; b = en bas ; c = au centre ; l = à gauche ; d = à droite

123RF.com: amadeustx 4; Simon Dannhauer 24bl, 202tl; efired 116t; hanoiphotography 168cr; Thi Hong Hanh Mac 10ca; Melinda Nagy 172bl; Alexey Pelikh 236t; quangpraha 42br; Chan Richie 171tr; Surawut Sudha 212b; Rolf Svedjeholm 35cl; thaifairs 82bl; Minh Vũ 181crb.

4Corners: Stefano Coltelli 226-7t.

Alamy Stock Photo: Avanti 119crb; bamboofox 39cl; Judy Bellah 205crb; Oliver Benn 90cr; Pawel Bienkowski 107b; blickwinkel 199crb; Anders Blomqvist 125tr; Michael Brooks 78tl, 134t; Nacho Calonge 161t; Jordi Camí 76tc; Vicky Chan 197t; Felix Choo 99tr; Chronicle 220fbr; Piero Cruciatti 90t; Danita Delimont 96br, 106bc, 160bl; dleiva 34t; Godong 85br; Hemis 29tr, 33tr, 205b; Hemis.fr / Brusini Aurélien 194br; Bob Henry 168bl; Cyril Hou 25br; imageBROKER 61br, 76br; Aztec Images 73tr; Design Pics Inc 183b; incamerastock 200cra; Intersection Photos 22-3ca; Jon Arnold Images Ltd 232cl; Johnny Jones 176bc, 189tl; Yann Jouanique 18cb, 164-5; Claudine Klodien 92-3t; Markus Kortlueke 108tr; Jason Langley 27cl, 153bl; Lazyllama 233cr; Leslie Garland Pictures 220bl; LOOK Die Bildagentur der Fotografen GmbH 173b; Loop Images Ltd 16, 54-5; M.Sobreira 229fbr; mauritius images GmbH 61cra, 155tr; MKilarski 43bl, 124tl; Gail Mooney-Kelly 66b; mvlampila 20crb; Duy Phuong Nguye 159clb; Quang Ngoc Nguyen 119br; B O'Kane 181cr; Dan Oldenburg 141bl; James packwood 158t; Efrain Padro 12clb, 180t; Thoai Pham 158-9b; Mark Phillips 145tr; Hanoi Photography 126bl, 127t; Tim Plowden 199t; Graham Prentice 74-5t; Prisma by Dukas Presseagentur GmbH 199c; Reciprocity Images 134bc; David Reed 173cl; Robertharding 61t, 104b, 119cr, 146bl, 211tc; Tony Roddam 149br; Yavuz Sariyildiz 152; David Saunders 40b; Leonid Serebrennikov 137r, 146t; Valerii Shanin 37br; Paul Springett 10 83tl; SPUTNIK 181bl; ClickAlps Srls 102t; Friedrich Stark 175bl; David Sutherland 215b; Bjorn Svensson 215cr; Beng Kwang Tan 11cr; Komal Thadani 222bl; Thanh Thu Thai 111bl; Universal Images Group North America LLC 58br; Lucas Vallecillos 93tr; Jelle Vanderwolf 35crb; Howard Walker 154-5b; Rob Whitworth 2012 25crb; Steve Whyte 232cr; Andrew Woodley 109cl; Robert Wyatt 22-3t, 187br; Ron Yue 233c; Ariadne Van Zandbergen 92-3ca, 230tl.

AWL Images: Jon Arnold 36l; Walter Bibikow 103bl; Jason Langley 228; Travel Pix Collection 230bl.

Bridgeman Images: Emperor Yang of Sui (569-618) from the 'Thirteen Emperors Scroll' painted by Tang Dynasty court painter Yan Liben (600-673) 45br; Tran Hung Dao, victor of the Second Battle of the Bach Dang River, commanding his forces (1287 CE) 46-7t; Musee National de Phnom Penh, Cambodia 229bl; Pictures from History 45bc, 46bc, 47cr, 48br, 48cr, 48-9t.

CPA Media: 44-5t, 46br, 47bc, 48tl, 50tl; Bình Giang 44bc; David Henley 44tl, 46tl.

Depositphotos Inc: ThaiThu 95cl; Winston 237br.

Dorling Kindersley: David Henley 173cr.

Dreamstime.com: Stig Alenäs 99br; Amadeustx 156-7b; Anandoart 28-9b; Alexander Arndt 236cla; Scott Biales 38b; Pipop Boosarakumwadi 141br; Panom Bounak 168t; Vladimir Cech 95crb; Chrishowey 13tl; Chuotnhatdesigner 11br; Luke Derriman 220bc; Dinosmichail 26-7b, 41cl; Dndavis 40cra; Dragoncello 27br; Esmehelit 180cra; Feathercollector 80cla; Gopause 38tl; Franzisca Guedel 198tl; Hoxuanhuong 42cl, 71br, 116br; Ulf Huebner 27tr, 80-1t; Katoosha 72bl; Khellon 70ca; Olga Khoroshunova 98t; Yen Mai Kim 42cr, 62bl, 63t; Laraslk 124-5b; Quan Tran Minh 40tl; Minzpeter 149t; Anna Moskvina 38cra; Denis Moskvinov 70-1t; Hoang Bao Nguyen 45cra; Ongchangwei 26tl, 143tr; 150-1t; Outcast85 206bl; Phieulinh 196tl; Phoebe0317 189bl; Phuongphoto 78-9b, 110; Piccaya 58cl; Pradit Pinyopasakul 220cra; Pixattitude 230-1; Rodrigolab 58crb, 62cra; Luca Roggero 101tr; Chayuti Siritan 29cra; Softlightaa 13cr; Ngoc Tran Thanh 184-5; Huy Thoai 22clb, 68t, 142t; Ranulph Thorpe 215cl; Tienduong 211br; tktktk 178-9t; Tuayai 41crb; Viensaigon 123br, 186t; Richard Van Der Woude 96t; Oleg Zhukov 122-3bc.

Getty Images: AFP / Hoang Dinh Nam 42cra, 43tr, 43cr, 51bc, / Kao Nguyen 51br, / Linh Pham 8-9b, 157t, / Tang Chhin Sothy 50cr; Christophe Archambault 177t; Bettmann Archive 49br; Ho Ngoc Binh 8cl, 64-5t, 214t; Christophe Boisvieux 135bl; Nathalie Cuvelier 148bl; DEA / Biblioteca Ambrosiana 229br; Chau Doan 28tl; ExploringMekong.com 106tl; EyeEm / Karn Bulsuk 31cl, Philippe Capillon 174tl, / Minh Luan Dam 10bl, / Uta Gleiser 168cl; Godong 229cl; hadynyah 8clb; Hulton Archive / Liaison / Dirck Halstead 51tr; Jessica Page Photo 18tl, 128-9; Jethuynh 42cla; Wolfgang Kaehler 198cra; Reed Kaestner 19, 190-1; Domingo Leiva 207t; Lonely Planet Images / Anders Blomqvist 187tl; MeogiaPhoto 208-9t; Kevin Miller 84bl; NG Photography 17bl, 112-3; Quynh Anh Nguyen 20cr; Corbis / Tim Page 49bc; Pinnee 31bl; Andrea Pistolesi 204-5t; Phung Huynh Vu Qui 6-7, 42bl, 132-3t, 194t; Co Rentmeester 49tr; Sino images 233tl; Inti St Clair 203; Andrew JK Tan 216-7; TASS / Nikolai Malyshev 50br; Jean-Philippe Tournut 196tr; Borja Sanchez Trillo 43cl; Pham Ty 52-3; Vu Pham Van 144t; Tran Tuan Viet 104-5t, 162; nik wheeler 50-1t.

iStockphoto.com: 12ee12 10-1b; 1905HKN 220br; Alxpin 17t, 86-7, 94bl, 100b; Awesomeaki 208-9b; BirdHunter591 94tr; cristaltran 11t; CWLawrence 238-9; Degist 170bl; DeltaOFF 58t; Matthew Digati 224-5t; ErmakovaElena 32-3b; galitskaya 122tl; Gargolas 47tr; hadynyah 90bl; HaiMinhDuong 33cl; holgs 47br; HuyThoai 92t, 119tl; Image Source 143bl; jejim 41t; joakimbkk 220crb; Kewadee 226br; Laughingmango 23tr, 36-7b, 75br; filipe_lopes 58cr; Lquang2410 24-5t; luctra_design 35tr; MasterLu 200t; mihtiander 39t; milos-todorovic 95tr; nicolasboivin 194clb; Nikada 13br, 22tl, 30tl, 171tl; ninelutsk 39crb; olyniteowl 37tr; OSTILL 232-3c; OwenPrice 196cr; piccaya 224br; PhongTranVN 136tl; Praditp 234clb; Quang_Vu 20t, 140t; RomanBabakin 45tr, 141tl; SamuelBrownNG 67tl; SanerG 229cra; Sergwsq 235t; Oleh_Slobodeniuk 223tr; Tazzy1 198bl; tbradford 20bl; tegmen 12-3b, 119cra; ThanhNgocTran 12t, 138-9; thesomegirl 30br; ThuTruong 31tl; TonyNg 51cra; Techa Tungateja 37cl; u3k 33br; VichienPetchmai 2-3; Vinhdav 178bl; VuCongDanh 85tr, 120t; xuanhuongho 43crb, 43br; yenwen 222tr; YinYang 171bl.

Lotte Coralis Vietnam Co., Ltd: 182-3t.

Picfair.com: Stig Alenäs 34bl; Dmitry Rukhlenko 221.

Rex by Shutterstock: imageBROKER / Gerhard Zwerger-Schoner 43tl.

Robert Harding Picture Library: Ryan Deboodt 163br; LOOK Bildagentur der Fotografen / Hauke Dressler 32tl; Alex Robinson 108-9b; G & M Therin-Weise 69b.

Stars & Stripes: 77cr.

Rabat avant :
Alamy Stock Photo: Michael Brooks t; Loop Images Ltd bl; **Getty Images:** Phung Huynh Vu cra; **iStockphoto.com:** cristaltran cb; MasterLu cla; tegmen br.

Couverture :
1re de couverture : Picfair.com: Nguyen Quang Ngoc.
4e de couverture : Getty Images: LINH PHAM tr; **iStockphoto.com:** Gargolas cla, hadynyah c; **Picfair.com:** Nguyen Quang Ngoc b.

Cartographie : base issue de Netmaps, pour Ho Chi Minh City et Hanoi.
Base issue de © www.openstreetmap.org, sous license CC-BY-SA, pour Phu Quoc, Hoi An, Nha Trang et la baie d'Halong.

Pour plus d'informations : www.dkimages.com

hachette TOURISME

Aussi soigneusement qu'il ait été établi, ce guide n'est pas à l'abri de changements de dernière heure.

Faites-nous part de vos remarques par e-mail à l'adresse suivante:
voir@hachette-livre.fr
ou rejoignez-nous sur Facebook:
www.facebook.com/GuidesVoirHachette

Hachette Tourisme
58, rue Jean-Bleuzen, CS 70007,
92178 Vanves cedex

Direction **Sidonie Chollet**

Direction éditoriale **Cécile Petiau**

Responsable de collection
Catherine Laussucq

Traduit et adapté de l'anglais par Dominique Brotot, Daphné Halin, Cécile Giroldi et Sophie Brun-Jaquet avec la collaboration de Joséphine Bonneau

Édition et mise en pages **Maogani**

Ce guide a été établi par
Andrew Forbes, Richard Sterling, Charles Young et Peter Holmshaw

DK | Penguin Random House

Publié pour la première fois en Grande-Bretagne en 2007, sous le titre : Eyewitness Travel Guides : Vietnam

Imprimé et relié à Riga (Lettonie)
par **Livonia Print**

Achevé d'imprimer en octobre 2020
Dépôt légal novembre 2020
ISBN 978-2-01-787207-8
ISSN 1246-8134
Collection 32 – Édition 01
N° de codification 14-6542-4

FSC www.fsc.org MIXTE Papier issu de sources responsables FSC™ C018179